本书系浙江工商大学东亚研究院暨日本研究中心后期资助项目成果

浙江省社科规划课题成果

浙商大日本研究丛书

朱舜水思想在日传播研究

周逢年 著

中国社会科学出版社

图书在版编目（CIP）数据

朱舜水思想在日传播研究 / 周逢年著 . —北京：中国社会科学出版社，2019.6

（浙商大日本研究丛书）

ISBN 978 - 7 - 5203 - 4988 - 8

Ⅰ.①朱… Ⅱ.①周… Ⅲ.①朱舜水（1600 - 1682）—思想研究 ②中华文化—文化传播—研究—日本 Ⅳ.①B248.995②G125

中国版本图书馆 CIP 数据核字（2019）第 194569 号

出 版 人	赵剑英
责任编辑	陈雅慧
责任校对	王 斐
责任印制	戴 宽

出　　版	中国社会科学出版社
社　　址	北京鼓楼西大街甲 158 号
邮　　编	100720
网　　址	http://www.csspw.cn
发 行 部	010 - 84083685
门 市 部	010 - 84029450
经　　销	新华书店及其他书店

印　　刷	北京君升印刷有限公司
装　　订	廊坊市广阳区广增装订厂
版　　次	2019 年 6 月第 1 版
印　　次	2019 年 6 月第 1 次印刷

开　　本	710×1000　1/16
印　　张	16
插　　页	2
字　　数	231 千字
定　　价	78.00 元

凡购买中国社会科学出版社图书，如有质量问题请与本社营销中心联系调换
电话：010 - 84083683
版权所有　侵权必究

序　一

古代中国发明汉字、礼仪开化在先，官方正史向来有为周边民族或国家立传记史的传统，以辨华夷之别，天下之大。公元1世纪东汉班固所著《汉书》的"地理志·燕地"条记述曰："乐浪海中有倭人，分为百余国，以岁时来献见云。"此19个字，即中国正史对日本的最早记述。200年后，陈寿的《魏志·东夷传》中有关日本记述的篇幅猛增百倍，内容之丰富、翔实，远超《汉书》，但因方位记述语焉不详，留下邪马台国在哪里的千古之谜。此后历朝中国正史的外国传皆列入东瀛，国号亦先后记作"倭""倭国""日本"等。但说到研究，却远远滞后。

至少到明代中期的成化至嘉靖年间，备受"北虏南倭"袭扰的明朝人，开始研究日本。直浙总督胡宗宪挂名主编的《筹海图编·倭国事略》，与军中幕僚郑若曾的《日本图纂》《日本国考》，以及南京守备李言恭等《日本考》、常州训导薛俊的《日本考略》、出使日本的郑舜功的《日本一鉴》等十余种图书问世，涉及日本的历史沿革、山川形势、语言习俗，其重点在探讨倭寇的缘起、兴衰，附议平定倭寇之策。万历朝鲜之役期间，明人再次关注丰臣秀吉治下的日本。可以说，自明代起，正史中的日本不再安分。国防安全也成为研究日本的新内容。

进入近代，伴随资本主义世界市场的组建，欧美列强西力东渐，东亚面临未曾有的大变局。日本开港后的幕末改革走在洋务运动的前头，一场明治维新更决定性地拉开中日两国近代发展的差距。明治年间,日本侵台湾,吞琉球,发动中日甲午战争、日俄战争以及吞并韩国,中日关系遭到彻底扭曲。大正年间的"二十一条"要求,昭和初期逐步升级的侵华战争,中国学人的日本研究,不得不直接面对中华民族生死存亡的重大现实问题。故近代以来,除了学术性思考,更多的现实性需求,成为中国研究日本的思维方式。在近代的不同时期,日本政府或各类日本人游移于敌乎、友乎、师乎之间,陆离光怪,景象万千。在中国周边国家之中,能像日本这样影响近代中国命运的国家,屈指可数。清季至民国,有关日本研究的成果林林种种,不一而足。特别是戎马倥偬的抗战岁月,中国学者在艰苦卓绝之中坚持日本史研究,其治学与报国的精神令人钦佩。

  1949年中华人民共和国成立后,周一良、吴廷璆、邹有恒先生等第一代学者筚路蓝缕,为日本研究奠基。1972年中日邦交正常化,为学术互动开创了有利条件。除1976年井上清教授来北京大学主持日本近现代史讲习班之外,日本史研究进展不大。1978年改革开放以来,中国的日本史研究进入学术史上的最好时期,在创新观点、成果积累、人才培养、国际交流等方面前所未有地活跃兴旺。特别是日本史研究资料的大量获取与积累,结束了理论见长,但资料不足的失调。1990年前后,日本六兴出版社推出多卷本的"东亚视野中的日本史"系列,标志着第二代中国日本史研究者的学术水平得到日本学术界的承认;1997年浙江人民出版社出版的《中日文化交流史大系》,将中日学者的合作研究推向新高峰。嘲笑中国日本史研究不过是"中小学生水平"的说法已是明日黄花,对等交流成为主流。

  进入新世纪,学术研究群体在新老交替过程中,实现了年轻化、高学历化、国际化和多元化。第三代、第四代学者成为中国日本史研究的中坚,日本史教学科研的主力军,他(她)们接过老一代学者的接力棒,开拓前进,再创新业绩。在此期间,国家和地方政府加大了对人文学科,包括日本史研究的资金投入,如同南开大学日本研究院多卷本的"日本现代化研究"丛书、"近代以来日本对华认识"系列研究等力作陆续推出,展示了日本史教学科研的新成果和阵容。与此同时，网络时代的"草根史学"兴起，日本史研究不再一枝独秀于讲坛史学的象牙塔，网络化、社会化日新月异。中国的日本史研究的发展前景，令人鼓舞。

新时期的中国日本史研究业绩显著，也面临着新老问题与挑战。例如，日本史的学术研究与现实关注如何协调，基础研究与应用研究如何配置，援引与创新如何兼顾，各断代史如何均衡发展，跨地区与跨国别研究如何推进，老一代治学风范和业绩如何发扬光大，国际接轨与争取中国学者的学术话语权，等等。

回顾古代中国正史外国据实记史的传统，点检近代以来中国日本史研究的历程，基于东亚和平、中国的国家安全、中日博弈与共赢等现实问题的思考，愈加需要客观把握一个真实的日本。发现日本人身在列岛却未必能想得到、看得到并能认识清楚的日本问题，已经是新世纪中国研究日本的新课题。在日本史研究理论、视角、思路、资料运用等方面，展现中国学人的治学特色，进一步创建中国日本史研究体系，可谓任重道远。

因此，浙江工商大学推出"日本研究丛书"，可谓恰逢其时。按照分辑出版、每辑多部的节奏，推出东方语言文化学院与东亚研究院教师的最新科研成果，努力再现浙东学人精心治学、勇于创新、知行合一的学风，突出注重日本文化研究的特色。对此，应该点一大赞。作为希望，谨提两点：其一，此丛书力求学术研究不拘一格，精益求精，凸显新时期中国日本史学术研究的新面貌。其二，与全国其他地区的学人互通声气，切磋学艺，再创佳绩。东西南北携手合作，共同扩展中国学人的日本史解释体系，为创建中国特色日本史研究体系添砖加瓦。盛举可期，可庆可贺！

是为序

宋成有
于北京海淀蓝旗营
2018 年 11 月 28 日

序　二

说到浙商大的日本研究，大致可分为两个阶段。

第一阶段始于1989年杭州大学日本文化研究所的成立，终于2004年研究所移砚浙江工商大学，为时15年。其间的1998年，因杭州大学并入浙江大学，研究所更名为"浙江大学日本文化研究所"。2001年，研究所创始人、所长王勇教授在《中日关系史论考》（2001年）一书的前言中，对于研究所的基本方针和多年成就有如下言简意赅的总结：本所创建之初，确立了"立足本地，放眼世界；开门办所，促进交流"的基本方针，通过共同申请课题、举办国际会议、出国讲学进修、邀请专家讲演等方式，不仅与国内同行建立起良好的合作关系，成为国内日本文化研究的重要基地之一，而且开拓了与日本、韩国、欧美学界的交流渠道，为中国的日本研究与国际接轨做出了微薄的贡献。笔者以为，这一阶段，研究所在研究内容和研究方法方面，都形成了自己的特色和风格。具体而言，研究内容以中日文化交流史为主，研究方法表现为重视资料的搜集、整理和保存，以建立在原典解读基础之上的实证研究为主要方法，同时，注重与日本学界的交流与合作，对于日本学界的最新研究成果有充分的吸收和客观的批判。代表性成果首推十卷本中日文版《中日文化交流史大系》。这一时期的日本文化研究所作为中国学界研究日本文化的一大重镇，受到中日学界的广泛关注。

2004年4月，在王勇、王宝平两位教授的带领下，日本文化研究所移师浙江工商大学，承时任校长胡祖光教授鼎力支持，我们成立了只有一个专业的日本语言文化学院,从此开启了浙商大日本研究的新时代。时光荏苒,转眼间,我们已在浙江工商大学度过了近15个春秋。15年间,我们的日本研究人员由最初的7名增至26名,大多具有海外留学背景,部分成员通晓中日韩三国语言,形成年龄结构合理、锐意进取、勇于创新的研究团队。我们拥有两个省部级科研平台:教育部区域国别研究中心"日本研究中心"、浙江省哲学社会科学重点研究基地"东亚研究院"。我们也是日本国际交流基金海外日本研究据点之一。我们相继获得"日语语言文学""亚非语言文学"硕士学位授予权和"外国语言文学日本及东亚研究方向"博士授予权。与前一阶段相比,我们的研究视野和研究领域由日本扩展至东亚,开始把东亚国家作为一个有机联系的整体进行综合研究,并将日本置于整个东亚乃至全球的视域来认识与考察。我们的研究内容也在保持中日文化交流史研究特色的同时,开始关注东亚三国语言、文学、国际关系和经济贸易等。我们的研究方法也有了新的变化,除了坚持在文献考证与田野调察基础之上对研究对象进行细致入微的考察与分析,也开始寻求实证研究基础之上的理论构建和理论创新,并开始关注现实问题的研究。

今年,恰逢日本文化研究所成立三十周年,也是浙商大日本语言文化学院(2015年因新增阿拉伯语专业而更名为"东方语言文化学院")成立十五周年。三十年,在历史长河中只是稍纵即逝的瞬间,可是,对于浙商大日本研究者而言,却是极不平凡的三十年,有创业的艰辛,有失败的痛苦,也有成功的荣耀;有王勇、王宝平等前辈学者勇立潮头、运筹帷幄的智慧与担当,也有后继者们淡泊名利、不辞辛苦的进取与奉献。为纪念这段历史,展示近些年的研究成果,也为鼓励我们的研究人员继承前辈的事业,潜心学术、砥砺前行,我们策划了《浙商大日本研究丛书》的出版。

本丛书系浙江工商大学东亚研究院和日本研究中心研究成果之一。丛书既然冠以"浙商大"之名,也就意味着丛书的作者们与我校有着或深或浅的关系。或是我校特聘专家,或是我校专职教师,或是我校兼职研究员，或是我校毕业生，总之，皆是我们的"自家人"。就收书范围而言，可以是学术专著，也可是论文集；文风肃穆井然也好，轻松诙谐也罢，皆无限制。我们只有一个要求：所有的著作皆需出自严谨的学术态度，遵守规范的学术道德，是长期积累、精雕细琢的学术精品，而非粗制滥造、追逐名利的学术垃圾。

"志之所在，逾于千里"。我们相信，我们的研究者们既有"著书不为稻粱谋"的品格和境界，也有"但开风气不为师"的勇气和胸怀，能以"鹰击长空，鱼翔浅底"的学术追求和学术自由，以"舍我其谁"的责任与担任为中国的日本研究做出应有的贡献。

有所望焉！是为序。

江　静

2019 年 1 月 7 日

序　　三

　　一般不敢为他人的论著写序或者写评论。因为每一个人的写作都是他个人的理论旅行。作为一个旁观者，没有一起经历漫长的理论旅行中的风风雨雨，自然感受不到历经彩虹的喜悦，也感受不到攀山越岭的辛楚。所以，旁观者的言说虽然往往以所谓的客观态度来超然面对，仿佛因为客观、因为与他人的文本的隔离可以有一份洞察的可能性。我对这样的观点是表示怀疑的。

　　周逢年博士请我为他的专著《朱舜水思想在日传播研究》作序，我是他的博士生导师，也是该专著的指导老师，我似乎没有很好的理由推脱了。

　　虽然在指导他写这部专著时已经讨论多次，我还是利用这个假期的时间再细读了几遍。但仍然觉得自己只能说几句不痛不痒的话，因为我对这部专著选题的主要研究对象并不熟悉，更谈不上任何研究了。我对朱舜水当时在日本的活动，基本上来自于这部专著以及作者的陈述。

　　公元7、8世纪，日本曾模仿中国唐朝都城长安建造起奈良，那时，日本主要向中国学习。1543年（天文12年）一艘葡萄牙船第一次漂流到九州的种子岛，为日本带来了铁炮，史称"铁炮传来"。1549年8月15日，耶稣会士圣·弗朗西斯·沙勿略（St Francis Xavier, 1506—1552）等东渡传教开始，以"南蛮学"为发端，"西学"东渐日本。而19世纪中叶，随着日本封闭的国门被美国人用炮舰打开，日本人也首次接触到西方工业革命的先进成果，因为除了坚船利炮，美国人带来的电报机、钟表、望远镜、蒸汽机等西方工业革命的先进成果。

日本崛起的真正起点是"脱亚入欧"明治维新改革。明治维新改革始于1868年明治天皇建立新政府，日本政府进行近代化政治改革，建立君主立宪政体；经济上推行"殖产兴业"，学习欧美技术，进行工业化浪潮；并且提倡"文明开化"，社会生活欧洲化，大力发展教育等措施。日本很快摆脱了沦为殖民地的危机；而后随着经济实力的快速提升，军事力量也快速强化，更在1895年以及1904年—1905年，分别于日清战争与日俄战争中击败昔日强盛的两大帝国——大清帝国与沙皇俄国，成为称霸亚洲的世界强国。从此，中国在日本国民心目中的地位一落千丈。1896年，清政府向日本派出的首批留学生13人中，就有4人因忍受不了日本人的蔑视，仅逗留了三个星期就打道回府。① 1909年，被称为"东洋史学大御所"的白鸟库吉在《支那古传说之研究》一文中，对儒学经典，特别是孔子极赞赏的尧舜禹三代的真实性提出了强烈的怀疑。他的"尧舜禹抹杀论"是对儒学"法先王"基本观念的极大冲击，动摇了日本汉学家的信仰。日本学者子安宣邦指出："黑格尔历史哲学所构筑的作为专制和停滞王国的东洋像，促成了日本对东亚的中国中心文明论的政治构图的重构。日本一味把'东洋的专制'、'东洋的停之名滞'之名披在中国身上，并将中国从东亚的文明中心东亚的文明中心位置上赶下来，正在于自认为欧洲文明嫡系弟子的日本，要登上东亚新文明构图的中心。"② 福泽谕吉所提出的"脱亚入欧"论也在此时成为正论。

不过，那已经是后话了。对于本文的研究历史时刻来说，日本还

---

① 解本亮：《凝视中国：外国人眼里的中匡雪人》，民族出版社2004年版，第252页。
② ［日］子安宣邦：《东亚论——现代日本思想批判》，赵京华译，吉林：吉林人民出版社2004年版，第83页。

深受中国的影响，虽兰学①已经开始进入，但来自中国的思想仍然在日本社会的主流观念。

朱之瑜，字鲁屿，号舜水，万历二十八年（1600年），出生于浙江余姚一个名门望族。但他出生的时候，明朝已是多事之秋。万历皇帝不问朝政而致使政治腐败，"北虏南倭"问题不断升级，宦官当政，朋党之争，土地兼并严重，社会各种矛盾如阶级矛盾、统治阶级内部矛盾以及民族矛盾不断激化。而此时的日本，自1600年的关原之战后，德川家族取代丰臣秀吉获取日本的统治霸权，建立德川幕府。周逢年博士认为，在德川家纲时期，社会的政治环境由武治向文治的方向转变，学术思想如朱子学派、古学派等学术团体思想活跃，自由思考问题的意愿逐渐加强。这时，人们由学术思想的形而上的空虚境况逐渐趋向对形而下生活化的中国社会万象有进一步了解意愿。德川家族也深知中国历史典故"可以马背上取天下，不可骑在马背上治天下"的深刻道理。由于主客观等多方面的缘由迫使日本思想意识要有所转向来适应新社会的发展，具有实践性的儒学思想进入到德川幕府时期统治阶级的视野。这时，符合日本当时现实所需的能够指导国民思想的大儒——朱舜水来到日本，加速了实践性的儒学思想在日本的发展。朱舜水的实理实学思想在日本备受推崇，被称为日本孔夫子。

永历十四年春，六十一岁的朱之瑜，已知抗清复明无望，又不愿服务满清政府，于是再度东渡日本。此番朱之瑜抵达日本还破了日本的老规矩：德川幕府严禁外国人在日本定居。在先前已拜朱之瑜为师的安东守约的奔走下，朱之瑜获准在长崎租屋定居。据说日本锁国令以来，朱之瑜是唯一获得破例的外国人。朱之瑜客居日本初期，深居

---

① 兰学（Rangaku，らんがく）指的是在江户时代时，经荷兰人传入日本的学术、文化、技术的总称，字面意思为荷兰学术（Dutch learning），引申可解释为西洋学术（简称洋学，Western learning）。在德川幕府时期（1603—1867）闭关锁国的政策下，荷兰东印度公司得到幕府特许，获准与日本进行贸易，并于长崎等地设立荷兰商馆。透过荷兰作为经济文化交流的桥梁，西洋学术（兰学）影响日深，为日本的后继社会变革提供了思想准备。

简出。后受日本统治者德川家纲的叔父、水户藩主德川光国之多次邀请之下开始在日本讲学。各色诸侯，政界要人，都纷纷登门拜访。可以成了日本当时文化界的一件盛事。永历三十七年四月，八十三岁的朱之瑜，溘然长逝于日本大阪。留遗嘱要求墓碑写上"故明人朱之瑜墓"。鲁迅在《藤野先生》一文中说：从东京到仙台途中的驿站，他只记住了两个，除了一个日暮里之外，"其次却只记得水户了，这是明的遗民朱舜水先生客死的地方。"

朱之瑜死后，其门下弟子们整理朱之瑜文集，其中最著名的就是《舜水先生文集》，凡28卷巨著。他的思想对日本倒幕和维新时代的精英人物产生了重大影响。他的弟子安东守约曾感慨说，对于朱之瑜这位杰出的哲人，几百年间，日本人一直求教不息。

周逢年的著作是一篇跨学科的研究著作，作者运用拉斯韦尔的"5W"传播结构模式建立了一个简洁的研究框架。文章从朱舜水思想形成的背景、思想的传播者、思想的建构、思想传播的媒介以及受众诸方面详细讨论朱舜水思想的影响力，以及影响力的原因和对当下如何发展中日关系的思考。文章脉络清晰，也有不少创见。

作者的努力是有目共睹的，他历经数载，精读朱舜水的著作，阅读了大量的有关朱舜水的研究论著，对跨文化传播、日本史、国际传播和教育传播方面的文献都有涉猎，先后多次调整研究框架，遂成此文，虽然说还可以做得更好，但已经相当努力了。

在日本的发展史上，不停接受大量的外国技术和文化，每次系统性的引进和创造性的吸收都对日本文化的发展产生过深刻的影响。可"它们每次都适应了本地的条件并渗透到许多世纪中形成的文化传统之中，即日本化了"①。叶渭渠指出：日本避免了"认同"和"拒斥"的极端模式，建立起了一个崭新的"冲突—并存—融合"的模式②。如小约瑟夫·奈所言："日本是19世纪向全球化开放自身的第一个亚

---

① ［苏］格拉德钦科夫：现代日本文化中传统与革新的结合，《国外社会科学》1984年第5期，第44—45页。
② 叶渭渠：《日本文化史》，广西师范大学出版社2003年版，第305页。

洲社会，成功地借鉴了世界其他地区的经验"①。日本放弃了闭关锁国政策，成功地从西方学习和借鉴先进的科学技术与文化，改革日本的封建社会制度，先于亚非拉其他国家走上现代化道路，奠定日本成为世界强国的基础。对当下的中国来讲，日本自然也有其可以学习之处。从这一角度看，周逢年的研究为当前中国热门的国际传播提供了另一个视角，这是他的论著的另一个价值了。

拉拉杂杂写了这么多，言总难尽意，就此打住。

吴　飞

于浙江大学紫金文苑

---

① Joseph S. Nye Jr., "Asia's First Globalizer," Washington Quarterly, Vol. 23, No. 4, Autumn 2000, pp. 121 – 2.

目　录

第一章　绪论 ………………………………………………（1）
　一　研究的内容及其意义 ……………………………………（1）
　二　国内外研究动态 …………………………………………（2）
　三　研究思路和方法 …………………………………………（12）
　四　基于朱舜水思想的跨文化传播理论文献综述 …………（15）
　五　创新之处 …………………………………………………（32）
　本章小结 ………………………………………………………（35）

第二章　朱舜水生活时代的中日社会现状 ………………（36）
　一　朱舜水生活时代的中国社会面貌 ………………………（37）
　二　日本德川幕府时期的日本社会概貌 ……………………（49）
　本章小结 ………………………………………………………（55）

第三章　朱舜水思想构建的理论基础和传播 ……………（57）
　一　真人朱舜水 ………………………………………………（58）
　二　理论联系实际的朱舜水思想 ……………………………（67）
　三　朱舜水在日礼遇考论 ……………………………………（78）
　四　朱舜水的学识与德行 ……………………………………（88）
　五　德川家族高规格礼遇朱舜水的缘由 ……………………（99）
　本章小结 ………………………………………………………（103）

第四章 朱舜水思想传播者：以安东守约为代表的学术共同体 ……（105）
- 一 日本朱子学派安东守约 ……（106）
- 二 水户学派创始人德川光国 ……（117）
- 三 一代儒宗伊藤仁斋 ……（123）
- 四 日本古学派鼻祖山鹿素行 ……（124）
- 本章小结 ……（127）

第五章 朱舜水思想在日本的建构与传播 ……（129）
- 一 倡导切实可行的儒家文化 ……（130）
- 二 朱舜水的"实理实学"思想理论 ……（139）
- 三 做人为本的教育传播思想 ……（148）
- 四 言行一致、深耕习作的治学态度 ……（167）
- 本章小结 ……（168）

第六章 朱舜水思想在日本的传播方式 ……（170）
- 一 兴办教育讲学 ……（171）
- 二 书信 ……（172）
- 三 问答 ……（174）
- 四 以身作则的践行方式 ……（175）
- 本章小结 ……（177）

第七章 朱舜水思想在日本的传播对象 ……（179）
- 一 政治家 ……（180）
- 二 日本儒学者 ……（182）
- 三 爱好儒学的民众 ……（194）
- 本章小结 ……（195）

第八章　朱舜水思想传播效果 ………………………………（197）
 一　对日本国民思想观念的影响 ……………………………（201）
 二　指导《大日本史》的编纂 ………………………………（211）
 三　朱舜水思想为明治维新提供思想理论指导和"开化"
   思想 …………………………………………………………（215）
 四　朱舜水思想回传故国及其影响 …………………………（218）
 本章小结 …………………………………………………………（224）

参考文献 …………………………………………………………（226）

后记 ………………………………………………………………（237）

第一章

绪　论

在这个日益全球化的时代,每个人都应该具备在工作中对来自不同文化背景的人进行有效传播的能力。但是,到底什么才算有效的跨文化传播?这个标准应当是公平的,对所有的文化来说都是适当的,而不是只适用于主流文化。①

——约翰·奥泽尔

一　研究的内容及其意义

朱舜水是明末清初逃亡到日本的思想家、教育家和儒学者。他的实理实学思想在日本备受推崇,被称为日本孔夫子。本书运用拉斯维尔的"5W"传播模式,围绕朱舜水的核心思想,讨论其在日本的传播及影响力。朱舜水思想之所以在日本及中国民国时期有如此大的影响,是因为朱舜水提出的实理实学思想为日本当时社会所需,激励日本民族革命的仁人志士;朱舜水高尚的德行和气节深受其日本弟子及民众的崇敬;德川光国等高层精英对朱舜水言行非常信任并极力推崇其思想。本书主要从朱舜水思想形成的背景、思想的传播者、思想的建构、思想传播的媒介以及受众诸方面详细讨论

---

① [美]斯蒂芬·李特约翰、凯伦·福斯:《人类传播理论》(第9版),史安斌译,清华大学出版社2009年版,第271页。

朱舜水思想的影响力，以及形成这种影响力的原因并对当下如何发展中日关系进行思考，从而得出结论："德"和"技"的结合能够提升跨文化传播的效果。

朱舜水在日本的政治地位和学术水平达到相当高度。德川幕府时期的水户藩主德川光国（圀）拜其为师并聘其为宾师，且称其为日本孔夫子，此等礼遇和殊荣鲜有，不必联想鉴真。研究朱舜水思想在日本的影响力及其传播形式，便于了解中日文化的交流发展以及增进中日之间的相互了解，这是一件相当有意义的事情，也能提升对外文化传播的效果。

朱舜水是明末清初的著名思想家、教育家和儒学者，同黄宗羲、王夫之、顾炎武、颜元并称为明末清初五大学者，与王阳明、黄梨洲、严子陵并称为余姚四先贤。可见，朱舜水的学术思想及地位非同一般。全面深入研究朱舜水思想，了解中华文化对外传播的方式和有效性，便于找寻提升中国软实力的方式方法，是为研究意义。

朱舜水既有儒家思想文化的理论基础，也有日常生活的实践能力。他的知识体系是从形而上通到形而下、理论与实践相结合的，这对于当下知识分子的知识建构有借鉴意义和学习的价值。而他的实理实学思想在市场经济的背景下，更具有启示意义。他为人的真实性和正义性，并没有下拉他的社会地位和社会影响力的正面作用；他强调实理实学的实践性，并没有降低他的知识理论建构和知识储备的价值，反倒是更加完善他的知识体系。

二 国内外研究动态

中国研究朱舜水思想是从清末民初开始的，但研究者少，现在有渐热趋势，而日本研究者众。一是因为特殊的历史性原因。朱舜水是反清复明的坚定拥护者，在清朝，他的相关资料是被封锁的，人们似乎也不知明朝遗臣朱舜水的存在。汤寿潜（1857—1917）在《舜水遗书》的序文中写道："自康熙、雍正以来，记述遗民者往往不知道先生（朱舜水）的事迹。"① 据推测，朱舜水遗著传到中国大概在清朝同治年间（1862—1874）。《余姚县志》（卷23，朱之瑜，1899年）记载："同治之际，先生（朱舜水）族孙朱衍绪、徒弟湛然随使节团来到日本，带回了日本人汇编的'全集'（28卷），开始考察先生的生平始终。"② 二是因为朱舜水思想主要在日本传播并产生影响。目前，朱舜水全集在日本、中国台湾和中国大陆刊行，版本有十多种，主要有1684年的加贺本、1715年的水户本、1720年的享保本、1912年的稻叶本、马一浮的《舜水遗书》（25卷、1913年）、1962年台湾世界书局出版的《朱舜水全集》，以及朱谦之的《朱舜水集》（1981年，中华书局）；相关研究论文有四百余篇，东亚和欧美还有以朱舜水为主题研究的博士论文。

根据台湾大学徐兴庆教授整理研究，最近二十年来，日本、中国大陆、中国台湾关于朱舜水的传记资料以及全集等的数量提升约4倍，单行本数量提升8倍，论文数量提升2倍多，国内外学者非常重视对朱舜水的研究。徐兴庆教授主要对朱舜水的未刊书简等资料进行挖掘和整理并公开出版。当然，徐兴庆教授对朱舜水的儒学思想及其对东亚儒学发展和影响，以及汉学教育在日本的发展作了一定的研究。2000年，在朱舜水诞辰400周年之际，日本九州大学和中国的复旦大学在朱舜水故乡浙江余姚共同举办国际专题研讨会，并由人民出版社出版论文集《朱舜水与日本文化》（2003）。该论文集收录了日本茨城县立历史馆首席研究员久信田喜一的《水户的朱舜水研究现状》一文，该文引用了诸如《水户市史（中卷一）》（1968）、《水户光国》（1972）、《水户学研究》（1975）、《水户史学》（1982—1995）、《水户史学先贤传》（1984）、《文恭先生朱舜水》（1989）、《茨城史学》（1991）、《茨城县立历史馆馆报》（1995—1996）等文献资料。《朱舜水与日本文化》还收录了赵健民的《继往开来写华

---

① 稻叶岩吉（君山）编：《朱舜水全集》，东京：东京文会堂1912年版，第3页。
② （明）朱舜水著，朱谦之整理：《朱舜水集》，中华书局1981年版，第641页。

章——朱舜水研究的回顾与前瞻》、日本九州大学名誉教授町田三郎的《朱舜水与黄遵宪》、复旦大学哲学教授潘富恩的《弘扬舜水"实学"思想，永缔中日"千年之好"》、日本茨城大学教授铃木英一的《朱舜水、朱天生和德川光国》、日本福冈女学院大学教授难波征男的《安东省庵的思想形成》、日本安东省庵研究家金子正道的《朱舜水与安东省庵的相识》、中国社会科学院哲学研究所研究员衷尔钜的《朱之瑜：日本德川时代实学之先驱》、上海大学教授陈增辉的《朱舜水教育思想简论》等一批高质量的学术文章。

朱舜水思想涉及儒教、历史、政治、教育等诸多领域。对朱舜水思想的研究主要分为两类。一类是对朱舜水在日活动及思想传播的内容进行汇编和整理，如最早由水户藩第二代藩主德川光国主持编辑的《舜水先生文集》（1715 年，28 卷），现珍藏于日本博物馆，朱舜水的弟子今井弘济和安积觉编撰的《舜水先生行实》，长久保猷编撰的《舜水事迹考》和石原道博编撰的人物传记《朱舜水》（1961 年，吉川弘文馆）等；汉文著作主要有中华书局出版的北京大学教授朱谦之编的《朱舜水集》（1981 年，中华书局）。不过，这些文集的主要参考资料基本来自于《舜水先生文集》，主要是对朱舜水的书信、讲学稿和谈话录等进行汇编和整理，系统而详细地梳理了朱舜水的思想脉络，这为以后学者研究朱舜水奠定了坚实的基础。石原道博对朱舜水的相关资料进一步发掘，对朱舜水进行了深入的研究，发表了大量关于朱舜水出身、遗稿、思想乃至同郑成功关系的论文，如论述朱舜水学风之"经世济民"，批判宋学之"性""命"等的空泛理论等。

国内黄遵宪（1848—1905）、王韬（1828—1879）、章太炎（1869—1936）、康有为（1858—1927）、梁启超（1873—1929）、孙中山（1866—1925）、李大钊（1889—1927）和郁达夫（1896—1945）等人都对朱舜水进行过研究，主要是研究朱舜水在日活动和思想在中国的传播。黄遵宪先生作为驻日公使馆文化参赞，是国内最早研究朱舜水的学者。在《日本杂事诗》（1879）中探讨过朱舜水的相关事迹，他在书中作诗道："海外遗民竟不归，老来东望泪频挥。终身耻食兴朝粟，更胜西山赋采薇。"① 并高度评价朱舜水的人格："欲乞师图复明、……亡国遗民、真能不食周粟者、千古独渠一人耳。"② 他还在《日本国志》中这样说道："华夏中有己丑冯京第、黄宗羲以明鲁王以海命、来长崎乞师、不达。朱之瑜亦来乞师、不达。"③ 清末思想家王韬在《扶桑游记》上卷中写道："舜水为程朱之学，一时靡然风从，弟子多著名者。郑芝龙客台湾，尝寄书舜水，欲乞师图复明。"④ 王韬对朱舜水为德川光国所撰写的《学宫图说》深表佩服："规模一如中土、诸藩并起而效之。是舜水实开日本文教之先声……" 后来有不知道名字的学者著有《朱舜水传》(1907)，马瀛之编有《朱舜水先生言行录》(1912)。康有为发表时文《怀朱舜水五首》(《康南海文集》，1912年)怀念朱舜水，他在《康南海文集》中追忆道："明末朱舜水先生，避地日本，德川儒学之盛，自此传焉。今二百五十年，德川光国顺举改碑祭，名侯士大夫集而行礼者四百余人，余在须磨，不能预盛典，附以五诗，以寄思仰。"⑤ 并题诗追悼朱舜水："儒学东流二百年，派支盛大溯河先。生王难比死士拢，日本春秋思大贤。上续王仁传《论语》，隐同箕子访明夷。先生浮海能传教，却望神州应大悲。孔子已无丁祭拜，学风扫地丧斯文。我游印度佛教绝，一线儒传或赖君。德川儒业世昌丰，楠社看碑访落红。十五年来重避地，每怀舜水庶高风。未随裙屐拜遗碑，仅自图文寄梦思。他日海云访水户，先从阡木植松枝。"⑥ 梁启超在《明清之交中国思想界及其代表人物》一文中，阐述了朱舜水和黄梨洲二人学风之异同，认为朱舜水是近世中日文化交流之"鸿儒"。他还在《中国近

---

① （清）黄遵宪：《日本杂事诗》，实藤惠秀等译，东京：平凡社1968年版，第118页。
② 钟叔河辑校：《黄遵宪日本杂事诗广注》，湖南人民出版社1981年版，第121页。
③ （清）黄遵宪：《日本国志》，上海古籍出版社2001年版，第3页。
④ （清）王韬：《扶桑游记》（第26辑），台北：文海出版社影印本1972年版，第58—59页。
⑤ （清）康有为：《康南海文集》，1914年刊行，载于沈云龙主编《近代中国史料业刊》（第80辑），台北：文海出版社影印本1972年版，第513页。
⑥ 同上。

三百年学术史》一书中，分析朱舜水的学风是"主张实践、排斥虚说"，"反对阳明学"；朱舜水学艺"艺事熟练、且巧思。……器物、衣冠等亲手图绘教制甚多"。后来马一浮先生于1913年主编的《舜水遗书》，是对朱舜水文集的梳理，梁启超所著的《朱舜水先生年谱》是对朱舜水人生经历的记述和考证。李大钊在1915年的《言治》月刊上，叙述了朱舜水的生平概况，后在《复景学钤》一函中，谈到朱舜水在日活动的一些基本情况。在之前，清末余姚的耐庵公撰写了《朱舜水先生年谱稿》，全书约3万余字，用草书在洗心阁宣纸上写成，记述了从明万历二十八年朱舜水出生始，至康熙二十六年张斐赴日作舜水祭文止有关朱舜水的生平。北京大学朱谦之教授编撰了《朱舜水集》（1981）、台湾大学徐兴庆教授主编了《朱舜水集补遗》（1992）和《新订朱舜水集补遗》（2004），美籍华裔学者吕玉新编著的《有关朱舜水研究目录》（台北：《汉学研究通讯》2004年11月），主要是对朱舜水的相关资料进行详细的整理、挖掘和相应的解释，介绍朱舜水早期在水户时的相关文献，提供了日本彰考馆、茨城县图书馆所藏的德川光国的相关资料和一些美国方面研究朱舜水的资料。

对朱舜水思想的研究主要是对朱舜水实理实学思想和史学思想的研究。最早对朱舜水思想进行论述考察的是日本东京大学教授高濑武次郎在《史学界》发表的《朱舜水》（1901）和栗田勤在《古迹》上发表的《朱舜水祠堂考》（1902）。另外，石原道博对《朱舜水先生行实》研究后认为：朱舜水的人格"刚毅方直，操履中规，择交而禀言、晦迹以远疑。……于是人皆服其深密谨厚、而知本末事实云"[1]；治学态度则"性质谨慎，强记神敏、虽老而疾、手不释卷。凡所经览、钩深体实、博而约、达而醇"[2]；其文章则"雄壮古雅、持论逸宕、笔翰如流、随手成章"[3]。在日本学界，较早研究朱舜水的学术论文还有稻叶君山的《朱舜水考》（此文发表于《日本与日本

---

[1] （明）朱舜水著，朱谦之整理：《朱舜水集》，中华书局1981年版，第624页。
[2] 同上。
[3] 同上。

人》，1908年），主要对朱舜水的事迹进行考证。1912年，国府犀东的《朱舜水与安东省庵》一文提到二人关系外，还讨论了朱舜水的出身、忠义思想、学风、精神，以及德川光国的招聘事迹等。后来中国台湾学者王进祥的《朱舜水评传》（1976年，台北：商务印书馆）、朱力行的《朱舜水的一生》（1982年，台北：世界书局）、王瑞生的《朱舜水学记》（1987年，台北：汉京文化公司），日本学者出原刚的《朱舜水研究》（1978年，台湾大学硕士学位论文）、赖桥本的《中国历代思想家——朱之瑜》，① 对朱舜水的学术思想、人格养成、在日活动及朱舜水同日本学者的学术交流进行详细论述。比如王进祥主要是对朱舜水的生平、弟友记、朱舜水之学问思想及其影响和年谱等方面进行阐述，并且分析了朱舜水的学术思想背景；田原刚详细分析了朱舜水的生平事迹、人格魅力、学术理念、伦理思想、政治教育等思想体系及其对后世的影响。哥伦比亚大学赫歇尔·韦伯（Herschel Webb）博士的博士学位论文《水户学派早期思想和作品》，主要论述了水户学派和朱舜水的关系，详细论述了朱舜水的史学思想、实学思想对水户学派的形成及编史理念的影响。戴维·马戈瑞·奥瑞（David Magarey Earl）的著作《德川时代日本天皇、国家及其政治思想》（1964），部分章节讨论了德川时代的国家政治与朱舜水忠君爱国思想、尊王思想的关系。罗纳德·多尔（Ronald Philip Dore）的《德川时代的教育》（1965），圣约翰大学的海伦·裴凯库（Helen Pui-kingKu）博士撰写的博士学位论文《朱舜水：生平和影响》（1972），威廉·西奥多·狄百瑞（William Theodore De Bary）和艾润·布鲁姆（Irene Bloom）共同主编的《理学和实学——新儒学与实学》（1979），J.维克托·福克斯曼（J. Victor Koschmann）的《水户学——日本德川后期的改革和反乱》（1987年，加利福尼亚大学出版社），凯特·魏德曼·徕卡（Kate Wildman Nakai）的《幕府政治：新井白石和德川的法

---

① 徐兴庆：《东亚视野的朱舜水研究》，载于《日本汉文学研究》2007年第3期，第396页。

治基础》(1988年，哈佛大学出版社)，还有圣约翰大学陆羽新（YU xin Lu）博士的博士学位论文《孔子、朱舜水以及德川时期的日本建国起源》(1998)，基本以德川时代为背景，研究了朱舜水的生平事迹、学术思想、政治教育理念与德川幕府时代的关系，并讨论了朱舜水实学思想对德川幕府时期的国家政治思想的影响。不过，相比较东亚学者，西方学者对朱舜水的研究相对来说较为薄弱。

钱穆认为："舜水论学大旨，重实功实用，又奉程朱为准绳，则以为为学和修身必合二为一也。"① 日本学者石原道博认为："如果先说结论，那么朱舜水的学问……应当被视为介乎阳明学和朱子学之间的实学，其学风，规避空论而重视对根本道理的探求。"② 梁容若教授认为："舜水的学术，尊王贱霸，排斥异端，主张清议，重礼仪，尚实用。谓忠孝不可分，学问事功不可分，敬神崇儒，重节义，明廉耻，欲合日本神道与儒学为一。"③ 李甦平教授认为："朱舜水的实学思想成为17世纪日本社会文运转机的直接动力，潜移默化为19世纪日本政治革新（明治维新）和20世纪初中国社会革命（辛亥革命）的间接动因。"④ 他在《朱之瑜评传》一书中，详细梳理了朱舜水学术思想体系和实学思想对中日思想文化的影响，并从践履论、事功论、实利论、致用论和社会论5个方面论述朱舜水思想。日本学者北乡康所著的《朱舜水史学思想》，主要论述朱舜水史学思想的大义名分的历史观、尊史求真的道德观、考据从实的史实观和以古为镜的史用观。还有，武汉大学覃启勋教授对朱舜水在日本的讲学授业进行了详细的研究，系统论述了朱舜水在日本讲学的基础、职业、对象和内容等，对朱舜水实学思想、治学理念、史学观进行了具体研究，并且

---

① 钱穆：《读〈朱舜水〉》，载于《中国学术思想史论丛》，安徽教育出版社2004年版，第17页。
② 转引自韩东育《朱舜水在中日之间的微妙作用》，载于赵汀阳主编《年度学术2007："治与乱"》，中国人民大学出版社2007年版，第276页。
③ 梁容若：《中日文化交流史论》，商务印书馆1985年版，第14页。
④ 李甦平：《转机与革新——论中国畸儒朱之瑜》，人民大学出版社1989年版，第199页。

讨论了朱舜水的思想主张对日本明治维新的影响。魏守谟的《朱舜水思想概述》(1937)、《民族先贤朱舜水先生的思想》(1940),郭恒的《朱舜水》(1937),刘志清的《朱舜水先生传略及其学术思想》,卢守耕的《乡贤朱舜水先生及其对于日本学术思想及建国之影响》(1978)等学术文章主要是围绕朱舜水的实理实学思想进行研究;台湾学者宋越伦在《海外孤忠朱舜水》一文中,论述了朱舜水思想在日本的传播,主要从朱舜水的人格魅力、实学实用思想、重实用弃玄妙、反阳明学等方面进行讨论,还阐述了朱舜水的海外活动和留居日本的事迹。另外,宋越伦还发表了《朱舜水与明治维新》(1966)、《缅怀朱舜水》(1959)等文章。

在20世纪90年代前后,由于江户中期儒学的"实践""实用""实证"思想对日本、朝鲜社会产生积极影响,朱舜水思想逐渐被重视。1989年11月在东京召开"三浦梅园和东亚实学"国际讨论会,考察了江户中期儒医三浦梅园(1723—1789)的实学和东亚实学发展的关系。还有,1990年5月韩国成均馆大学召开主题为"东亚三国实学思想开展"的国际讨论会,除研究近代实学思想系谱、"实学"在社会改革方面发挥怎样的作用、"实学"对教育的发展带来怎样的作用,还研究了江户、京都、大阪等"实学"的形成和地域特性。这次会议上,中国学者以"明清实学思潮"为主题,认为朱舜水的思想主张属于实学思潮范畴。辛冠杰的《清实学散论》指出,朱舜水"学问贵在致用"的主张和对"宋儒辨析毫厘,终不曾做得一事""以时文取士,此物既成尘羹土饭,而讲学者又迂腐不近人情"的批判是"重事功"的实学。步近智的《东林学派和明末清初的实学思潮》、冯天瑜的《咸·道年间经世实学——关于中国文化的方位》,把朱舜水的实学思想同湖南的王夫之、山西的傅山、河北的孙奇锋等实学者的思想并列看成是"经世致用"。除了论述朱舜水是明清实学思潮促进者外,葛荣晋的《清代实学思潮的历史变迁》一文还提到,朱舜水在回答弟子小宅生顺时,批判了"做学问应该批评实功实用"的思想主张,证实了朱舜水是实学思想的实践者。①

据1996年第2期《哲学动态》刊登的《中日舜水学学术研讨会综述》所述，张立文教授认为，朱舜水思想以"实理实学"为治学宗旨，以经世济民为实践基础，以感性立德为思想规模，以仁义爱民为理想人格，以社会大同为理想目标，这些构成朱舜水思想的逻辑结构。浙江省社会科学院的王凤贤先生认为，朱舜水所信奉的是孔子创立的圣贤之学，并将其作为实学的渊源；他善于把孔子之道与实理实学结合起来，作出了创造性发挥；他所提出的"道"与道学家所说的玄虚莫测的"道"截然不同，他认为"道"既是光明正大之道，又是民生日用之道，突出地弘扬了孔子创立的济世务实精神，并与明清之际的实学思潮相结合，形成了独具一格的舜水学。北京外国语大学教授陶秀璈认为，朱舜水的整个思想和理论，可以用他的一句话来概括："知中国之所以亡，则知圣教之所以兴矣。"

中外学者对朱舜水的研究较为丰富，且涉及不同知识领域，近年来，相关研究成果无论在数量上还是质量上，都有明显提升，但对朱舜水思想的研究并不多，论著、论文都偏少。为便于直观感受对朱舜水研究的全貌，笔者引用台湾大学徐兴庆教授关于不同领域朱舜水研究的统计表（1900—2006），如表1-1所示。

表1-1　　不同领域对朱舜水研究的统计（1900—2006）

	日本		中国		合计		备注
	专著	论文	专著	论文	专著	论文	
哲学	2		5	6 [1]	7	6	台湾（1）
思想	5	11	7｜5｜	24（7）[1]	12	35	香港 [1] 台湾（7）
政治（含乞师活动）	1	17	2	19（4）	3	36	香港 [1] 台湾（4）

---

① 转引自徐兴庆《东亚视野的朱舜水研究》，载于《日本汉文学研究2》2007年第3期，第385页。

续表

	日本		中国		合计		备注
	专著	论文	专著	论文	专著	论文	
学艺（含实学理论）	2	3	2	15（3）	4	18	台湾（3）
人格教育			2	6	2	6	
日本汉学				1（1）		1	台湾（1）
朱子学关系	1		2	1	3	1	
阳明学关系			3 ┆1┆	1	3	1	台湾┆1┆
儒学史（含概论）		1	5 ┆3┆	6（2）	5	7	台湾（2） 台湾┆3┆
史学和佛学观		1	1 ┆1┆		1	1	台湾┆1┆
中日关系（交通）史		1	3 ┆3┆		3		台湾┆3┆
明朝遗民			3 ┆2┆	11（1）	3	11	台湾┆2┆
人物交流	8	17	1 ┆1┆	10（3）	9	27	台湾┆1┆
中日文化交流史	4	1	8 ┆3┆	6（3）	12	7	台湾┆3┆
对日本文化的影响	2	3	6 ┆3┆	19（7）	8	22	香港［1］ 台湾（7） 台湾┆3┆
德川光国和水户学	26	9	2		28	9	
水户学和明治维新	3	2	2 ┆1┆	3（2）	5	5	台湾┆1┆
汤岛圣堂（含释奠）	4	1			4	1	
水户彰考馆	2	2			2	2	
年谱		2	1 ┆1┆	5（2）	1	7	台湾┆1┆
朱舜水综论（含评传）	4	29	23 ┆18┆	43（6）	27	72	香港［1］ 台湾┆18┆
朱舜水全集（含史料）	43		44 ┆23┆		87		台湾┆23┆
总计	107	100	122 ┆65┆	176（41）	229	276	台湾（41） 台湾┆65┆

注：表中（ ）中的数字表示中国文献数量中所包含的台湾论文数，┆ ┆表示台湾著作数；［ ］中的数字表示中国文献数量中所包含的香港论文数。

从表1-1中的数据来看，近100年来对朱舜水研究的成果共有505篇（部），对其思想研究较少，专著仅有12部，论文仅有35篇。这种现象普遍存在于日本、中国大陆和中国台湾学术界。针对朱舜水著作及史料、朱舜水综述、德川光国与水户学等的研究较多，成果丰硕。一般而言，对朱舜水思想的研究偏多才是常态，因为朱舜水的思想是研究的核心内容，从跨文化传播角度研究朱舜水思想及其传播效果似乎更少，因此，研究朱舜水思想还有较大研究空间。如今上海和宁波余姚两地建有朱舜水纪念馆。上海纪念馆于1990年开馆，以纪念中日友好交流的先驱者朱舜水。

为何朱舜水在日本被称为日本孔夫子？为何中日著名学者争相研究朱舜水思想？日本为何对朱舜水实理实学思想如此推崇和敬重？中华文化对外传播模式可否借鉴朱舜水思想在日传播模式？研究朱舜水思想对中日文化关系的提升是否有启示意义？这是研究朱舜水思想的目的和意义所在。

三 研究思路和方法

（一）研究思路

首先详细了解朱舜水所处时代的中日社会特征和历史背景，以及他的知识结构、理论体系和思想文化构成。然后采用跨文化传播理论阐释朱舜水思想在日本传播的过程及影响力，并且用拉斯维尔的"5W"传播模式详细分析朱舜水思想在不同传播环节所发挥的作用，以便更加客观、清晰地说明朱舜水思想在日传播的效果。再次，研究朱舜水思想如何对现代社会中的学术研究、为人处事、教育教学等产生深刻的影响，探讨朱舜水强调实理实学思想、重礼而轻禄的价值观对于当下的经济社会具有哪些反思性作用。（见图1-1）

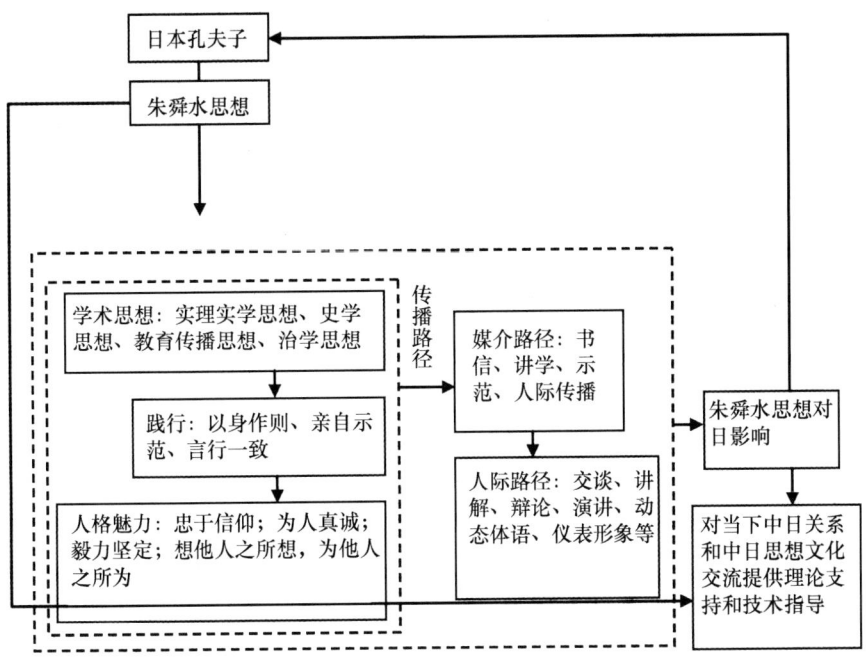

图 1-1 本书逻辑结构

(二) 研究方法

个案研究法，亦称个案历史法，是人文社会科学的重要研究方法之一。麦瑞尔姆认为，只要是对一个有界限的系统，诸如一个方案、一个机构、一个人或一个社会单元，做翔实完整的描述和分析，就是所谓的个案研究。[①] 作为一种研究方法，个案研究法已经有 100 多年的历史，它是由 19 世纪中期法国社会学家利普雷（Frederic Le Play）对工人阶级的家庭状况的研究而发展起来的研究方法。运用个案研究法能够对事物的了解更深入、详细、全面，更有利于把握事物的细节和复杂性。[②] 朱舜水在日本虽是个案，但他的学术思想在日本的影响

---

① 潘慧玲主编：《教育研究的取经：概念与应用》，华东师范大学出版社 2005 年版，第 182—186 页。
② 王宁：《个案研究的代表性问题与抽样逻辑》，载于《甘肃社会科学》2007 年第 5 期，第 2 页。

力是普遍性的，上到上层建筑空间，下到普通百姓的生活领域，都有朱舜水实学实理思想的影子。

朱舜水的学术思想在日本的影响力主要集中在他留居日本到明治维新之前的200多年的时间里，由于历史性和时间性，对朱舜水思想及其传播效果的研究基本是通过分析历史资料和相关研究文献进行的。因此，采用个案研究的追踪法，就是尽可能多地收集关于朱舜水思想研究的各种资料，然后对它们进行整理和分析性概括，作出逻辑性的判断，揭示朱舜水思想在日本发展变化的特征和规律，从而增加对日本的了解和认识。另外，笔者更加关注的是在朱舜水思想影响下，日本人实际上做了什么，在那个时空中发生了哪些真实事件。如曼彻斯特学派的学者所言：他们不再关注"当地人"应该做什么，而开始记录当地人实际上在做什么。同时考虑那些发生在时空之中的真实的事件、斗争和戏剧性场面。他们展现了规范性描述和日常实践之间的矛盾，并在追溯这些矛盾时，不仅考虑内在的冲突，同时把宏观的权力结构、国家、世界历史背景等因素考虑在内。①

文献分析法，亦称非接触性研究方法。主要是指对研究对象的相关文献进行收集、鉴别和整理，并对其进行研究，形成对事实科学的认识和了解。它的特点是不与文献中所记载的人和事直接接触。文献分析法针对个案类的研究对象，了解个案的研究现状，把握前人的研究成果、寻找问题关键所在，是一个行之有效的研究方法。笔者使用关键词"朱舜水"在中国知网、日本雅虎以及台湾大学徐兴庆教授和美籍华裔学者吕玉新提供的朱舜水文献资料中进行搜索，得到朱舜水传记资料近80篇，专著近230本，这些资料主要是对朱舜水思想、朱舜水与水户学、朱舜水与古学派、朱舜水与弟子等关系的研究；期刊论文（包括硕博士论文）有300篇之多，所涉及的内容广泛，基本涵盖朱舜水思想的方方面面，前文的文献

---

① 转引自卢晖临、李雪《如何走出个案——从个案研究到扩展个案研究》，载于《中国社会科学》2007年第1期，第127—128页。

综述基本有所阐述，在此不再赘述；以其他形式诸如新闻、纪念活动等报道朱舜水信息的达22次之多。通过对这些资料的整理和分析，本书对朱舜水思想进行深入、细致、全面的研究，剖析朱舜水在日的言论以及朱舜水和日本不同人士的交流对话所运用的不同语言风格而产生的不同传播效果。

全书运用拉斯维尔的"5W"传播模式，并穿插拉扎斯菲尔德的"二级传播理论"和人际传播学理论，讨论朱舜水思想在日本的传播。研究朱舜水思想的传播需要弄清楚他的思想在日本是如何传播的，对象是谁，传播取得了什么样的效果，并且研究朱舜水在对弟子、友人传播儒家思想时，运用什么样的方法说服对象并使受众欣然接受。

四 基于朱舜水思想的跨文化传播理论文献综述

文化需要传播，人类文明才可持续发展，文化在不同的文化群体间相互交流与传播才能使文化发展呈现多元性，人类社会才丰富多彩。文化通过物质交换、旅游、战争、传教等形式呈现跨文化传播的自我实现、焦虑、思考和争辩等，从而避免近亲繁殖趋向僵化、死亡。中国儒家文化在外来文化如佛教文化、西方文化等的不断影响下，在哲学、教育、宗教、文学和艺术诸方面有较大发展。同时，中国儒家文化也影响了他国如日本，日本受惠于中国儒家文化深而久远。日本是封闭的岛国，日本人的思想要变化必须有外来文化的影响，他们的自信和向上的心理，使他们对外来的优秀文化总是不断吸取。正如戴季陶先生所言："一个关闭的岛国，他的思想变动，当然离不了外来的感化。在他自己本身，绝不容易创造世界特殊的文明。而接受世界的文明，却是岛国的特长。"[1] 朱舜水思想在经过日本本土化的适应、吸收、消化之后对日本文化及社会实践产生了积极影响。

---

[1] 戴季陶：《日本论》，吉林出版集团有限责任公司2011年版，第16页。

(一) 文化即传播

跨文化传播学是由美国人类学家、跨文化研究学者爱德华·霍尔在专著《无声的语言》中首次提出的,其英文为"Intercultrual Communication"或"Cross-cultural Communication"。它指的是不同文化背景下的社会成员之间进行的人际交往与信息传播活动,以及各种不同文化要素在全球化社会中,不断迁移、扩散、变动,及其对不同群体、文化、国家乃至人类共同体的影响。霍尔在书中指出,不同文化背景的社会成员在谈到时间、空间时,所表达的意义有明显的差异。文化具有显形文化、隐形文化和技术性文化三个层次。显形文化能够看得见,容易表述;隐形文化看不见,就是专业素养高、训练有素者也难以描述,不过,认真观察和思考是可以学习到的;技术性的文化是通过教师教、学生学的方式获取的。学习方式主要取决于学生的学习和分析能力,对于学习者来说,一并学习这三种文化便于文化快捷、准确、深入地传播。霍尔还提出"文化即交流"的思想理论。他说道:"交流理论是对诸如语音学、正字法、电话和电视信号等现象进行概括的理论,……谈话的时候,人们在使用任意的语音符号,以描述已经发生的事情或将要发生的事情。……因此,可以说,书写是一种符号的符号(symbolization of a symbolization)。交流理论将这个符号化的过程再推进一步。"[①] 如同美国人类学家克利福德·格尔茨(Clifford Geertz)在《文化的解释》一书中所言:"文化是一种通过符号在历史上代代相传的意义模式,它将传承的观念表现于象征形式之中。通过文化的符号体系,人与人得以相互沟通、绵延传续,并发展出对人生的知识及对生命的态度。"[②] 可以看出,两位学者都认为文化是可以交流的、是代代相传的、是可以沟通的,是人与人互动过程的象征性行动。美国著名语言学家萨皮尔(E.

[①] [美] 爱德华·霍尔:《无声的语言》,何道宽译,北京大学出版社2010年版,第76页。

[②] [美] 克利福德·格尔兹:《文化的解释》,纳日碧力戈等译,上海人民出版社1999年版,第160页。

Sapair)认为,文化即传播,两者同构、同质。传播被视为文化的工具,文化传播是一个将文化中的精华继承下来、传播出去,使之时代相续并与其他文化碰撞、融合的过程。浙江大学传媒与国际文化学院吴飞教授总结道:"传播是一选择的过程;传播是互相的、双向进行的;文化传播的范围或借用的程度决定于两个民族之间接触的持续时间和密切程度;相似文化的群体容易相互适应和借用量大;接受的一方对新引进的文化特质和文化丛体在形式、功能和意义上的改变,以适应自己的需要,这就是所谓的'重新解释'(Reinterpretation)。"① 朱舜水思想在日本的传播也如霍尔所说的"文化即交流"理论一般,日本知识阶层及民众努力学习朱舜水的有关思想和实践技术,既有隐性模式的学习方式,也有显性模式的学习方式,还有技术性模式的学习方式。如霍尔所言:"学习隐形模式的最佳途径是选择楷模并尽量模仿;学习显形模式要依靠规诫;学习技术性模式则需要清楚的阐述。"②

文化能够传播是因为不同文化之间存在一定的差异,并且交流双方彼此需要对方的文化,这是跨文化传播存在的前提和基础,爱德华·C. 斯图尔特(Edward C. Stewart)在《美国文化模式》一书指出:"没有文化差异和评论,跨文化交流学就没有存在的基础。"③ 当然,文化得以交流是因为它还有意义价值、文化意蕴和内涵,受传方愿意学习和接受。从文化哲学角度说,"文化的核心就是意义的创造、交往、理解和解释"。④ 文化在本质上体现的是这个民族或国家的精神特质,这种精神特质获得受传方的尊重和需要,于是,它在所在国的社会交往中得到广泛传播和传承,并在社会中产生吸引力。朱舜水思想对于当

---

① 吴飞:《火塘、教堂、电视:一个少数民族社区的社会传播网络研究》,光明日报出版社2008年版,第64页。
② [美]爱德华·霍尔:《无声的语言》,何道宽译,北京大学出版社2010年版,第100页。
③ Edward C. Stewart, *American Cultural Patterns*: *Across-Cultural Perspective*, Intercultural Press Inc., 1972.
④ [英]尼克·蒂史文森:《认识媒介文化》,汪文斌译,商务印书馆2001年版,第1—3页。

时的日本来说，无疑是至关重要的。朱舜水所掌握的思想理论和生活实践技术基本能够满足日本当时社会所需，他提供的思想和实践技术能够及时解决日本当时社会所出现的问题，效率高、见效快。也就是说，朱舜水的知识体系对当时日本社会发挥了重要作用。日本在明治维新之前，所吸收的外来思想文化基本来自中国，即便是德川幕府后期有学习"兰学"的学者，也只是局部小范围学习他们的医学和科学技术，到18世纪中后期，"兰学"才开始对日本产生重大影响。

朱舜水思想能够在日本得到良好的传播和影响，如果用霍尔的文化三层次理论解释，那就是显形文化诸如实理实学思想、释奠礼仪在日本社会中得到很好的贯彻和落实；隐形文化诸如朱舜水的高尚品德、忠贞不阿的行为方式，潜移默化感染了弟子和民众，并被接受和学习；技术性文化体现在朱舜水能够亲力亲为，手把手教授日本弟子及匠师技术和操作方式。朱舜水不仅深谙中国的文化规则，还熟悉日本的文化规则，这是朱舜水思想在日本成功传播的一个重要原因。

跨文化传播研究在欧洲发展较晚，影响力也逊于美国。近些年，欧洲举办过多次国际跨文化传播交流会议，在英国等一些欧洲国家的大学开设了跨文化传播学课程，北欧有一个研究跨文化传播的国际组织，并认为跨文化传播是一门独立学科。当然，跨文化传播研究在中国发展也只有改革开放至今的40年。随着中国不断融入国际社会，同其他国家交流日益增多，跨文化传播研究首先由外语教学界引入中国，一开始的研究重点主要在外语教学中的跨文化差异，以及语言和文化的关系方面。学术界的共识是：许国璋于1980年在《现代外语》第4期上发表的题为"Culturally-loaded Word and English Language Teaching"一文，标志着跨文化传播学在中国的诞生。[①] 他强调在语言教学中，要注重语言的内涵教学。后来，跨文化传播研究慢慢被引入传播学，出现许多著名学者和成果如美国学者拉里·A.萨姆瓦的《跨文化传通》（1988），德国学者马勒茨克的《跨文化交流：不同文

---

① 严明主编：《跨文化交际理论研究》，黑龙江大学出版社2009年版，第15页。

化的人与人之间的交往》(2001),中国学者段连城的《对外传播学初探》(2004)、姜飞的《跨文化传播的后殖民语境》(2005)、关世杰的《跨文化交流学》(1995)、单波的《跨文化传播的问题和可能性》(2010)和贾玉新的《跨文化交际学》(1997)等。

(二)"文化陌生"带来文化需求

日本对中国儒家文化的需求和学习一直到明治维新时期才渐趋弱化,那时日本开始转向学习西方科学技术。日本大力提倡学习中国儒家文化,原因有三:一是明治维新前的日本文化相比中国文化较为落后;二是日本因地理位置(岛国)和经济落后而被孤立,为了打破这样的不利局面,日本不断派遣使团到政治、经济、文化较为发达的中国学习;三是日本为了在朝鲜半岛获得一定的利益,需要对保护朝鲜的中国有不断的了解和技术上的沟通。在这样的背景下,日本持续不断向中国派遣使节,尤其是隋唐时期最盛。以遣隋使为标志,中日文化交流拉开序幕,他们选派归化汉人的后裔、学生和僧人使华,便于学习中国的儒学、佛法等文化和律法、典章制度。唐朝时期最甚,从公元七世纪初至九世纪末,大约264年的时间,日本先后派遣唐使团达十几次之多。人数有数百人,最多时近700人,使团人员有留学生、僧人、使节、判官等官员,文书、医生、画师、乐师等各类随从和工匠。他们热衷于学习中国儒家文化,学成之后归国,将所学的文化知识运用于日本社会的各个领域。

日本如此"兴师动众"向中国派遣使者学习,如果使用跨文化传播理论解释的话,一是自我认识的需要、"我思故我在"的需要;二是对新知识的需要,是精神交往的发展和丰富。武汉大学单波教授在《跨文化传播的基础和障碍》一文中指出:"跨文化传播首先来自于人与人之间的文化差异和文化陌生感。或者说,它就在有文化距离感的个体间发生。这时,跨文化传播更多地表现出人类认识自我的需要、对新奇的需要、通过认识'他者'而扩大精神交往的需要,这些需要始终是跨文化传播的内在心理动因,并且构成了人的跨文化特性的重要组成部分。"① 从学术源渊来看,德国哲学家乔治·齐美尔(Georg Simmel)20世纪初在《陌生人》一文中提出"陌生人"概念,被视为跨文化传播和交往研究的重要基石,齐美尔认为:"天狼星的居民对我们来说并非是真正陌生的——至少不是社会学意义考虑上的陌生,而是他(它)们根本不是为了我们而存在的,他们处于远与近之外,没有远近之分,无所谓远近。"② 当然这里"陌生人"要打上双引号,他们带来的并不是真正意义上的陌生感,只是"我"与他们相互之间的沟通和交流偏少而显得陌生,我们其实共同存在于相互依存、相互关联的统一体的空间中。因此,齐美尔进一步解释道:"陌生人是群体本身的一个要素……它的内在的和作为环节的地位同时包含着一种外在的对立……进行叛逆的和引起疏离作用的因素,在这里构成相互结合在一起和发挥作用的统一体的一种形式。"③ 美国社会学家罗伯特·帕克(Robert Park)在其老师齐美尔的理论的基础上进一步提出"边缘人"概念。他认为"边缘人"是"一种新的人格类型,是文化混血儿,边缘人生活在两种不同的人群中,并亲密地分享他们的文化生活和传统,他们不愿和过去以及传统决裂,但由于种族的偏见,又不被他所融入的新的社会完全接受,他站在两种文化,两种社会边缘,这两种文化从未完全互相渗入或紧密交融"。④ 从某种意义上说,"边缘人"往往起着纽带、"意见领袖"的作用,如同恩格斯称但丁是"中世纪最后一个诗人和新时代最初一位诗人"一般。吴飞教授认为:"这些陌生人,与我们的利益休戚相关,关乎我们的情感投向并构成生活意义的一部分。因此,如果现代生活要持

---

① 转引自王怡红、胡翼青主编《中国传播学30年:1978—2008》,中国大百科全书出版社2010年版,第661页。
② [德]齐美尔:《社会是如何可能的》,林荣远译,广西师大出版社2002年版,第342页。
③ 同上。
④ Park, R. E., "Human Migration and Marginal Man", *American Journal of Sociology*, Vol. 33, 1928.

续下去，就必须保持和培养陌生关系。"①

1975年，伯杰（Berger）和卡拉布瑞格（Calabrese）提出"减少不确定性理论"，1985年，威廉·古迪孔斯特（William B. Gudykunst）将此理论应用到跨群体交往研究，将"社会身份理论"融入该理论，提出"焦虑/不确定性管理理论"（AUM）。该理论认为，有效的交流是个人处理紧张感和焦虑感的能力。通过对交流中的焦虑感和不确定感的调节，可以达到与对方进行有效交流的目的。该理论有四个假设前提：人们在许多人际交往的场合会产生不确定性；不确定性是一种让人厌恶的状态，会使人产生认知压力；当陌生人见面时，他们首先关心的是如何减少他们的不确定性或提高预测能力；交流是一个渐进的过程，会经历数个阶段。② 为了减少焦虑或不确定性，交流双方寻找减少不确定性的策略，通过减少交流双方的不确定性，减少误解而增加跨文化传播的有效性。一般而言，陌生人进入新的文化领域，会对该文化领域人员的知识体系、宗教信仰、价值观以及态度、行为方式产生不确定感。为了适应新文化和新环境，陌生人须有意同当地人进行有效交流，交流程度的高低决定交流双方相互理解的深度。交流期间可能会产生文化冲突，但"留意"对陌生文化的理解和适应，调整对陌生文化的焦虑情绪，控制陌生文化的不确定性因素，以开放的心态和不同视角的观点意识进行平等对话，也可以使准确预测相互的陌生文化成为可能。研究表明，交流时间越长，不确定性也就越少。正如吴飞教授所言："现代生活要持续下去，就必须保持和培养陌生关系。"

朱舜水思想对于德川幕府时期的日本社会来说，相对陌生，而他的弟子安东守约和德川光国等日本当时社会的知识分子和上层精英并没有把朱舜水当作"陌生人"看待。德川光国派遣门客小宅生顺同朱舜水不断沟通和交流，双方坦诚相待，就现实社会和学术问题进行

---

① 杨建娟、吴飞：《理解"生活在别处"的"边际人"——兼谈帕克的底层关怀意识》，载于《新闻界》2012年第10期，第16页。
② 严明主编：《跨文化交际理论研究》，黑龙江大学出版社2009年版，第82页。

真实、开放的交流，增进相互了解并达成文化共识，最终德川光国邀请朱舜水去江户讲学并竭力拜其为师。其他门人弟子通过书信、书简、问答、求学等方式同朱舜水讨论和学习相关学术问题，进行对话交流。朱舜水并不像吉登斯所说的"陌生人"那样，在传统社会，来自其他地方、不与当地人进行对话交流。当然，与当地人对话交流，需要有对话的资本和交流平台，否则，基本以仪式性的客套和寒暄互动，礼貌却疏远。当时的日本社会或者说德川光国需要治国理政的文化思想指导，需要指导现实生活的实践技术，于是，德川光国等人积极寻找并"拥抱陌生人"——朱舜水。

德川光国、安东守约等日本知识精英积极拥抱"陌生人"朱舜水，从某种意义上说，是对异文化向往或者说对异文化认同的表现。日本东京大学教授青木保认为："对于异文化的向往，是对自己平常接触的事物截然不同的东西所抱有的关心，希望从那里去找到自己文化中所没有的东西，或许可以说是一种'对缺乏之物的渴求欲望'吧。"① 日本知识精英渴求异文化并同朱舜水在文化认同上达成共识，对朱舜水思想及其学术观点持积极肯定态度，并且追随其学术脚步。他们之间的文化交流，表现的是包括人格意义在内的主体间的平等性互动，朱舜水没有将自己的思想观点强加给日本相关人士，"每个人都不能把自己的选择强加于他人"。② 朱舜水思想在日本的传播并没有像贝尔特伦定义文化帝国主义那样："一个国家将本国的信念、价值、知识、行为准则以及整体的生活方式施加于其他国家身上。"③ 武汉大学单波教授指出："跨文化传播所预设的重要条件是平等、平和、平实的社会环境与心理环境，人一旦处于这样的环境，就有可能

---

① [日]青木保著，王敏主编：《异文化理解》，于立杰、陈潇潇、吴婧译，中国青年出版社2009年版，第31页。
② 秦晖：《"差异权"，还是文化选择权？——评塔吉耶夫〈种族主义源流〉》，载于《南方周末》2004年8月12日。
③ [美]萨马迪：《国际传播理论前沿》，吴飞、黄超译，中国传媒大学出版社2016年版，第225页。

理解他者文化，自由往来于多重文化世界。"① 朱舜水与日本学界和政界之间的文化传播关系如休斯顿·史密斯所言："当历史学家回首我们这个世纪，最激动人心的事不是太空旅游或核能的应用，而是整个世界上的人们可以真诚相对，互相理解。"②

跨文化认同理论（Intercultural Identity Theory）是 2009 年学者戴晓东将阿德勒（Adler）的"多元文化人"（Multicultural man）、金荣渊的"跨文化人"（Intercultural person）、霍尔（hall）的关于人的拓展（extension）思想观点和社会建构主义（constructivism）思想总结提炼出的。他认为：建构跨文化认同的途径既不在于投入世界主义或多元文化主义者的怀抱，也不在于抛弃文化的集体属性，彻底地回归个人，而在于拓展原有的文化身份，以开放的姿态参与其他文化成员的社会生活，协调发展。文化认同既可以向独特性，也可以向普遍性拓展。③ 它的核心概念是文化间性，文化间性指的是文化之间的关系和联系，涵盖文化之间的类似性和互补性以及交叉部分，也包含文化差异、文化间的冲突、矛盾和对外张力。但在文化间性的场域中，文化之间相互协商和理解达成互补共存、互惠互利、共赢的跨文化关系。"文化间的理解不是主体对客体的理解，而是主体之间的理解；不是主体性，而是主体间性。"④ 通过主体的客体化和客体的主体化来消除主客体之间的对立，实现主体的平等。⑤

坚持种族中心主义的一己之见，基本是损人不利己，既隔离了自己，也没有认识他者。封闭状态下的社会文化空间如同中国谚语"流水不腐，户枢不蠹"所言，会腐烂不堪。罗兰·巴特在《神话学》一

---

① 单波：《跨文化传播的问题与可能性》，武汉大学出版社 2010 年版，第 132 页。
② Huston Smith, *The World's Religion*, New York: Harper Collins, 1991, p.7.
③ 陈国明、安然编著：《跨文化传播学关键术语解读》，中国社会科学出版社 2010 年版，第 219 页。
④ 曾恩森：《李庆本〈跨文化视野〉倡导文化的对话与重建》，载于《中国教育报》2003 年 7 月 17 日。
⑤ 赵中建主译：《全球教育发展的历史轨迹：国际教育大会 60 年建议书》，教育科学出版社 1999 年版，第 118 页。

书中指出:"异国风情和种族中心主义是同一座山的阴面和阳面。它们成为跨文化交流的障碍,为双重的无知提供借口,首先当然是不自知,这道理其实非常简单,不识己何以识人。识人和识己其实是一回事。"① 因此,首先要反对文化霸权,反对民族中心主义,坚持平等互动原则。王柯平教授认为应该反对"文化霸权""种族中心"或"文化中心",而倡导"文化多元。"② 在这样的思想意识下,跨文化交流才成为可能,自我的文化诉求和文化提高在外来文化的影响下得以实现。

(三) 文化价值认同提升跨文化传播的效果

文化和价值是相互作用的关系,文化价值受到接受方的认同,文化的传播才广泛展开。美国学者哈罗德·尼伯格认为:"文化来自于价值的相互交流,价值的交流是在社会组织的一切层次上同时展开的。今天,由于文化间的接触日益增加,这样的交流以加速的跨文化交流的形式展开。"③ 门罗·爱德蒙森(Munro S. Edmonson)认为:"价值是文化结构中最富有文化含量的成分。……为所有的文化建构普遍的相似性。"④ 正因为文化具有价值,文化才有传播的可能。美国学者克莱德·克拉克洪认为:"价值是一种观念,或显或隐,是个人或群体的特色,令人满意,它影响人的选择,人们根据价值从现有的模式、手段和行为的目的中做出选择。"⑤ 日本社会及其相关人员选择朱舜水及其思想,有其价值判断和选择标准。朱舜水有学术思想,有实践技艺,民族气节刚烈,而且阅历丰富,朱舜水与日本的接触和交流广泛而深入,相互之间的了解也颇深。朱舜水思想及其技艺

---

① 转引自 [法] 多米尼克·哥伦波《运距:超现代化传媒所必需的非地域性范式——研究中国交流情况后的提议》,载于《跨文化传播新论》,武汉大学出版社 2005 年版,第 196 页。
② 王柯平:《走向跨文化美学》,中华书局 2002 年版,第 99 页。
③ 转引自 [美] 普罗瑟(Prosser, M. H.)《文化对话:跨文化传播导论》,何道宽译,北京大学出版社 2013 年版,第 155 页。
④ 同上书,第 143 页。
⑤ 同上书,第 144 页。

前文已有初步介绍，在此不再赘述。他的经历也非同寻常，朱舜水不授南明朝的奉诏，为免于逮捕，流离失所，不辞而别家人。为了抗清复明，游离、流落、奔走在浙江、福建沿海一带，以及日本、安南、暹罗等地，并且还受到清朝军队的威胁，先后达十五年之久。即便晚年逃亡日本，在日本的最初几年，也是过着衣不遮体、流离失所、风餐露宿，甚至生命都受到威胁的惨淡生活，好在他的弟子安东守约以自己一半的俸禄，甚至放弃自己的亲人来照顾他。

关世杰教授将跨文化交流涉及的要素概括为[1]：认知要素、言语语言和非言语语言。直接影响认知和传播的主要社会因素是文化价值观、世界观和社会组织。根据本文主要讨论内容的特点，本部分更多地从文化价值认同角度进行讨论。因为无论是在思想层面，还是在物质层面，乃至对百姓的吃穿住行诸方面，朱舜水思想的实用性都对当时的日本社会产生了积极的影响，朱舜水为日本上层建筑的思想构建和社会的基础性治理做了很多建设性工作，得到了日本社会的肯定。他与日本相关人员的交流，很少讨论宗教、社会组织等方面的问题，即便有所涉及也是从学术角度、文化价值层面进行讨论，更多关注的是师生间的学术交流和教育传播思想等文化价值层面的问题。

文化认同理论是20世纪50年代初期，美国精神分析家埃里克松（Eriksson）提出的重要理论，这一理论被广泛运用于社会、政治、文化、历史等领域。"文化认同"被描述为心灵的归属和价值观的认可，将"我"和"群体"进行共同身份的"确认"，建构一个有意义的共同的价值空间。如亨廷顿所认为的，"文化认同对于大多数人而言是最有意义的东西"[2]。冯天瑜教授认为，文化认同是一种肯定的文化价值判断。[3] 胡百精教授在《说服与认同》一书中指出："在情感、伦理、灵韵和精神层面达成的价值认同……与此相应，作为认同

---

[1] 关世杰：《跨文化交流学》，北京大学出版社1995年版，第51页。
[2] 转引自吴玉敏《中华文化核心价值与民族凝聚力探源——中华"大一统"、"天下"观等传统思想之现代解读》，载于《江苏省社会主义学院学报》2010年第4期，第52—55页。
[3] 冯天瑜主编：《中华文化辞典》，武汉大学出版社2001年版，第20页。

的凝结和秩序化的产物,人类社会的共同体亦可以分为三:信息共同体、利益共同体和价值共同体。"① 由此而推之,文化认同的核心是文化价值的认同,价值体现了文化发展和达成共识的意义所在,是追求自我文化诉求的动力源。朱舜水的弟子克服各种困难挽留朱舜水并拜其为师,一个很重要的原因就是认同朱舜水思想即儒家文化在日本存在的价值,认同朱舜水思想能够为德川幕府时期的日本解决很多实际问题:统一教化思想为安邦治国平天下奠定思想理论基础;实践性技艺对日本的基层社会解决衣食住行等基础性的生活问题产生了积极影响。现在日本很多大公司的管理理念来源于儒家思想,虽难以考证这是朱舜水思想的影响,但至少朱舜水的实理实学思想或者是强调实践性的理念多少都给了日本企业一些启示,再退一步说至少强化了日本社会对儒家文化价值的认可和赞同。也就是说,日本社会认同了朱舜水的学术思想和实践技艺在日本社会存在的价值。

朱舜水将自己所学所记所掌握的文化和技艺等信息传授给了日本的弟子和工匠,使得日本在短时间掌握了很多如制衣方法、建筑技术、教育理念等信息,为之后学习西方科学技术打下了良好的物质基础和思想基础。朱舜水对教育的重视,启发了日本人关注、重视教育;朱舜水接地气的实践技艺加快了日本社会的基础技术发展,加快了日本人求学西方现代科技的进程。这些文化信息得到日本当时社会的接受和认同,并很快被对应的载体消化于相应的社会空间,效率颇高。这是信息、利益和价值达成了一个共同体使然。那么,在跨文化传播和交流过程中如何提高效果?文化价值认同是一个考虑的因素。

(四) 文化适应是跨文化传播的前提条件

文化具有适应性特点。文化在国与国、民族与民族之间交流的过程中,有相互适应的关系,文化适应是跨文化传播的前提条件。两种

---

① 胡百精:《说服与认同》,中国传媒大学出版社2014年版,第2页。

或两种以上的独立文化相互接触交流所形成的结果，就涉及文化适应问题，"当一个社会接触到一个更为主导性的文化并受其影响发生文化急剧嬗变时，文化适应随之产生"。① 中国儒家文化对于日本来说，相较于西方文化更具有适应性。日本自中国秦汉以来，由一般性逐渐转向系统化地学习中国的各种文化，更有甚者，连自己的文字符号也运用或借用中国的文字结构。一般而言，成功适应外来义化的因素有很多，如原文化的适应性，固有文化价值观被修正的程度，文化适应者对外来文化的适应程度等。朱舜水的实理实学思想、史学思想、教育传播思想等思想在当时的日本社会受到普遍欢迎。百姓的衣食住行等基本生活方面受到实理实学思想的影响和指导，如《大日本史》在朱舜水史学思想影响下编撰，白须老人扶杖听朱舜水讲学等。后文会具体讨论朱舜水思想影响下的日本对儒家文化的适应性。

当然，适应外来文化，不是照单全收式适应，而是补充自己所欠缺的，仍然要坚持原文化有价值的部分和本来的生活习俗。文化的深层次结构一般是拒绝根本性改变的。中国有句俗话叫："一方水土养一方人。"基本的民族服饰、餐饮食物、居住环境、伦理道德等价值观念深植于民族文化之中。"一个社会接纳不同的文化并不是将那些文化的行为方式和信仰照单全收。"② 朱舜水虽然将明朝服饰详细地介绍到日本，但没有改变日本和服的根本特色，但是和服吸纳了汉服美观和实用的因素；中国拉面被介绍到日本，也没有改变日本寿司饮食的习惯，只是丰富了日本餐饮文化；儒家的忠孝文化增强了日本"忠"的内涵和日本人坚定的意志。所以说，文化交流需要文化适应，而文化适应是为了不同文化间更好的交流，形成多元文化的世界。如巴恩罗德（Barnlund）所言："佛教、伊斯兰教、基督教以及儒教并没有使社会趋向单一，而社会总是通过另一个途径，坚持使宗

---

① ［美］萨默瓦、［美］波特：《跨文化传播》（第 4 版），闵惠泉等译，中国人民大学出版社 2010 年版，第 33 页。

② 转引自［美］萨默瓦、［美］波特《跨文化传播》（第 4 版），闵惠泉等译，中国人民大学出版社 2010 年版，第 437 页。

教适应其文化传统。"①

(五) 文化霸权阻碍跨文化平等交流

文化具有强大的力量，这种力量潜移默化地进入人的思想意识。文化能够解决人们生活中基本的物质性问题和精神性问题，服务于人们的基本需求和对生存环境的理解以及对未来的预测。如英国作家富勒（Fuller）所言："文化使所有问题简单易懂。"② 同时文化又带给我们很多不同的知识并拓展我们的视野，促进人类精神文明的发展，推动人类向更理性、更文明的方向前进。英国诗人、评论家马修（Matthew Arnold）说："文化，让我们开阔视野，见贤思齐，紧跟人类精神前进的脚步。"③

现实社会的跨文化交流，往往会造成他国或民族本土文化的萎缩或消失。某些相对落后的民族或国家在强权文化的侵袭或洗礼下，本来的文化传统会慢慢消逝而逐渐被强权文化控制，逐渐演变为强权文化对市民社会通过非暴力手段进行道德和精神文化的领导，最后对民族国家控制，即葛兰西所说的文化霸权，其实质是文化权力对落后文化的领导，其特性是隐蔽、潜移默化。葛兰西认为："在西方社会，资产阶级的统治并非主要依赖政治社会及其代理机构进行维持，而主要依赖于其对意识形态领导权的占有，通过对市民社会的控制从而使大众接受着一定的道德观念、行为准则和价值体系。""他把政治社会比作外围的堑壕，而市民社会就如同其背后牢固的防御工事，国家机器容易被摧毁，稳固、复杂的市民社会则难以突破。而一旦统治阶级在文化和意识形态上的领导权受到削弱，国家也就进入了危机状态。"④ 这

---

① D. C. Barnlund, *Communicative Styles of Japanese and Americans: Images and Realitties*, Belmont, CA: Wadsworth, 1989, p. 192.

② [美] 萨默瓦、[美] 波特：《跨文化传播》（第4版），闵惠泉等译，中国人民大学出版社2010年版，第26页。

③ 转引自 [美] 萨默瓦、[美] 波特《跨文化传播》（第4版），闵惠泉等译，中国人民大学出版社2010年版，第ix页。

④ 李震：《葛兰西的文化霸权理论》，载于《学海》2004年第4期，第56页。

种权力背后是强大的政治、军事、经济作支撑。也就是说，不平等的跨文化交流在不同历史时代的现实社会中始终存在，先进而高民主程度的资本主义社会通过文化软实力领导落后文化。马丁和那卡雅马精辟地说道："在跨文化中相遇，我们不是平等的，也永远不会平等。长久以来的帝国主义、殖民主义、剥削、战争、屠杀等问题使文化群体在交流时无法保存平衡。"① 武汉大学单波教授等认为："现实的跨文化传播总是不成功的，充满着霸权、曲解、对峙乃至冲突。我们希望全球化能基于人的生命共同体的意愿促进各文化圈的对话，可是它常常借助于政治、经济的力量导致霸权的流行。"② 假使在跨文化传播中，以强权形式并带有利益性目的推动文化在他国或民族中传播，久而久之，会使文化传播处于被动地位或受到所在国/民族的抵制直至文化传播停滞。美国在中东推行美国式民主自由文化受到严重挫折。中国在"一带一路"倡议的推行过程中，虽然取得较好的成效，但也存在隐忧：有人认为"一带一路"倡议就是向落后国家转移落后、过剩产能，就是压榨这些国家的人民，就是利用、掳取这些国家的自然资源和人力资源。因为这样的错误思想认识，"一带一路"倡议在一些国家受到一些抵制和反对，加剧了中资企业和当地员工之间的矛盾。假使这样的思想认识存在于多数企业家意识中，跨文化的平等交流和传播则会受到一定的阻力，也会影响中国文化的传播和"一带一路"倡议的推进。当下已经不是殖民主义时代，也不是后殖民主义时代，而是多元文化背景下的文化互动时代。如果用殖民主义思维表达经济或跨文化传播的互动关系，可想而知，产生的后果是什么。正如史密斯所指出的："允许习惯性屈从或权力在人类交往中占有一席之地将必然导致闭塞。"③

---

① J. N. Martin & T. K. Nakayama, *Intercultural Communications in Context*, Mountain View, CA: Mayfield, 1997, p.103.
② 单波、王金礼：《跨文化传播的文化伦理》，载于《新闻与传播研究》2005年第1期，第36页。
③ 转引自[美]萨默瓦、[美]波特《跨文化传播》（第4版），闵惠泉等译，中国人民大学出版社2010年版，第241页。

由此可见，文化霸权阻碍了文化在国与国、民族与民族间的交流和传播。那么，跨文化传播的基本前提是遵守平等互利共赢的、对方愿意接受的、尊重对方风俗习惯的原则。须尊重接受文化他者的主体性，尊重他民族的文化特性，并试图理解文化他者，才能实现平等对话和交流，丰富本民族的文化意义和拓展本民族文化的传播范围。如单波教授所言："唯有通过跨文化大众传播达成不同文化体系之间的和谐对话，在这种对话中求同存异，相互从对方文化中吸取思想性精华，从而达到本土文化的意义增殖与其文化中生活方式的多样化。"①朱舜水在日本传播中华儒家文化并没有将它看作天朝的强势文化，而是用谦恭的态度、客观真实的学术思想，依据日本的现实状况以实际行动为日本社会解决现实问题。朱舜水的平等交流思想、教授日本市民社会所需要的基本技艺，获得日本幕府时期的上层社会和普通百姓等受众的普遍认可。在跨文化传播过程中，他并没有用文化"权力"绑架受众来获取自己的利益。通过史料以及朱舜水研究者的分析来看，朱舜水用自己的知识技能真实有效地帮助日本德川幕府和市民社会，从不以任何理由拒绝任何来访者（伊藤仁斋除外），对不同弟子和友人，其交流方式不同，给予的指导也各异。朱舜水用商量的口吻同德川光国讨论国家大事；对弟子如安东守约的某些学术观点也有严厉批评；对弟子安积觉严加管教，等等。对弟子和友人都是以诚相待，以信为基石，以礼为前提，论礼而不言利。可能有学者疑惑，这也许是亡国之人无路可走而为了生存所要选择的必然手段。不过，从朱舜水的经历和秉性来看，他并不是苟且偷生之人，而是言行一致、思想真实、具有社会实践精神和意识的儒学者。

（六）实践行为在跨文化传播中的作用

美国传播学者雷蒙德·罗斯认为："在人际传播活动中，人们所

---

① 单波、王金礼：《跨文化传播的文化伦理》，载于《新闻与传播研究》2005 年第 1 期，第 42 页。

得到的信息总量中，只有35%的传播是用语言来进行的。你说话时，你提供的信息有65%是以语言之外的形式传递的——比如语调、动作，甚至是站立姿势或衣着，其中仅仅面部表情就可传递65%中的55%的信息。"① 心理学家艾伯特·梅拉宾也认为非语言符号的传播效果远远超过声音和言辞。专家学者的表述有两层含义，一是非语言传播的强大作用，一是非语言符号起到示范性作用，协同言语能更好地理解传播者的意图。中国有个成语叫"言传身教"，强调的是实践行为的示范性作用。由此可以推导出，实践行为往往比语言符号的传播效果强很多，实践行为在跨文化传播中发挥着无法取代的作用，尤其是语言符号难以表达或语言不通时，实践行为更有传播力。如跨文化传播学者萨默尔所说的：文化是看不见的，是无所不在的，是可以习得的。霍尔认为的"沉默的语言""隐藏的空间"是跨文化交流中的实践行为的最好描述。如本杰明·富兰克林所说的："蚂蚁最善于讲道，可它却什么也不说。"蚂蚁不说话，并不表示它什么也不做，它是用一种切实可行的、最能说明问题的方式对特定情境下的文化进行最好且最准确的诠释。尤其是对于陌生人之间的跨文化交流来说，实践行为更具有文化间的交流意义。非洲有句谚语叫"沉默也是讲话"。沉默在特定语境下发挥着特殊的跨文化传播作用，不失为一种强有力的传播手段。据说美国哲学家爱默生和英国作家卡莱尔沉默"交谈"数小时，双方告别时，爱默生说"交谈"成果丰硕，并热情告别且互相道贺。朱舜水在流亡日本后，同日本弟子的交流，很多是通过实践行为完成的，而不是夸夸其谈，这种方式扩大了他在日本的影响力并且积极影响了中华儒家文化在日本传播的深度和广度。700年前的波斯诗人萨迪说过："任何一个人如果学会了知识却不去实践，那么他就像是耕了地却不播种一样。"②

---

① ［美］雷蒙德·罗斯：《演说的魅力》，黄其祥译，中国文联出版社1989年版，第4页。

② ［美］萨默瓦、［美］波特：《跨文化传播》（第4版），闵惠泉等译，中国人民大学出版社2010年版，第246页。

朱舜水在日本传播中国古建筑文化时，经常手把手教授日本工匠技艺，并且亲自按比例制作学宫等建筑模型直观展示给日本工匠和知识界人士，通过言传身教来教授日本弟子技艺。此方法一是直观，二是易懂，基本能够避免非语言交流的意义模糊性，三是传播效果良好。这种传播形式对于国与国、民族与民族之间的跨文化交流能够产生实效性的作用。

朱舜水刚到日本时因语言不通，交流十分困难，就用书简等文字形式交流。对于忠孝、义勇、释典礼仪、恩爱等用实践行为表现出来要比语言符号传播的效果可能好很多。如佛教语所说："真实的东西说出来就不真实了。"朱舜水毕生保持明朝装束，要求子孙拜见自己时，也要以明朝装束为宜，以显示自己对明朝的忠孝；他高度礼赞楠木正成的忠勇；德川光国一再建议朱舜水纳一妾以服侍其起居生活也被他断然拒绝以显示对爱妻的怀念；以示范性行为向日本民众诠释释典礼仪，等等，这些都是朱舜水用实践行为方式完成儒家文化在日本的传播。从历史资料记载来看，朱舜水在日本受到莫大的尊敬。巴恩罗德说得好："你会根据对这些非语言信息的理解来评价你与他人关系的好坏。非语言交流是表达你对他人感情和亲情的有力工具。"[①] 这也说明这种实践行为的传播方式效果好、直观真实。正如两千多年前赫拉克利特所说的："更准确的见证人是眼睛而不是耳朵。"

五　创新之处

（一）研究视角：传播方式立体化

本书主要考察朱舜水思想及其在日本的传播方式。德川幕府时期，朱舜水享誉日本，被称为日本孔夫子。其中缘由之一是其思想传播方式具有立体化特点。在没有先进的网络、电视、自媒体等现代媒

---

① 转引自 M. P. Keeley & A. J. Hart, "Nonverbal Behavior in Dyadic Interaction", *in Understanding Relationship Processes 4：Dynamic of Relationships*, S. W. Duck, Ed. by Thousand Oaks, CA：Sage, 1994, pp. 135 – 161.

介的时代,朱舜水是如何通过讲学、办学、示范和笔谈(包括书信)等方式传播其思想,使其家喻户晓的呢?本书试图条分缕析,重新绘制当年的思想传播地图,回溯深具遗民心态的离散学人是如何以思想传播的方式留取和维护自身的家国认同,而这样的方式又以何种路径和后果作用于所在国(日本)国民的。

朱舜水本人是其思想的传播者,将思想传播给日本学者和民众,影响了那些具有影响力的人,弟子和友人也是其思想的传播者,发挥着意见领袖的作用。拉扎斯菲尔德在《人民的选择》一书中所提出的"两级传播"和"意见领袖"的传播方式,似乎是对朱舜水思想传播方式的总结和概括,几百年前的朱舜水已经运用这样的传播方式传播他的学术思想。

言与行的结合。朱舜水用言传身教的方式传播其思想,有事半功倍的效果。一边说教,一边亲自示范、制作模型图,确有"此地无声胜有声"的传播效果。朱舜水因为语言交流的困难而选择示范性表达,在特定语境下,示范性表达往往更有情真意切的传播效果。

精神道德和实践才能相结合是思想传播的基础,也是思想传播效果提升的关键。精神道德和实践技能的结合是朱舜水思想的核心价值(核心价值观是诚与信),也是其思想在日本的传播方式之一。朱舜水将精神道德和实践技能融入日本现实生活中,植根于日本社会现实和社会需求,恪守道德底线和做人原则,不迁就无意义的索取。朱舜水思想在日本受欢迎的原因概括起来有四点:一是朱舜水才能较为全面,"文武双全",既有精神道德和理论知识,也有实践技能;二是日本德川幕府时期缺少朱舜水这样的大儒;三是朱舜水对儒家思想的执行较为彻底,孤忠思想以及"诚"与"信"贯穿于整个思想传播过程,这样的思想与日本继承儒家核心思想之一的"忠"不谋而合;四是朱舜水论礼而不论禄。另外,朱舜水一以贯之地持谦虚、诚恳、平等的理念和态度进行跨文化交流,并尽力融入日本现实社会而不盲从,有自己的独立精神和价值判断。

所以,他的思想在日本通过口碑传播、人际传播等方式得到大力推广。有研究者认为，传播效果的优劣，是要看传播技能和传播内涵（精神道德）如何结合。文化的传播如果在形式上，或方式上，或媒介上下足工夫，传播效果往往会受到一定程度的积极影响。这点从偶像派影视歌星的起起落落便可看出一些端倪，那些实力派影视歌星才是娱乐圈的常青树。文化传播亦然。孔子说："言而无文、行而不远。"

（二）文本分析：对权威阐释的总结和推理

本书的文献资料主要来自于《朱舜水集》（朱谦之编著，1981）《朱舜水集补遗》（徐兴庆编著，2004）、《新订朱舜水集补遗》（徐兴庆编著，1992）、《朱舜水文献释解》（德川真木编著，2013）和《学宫图说译注》（林小明译注，2015）等书籍，以及日本友人、朱舜水研究专家等提供的相关参考文献。通过对核心资料的深入研读，提炼分析朱舜水核心思想的内容和传播方式。撰文时，运用拉斯韦尔的"5W"传播模式详细阐释朱舜水思想的传播效果和传播方式，并结合相应的研究成果分析佐证朱舜水思想的精髓。因此，就内容的真实性和客观性而言，本书更加接近于朱舜水思想的核心，更能客观把握朱舜水思想在日本传播的效果，并能够为如何处理好中日文化交流关系提供一条有益的路径。

在传播效果的研究上，由于是历史人物而无法做田野调查、问卷访谈。即便设计问卷调查，效果的准确性也一般。因为是300多年前的历史人物，没有当事人和当时的环境，所以调查出来的数据不一定准确。不过，笔者收集到一定数量的历史文献数据和视频数据（浙江大学传媒与国际文化学院提供的"朱舜水影响力"的访谈视频）作为佐证材料来说明朱舜水在幕府时期以及对现当下日本的影响力。因此，传播效果上，主要以"日本孔夫子"为主要线索收集、选取资料。参考了日本幕府时期的学者、日本研究朱舜水的学者和中国著名学者的研究成果，以及他们的切身感受来阐释朱舜水的影响力。所以，资料的来源以及研究方法都经得起推敲，并且笔笔有出处。

选择朱舜水这样一位时代人物,其实最核心的也在于此。如中国台湾学者高嘉谦的研究所指出的,像朱舜水这样跨出传统帝国疆界的儒家学者,他们的思想传播具有双重意义,而这些意义在今天又唯有通过典藏文本的解读才有可能得到完整的呈现。这也就构成了本书深掘文本这一路径的必然与坚定,聊以自许。

本章小结

绪论部分主要是关于朱舜水思想的文献综述和跨文化传播的文献综述。这两者之间既相对独立也相互关联。前者主要是对朱舜水思想研究的文献进行了梳理。通过文献发现,对朱舜水思想研究主要包括两个方面,一是对朱舜水的言行及相关资料的整理。这些资料主要是对朱舜水在1659年后长期留日期间同日本友人及弟子来往信件的整理,而国内的相关资料相对较少。二是对朱舜水思想的研究。朱舜水思想涉及面较广,如政治、经济、哲学、文学、教育、艺术、诗词评论等诸方面。后者主要是基于朱舜水思想在日本的传播,对跨文化传播的相关理论进行了梳理。首先是从霍尔的著作《无声的语言》谈起,霍尔认为文化即传播,并从三个方面进行论述;其次结合朱舜水思想实际,运用文化差异理论、文化适应理论、跨文化认同理论和价值认同理论以及文化霸权的相关理论等,论述了实践行为在跨文化传播中的作用。笔者强调了实践行为在语言沟通困难或语言难以说明的情况下,实践行为在跨文化传播过程中发挥着重要作用,即言传身教的潜移默化作用。其他方面内容根据本书的行文需要也作了宏观的详细阐述。

第二章

朱舜水生活时代的中日社会现状

> 交流的挑战不是忠实于我们的地盘，而是对别人抱原谅的态度，他们不可能像我们看自己一样来看我们。但是，我并不认为交流的无奈已使"我们能够交流吗"成为无意义的问题，只留下"我们能够互相爱护，能够公正而宽厚地彼此相待吗"这样的道德追问。①
>
> ——彼得斯

朱舜水生活在社会矛盾尖锐、自然灾害频发、思想涣散、朝代更迭的明末清初。如朱义禄所言："尖锐的阶段斗争与严重的民族危机的并存、资本主义生产关系萌芽的滋生与增长、作为官方哲学的宋明理学腐朽性的充分暴露——互相交织、前后激荡所形成的'天崩地解'的社会现实，就是晚明社会进入自我批判时期的标志。这是时人喜用'天崩地陷'（顾宪成）、'天崩地坼'（刘宗周）、'天崩地解'（黄宗羲）、'土崩瓦解'（朱舜水）来概括这一时期特征的原委所在。"② 朱舜水童年时期，虽家庭败落，但拜师读书对备考功名仍有一些憧憬。中青年时期，知晓朝廷日益腐败，鱼肉百姓，感知明朝无

---

① [美] 彼得斯：《交流的无奈：传播思想史》，何道宽译，华夏出版社 2003 年版，第 251—252 页。

② 朱义禄：《论刘宗周的唯意志论——兼论阳明心学的终结》，载于《东方论坛》（青岛大学学报）2000 年第 9 期，第 3 页。

望，虽多次被朝廷征召，但坚决不与腐败朝廷合作，后期又极力反清复明。经常因躲避朝廷的征召而隐姓埋名、与家人不辞而别，但朱舜水对外活动较为频繁，同周边国家如越南、日本等国的人一直有贸易往来和文化交流。

虽然当时属于朝代更迭时代，但明末的文化、经济、军事对周边国家仍然有无法替代的影响。丰臣秀吉征伐朝鲜，明朝出兵4万同朝鲜联军击败日本。欧洲如西班牙的医学技术在16世纪末17世纪初对日本局部产生十分有限的影响，西方文化真正对日本产生全面影响是在明治维新后。

此时期的日本处于德川幕府统治时期。国家脱离战乱不久，政治生态趋向稳定，但经济、文化等诸方面百废待兴。由于经济基础薄弱、萎靡不振，思想文化超脱现实，百姓生活困苦不堪，日本急需治国理政的人才。务实、功用、实学思想逐渐在日本觉醒、发展。例如，在教育方面，日本提倡实学教育观，将"功、用"体现在教育教学过程中。具备实理实学知识的朱舜水来到日本，这使朱舜水思想跨文化传播成为可能。

一　朱舜水生活时代的中国社会面貌

（一）自然环境：自然灾害频发

明末清初的中国，自然灾害频发。旱涝虫疫接连不断，百姓生活苦不堪言，社会动荡不安。据邓拓先生统计："明代共历二百七十六年，而灾害之烦，则竟达一千零一十一次之多①，是诚旷古未有之记录也。计当时灾害之最多者为水灾，共见一百九十六次；次为旱灾，共见一百七十四次；又次为地震，共见一百六十五次；再次为雹灾，共见一百十二次；更次为风灾，共见九十七次；复次为蝗灾，共见九十

---

① 根据鞠明库研究，明朝的277年历史中，发生了5000多次自然灾害。见鞠明库《灾害与明代政治》，中国社会科学出版社2011年版，第1页。

四次……"① 而自1619年（万历四十七年）至1640年（崇祯十三年），年年有旱灾、蝗虫、瘟疫等自然灾情，且灾情较大，饥饿甚广，严重影响社会政治经济生活，致使明朝社会动荡不安，农民起义四起，海上倭寇不断骚扰沿海边民百姓。

邱云飞等学者研究认为，明朝自然灾害的种类有水灾、旱灾、虫灾、地震、瘟疫、沙尘、风灾、雹灾、雷击、霜灾、雪灾、冻害12种。而在崇祯时期的17年间，自然灾害有旱灾、水涝、蝗虫、地震、风暴、暴雪、冰雹7种，其中旱灾发生频率最高，灾害重，饥荒久，范围广，对农业生产危害极大致使民不聊生。而陕西受灾最为严重，据明朝进士马懋才在《备陈大饥疏》中描述："臣乡延安府，自去岁一年无雨，草木枯焦。八九月间，民争采山间蓬草而食，其味苦涩，以延不死。至十月，蓬草尽，则争剥树皮以充饥，以求缓死，迨年终，树皮又尽，则掘山中石块（观音土）以果腹，石性冷而味腥，少食辄饱，不数日则腹胀下坠而死……更可异者，童稚辈及独行者，一出城门便无踪迹。后见门外之人，析人骨以为薪，煮人肉以为食，始知前人皆为所食。而食人之人，亦不免数日后面目赤肿，内必燥热而死。"② 河南河北在崇祯年间自然灾害也十分严重，旱灾持续时间长，涉及范围广，出现了野无青草，妻离子散，骨肉相残食的局面。另外，宁夏、辽东、山西、山东、湖广、江苏、浙江等地也都连续出现旱情，蝗虫肆虐。明史学界研究发现："无论从灾荒总数，还是成灾频度，以及灾荒的破坏力，明代的灾荒都是空前的，仅以灾荒频度而言，明代也首当其冲。"③ 旱灾致良田颗粒无收，但税役不减，又加上官员腐败横行，民众则纷纷弃田而逃，导致土地大量荒芜，这又使得饥荒之年雪上加霜，严重影响百姓生活，于是全国多地农民纷纷起义。据《清太宗实录》（卷65）记载："禾稼不登，人皆相食，或

---

① 邱云飞、孙良玉：《中国灾害通史·明代卷》，郑州大学出版社2009年版，第5页。
② 转引自陈光、朱诚《自然灾害对人们行为的影响——中国历史上农民战争与中国自然灾害的关系》，载于《灾害学》2003年第12期，第92页。
③ 赵玉田：《明代北方的灾荒与农业开发》，吉林人民出版社2003年版，第11页。

食草根树皮，饿死者十之九。兼以流贼纵横，土寇劫掠，百姓皆弃田土而去，榛芜遍野，其城堡乡村居民甚少——明之国势已如此矣。"

朱舜水在《中原阳九述略》中说道："水旱灾荒，天时任其丰歉；租庸丝布，令长按册征收。影占虚悬，巨猾食无粮之土；收除飞洒，善柔赔无土之粮。敲骨剥肤，谁怜易子！羡余加派，岂顾医疮！金入长安，蟊贼腾循良之誉；容先曲木，屠伯叨卓异之旌。未闻黩货有勾罢之条，惟见催科注阳城之考。盗贼载途，惟工涂饰；虫蝗满路，孰验灾伤？夫如是，则守令安得不贪！由是而监司、而抚按尽可知也矣，而佐贰、而首领更可知也矣！此见任官害民之病也。"① 有学者认为，严重的自然灾害拖垮了明朝的社会经济，为清军入关创造了天然的条件，加速了明朝的灭亡，这种观点不无道理。朝代的更替，往往是在某个偶然发生的事件诱导下产生的必然结果。虽然，事物的质的变化是由内因决定的，但是外因加剧了内因的变化而起到了催化剂的作用。自然灾害加上内忧外患的社会政治环境，明朝的封建统治岌岌可危。

（二）社会环境：政治腐败

朱舜水出生于明万历二十八年（公元 1600 年），此时的明朝已处多事之秋。万历皇帝笃信道教不问朝政而致使政治腐败；"北虏南倭"问题不断升级；宦官当政；朋党之争；土地兼并严重；社会各种矛盾如阶级矛盾、统治阶级内部矛盾以及民族矛盾不断激化，对抗激烈，斗争残酷。如宁王朱宸濠叛变，北方女真族与明朝的长期战争，以李自成和张献忠为首的农民起义不断在全国涌现；张居正经济改革效果欠佳；自然灾害频发。明末的社会政治情况如朱舜水在《答源光国问先世缘由履历》卷所说，"此时天下大乱，宪纲荡然，前后不相闻知，外内不相照会"。② 从中也可知朱舜水拒绝明朝廷 12 次征召而

---

① （明）朱舜水著，朱谦之整理：《朱舜水集》，中华书局 1981 年版，第 2 页。
② 同上书，第 352 页。

始终不受的缘由。朱舜水"隐姓埋名",隐藏自己的真实能力,"况瑜一意戮藏,严禁家人子弟,不许一字宣露,止称生员"。拒绝的根本原因之一是朱舜水深知明朝政治腐败,不愿同奸党同流合污,败坏恩义。"征不佞时,当国者为马士英,奸相也。彼时马士英遣其私人周某,同不佞之亲家何不波,到寓再三勉励,深致殷勤。若不佞一受其官,必膺异数。既膺异数,自当感恩图报。若与相首尾,是奸臣同党也。若直行无私,是背义忘恩也,是举君自伐也。均不免于君子之议,天下万世之罪,故不顾身家性命而力辞之。"① 就是受监国鲁王征召出仕,也是勉强同意,且"权称贡生,悠然隐避初意"。其中的缘由是鲁王此时身居舟山,而朱舜水也居于舟山,如果拒绝征召,"恐涉欺君,罪不可贳,是故酌量其中"。从朱舜水自述及拒绝朝廷征召来看,明末的社会政治环境相当恶劣,吏治腐败严重。黄尊素(1584—1626)在上书朝廷时说道:"阿保重于赵娆,禁旅近于唐末,萧蔷之忧惨于敌国,廷无谋幄,边无折冲,当国者安危之机,误国者获耻败之局,不于此进贤退不肖,而疾刚方正直之士仇雠,坠下独不为社稷计乎。"② 而对于朱舜水来说,后来的亡国之痛是无以言表的。如王船山在《船山记》中所言,此痛之巨,连大地也无法容忍。

实际上,明朝在16世纪初已经开始走向深度腐败,弘治皇帝在《罪己诏》中明确承认:"朕深居九宫,虽虑周天下,而耳目有不逮,恩泽有未宣。"③ 到了明神宗更甚,据《明史·神宗本纪》记载:"明之亡实亡于神宗。"清高宗乾隆在其所撰《大明长陵神功圣德碑》中写道:"明之亡非亡于流寇,而亡于神宗之荒唐,及天启时阉宦之专横,大臣志在禄位金钱,百官专务钻营阿谀。及思宗即位,逆阉虽诛,而天下之势,已如河决不可复塞,鱼烂不可复收矣。而又苛察太

---

① (明)朱舜水著,朱谦之整理:《朱舜水集》,中华书局1981年版,第370页。
② 转引自乐承耀《朱舜水的"民生"思想及其启示》,载于《舜水学探微——中日舜水学研讨会文集》,浙江古籍出版社2009年版,第264页。
③ [加]卜正名:《明代的社会与国家》,陈时龙译,商务印书馆2014年版,第7页。

甚，人怀自免之心。小民疾苦而无告，故相聚为盗，闯贼乘之，而明社遂屋。"① 1571 年，苏州所辖地长洲的县志编纂者说道："上无作者，下午奉行者，卒至利不克修，患不克。赋缩民困，吾不知其终何所取给也！"② 1598 年，袁宏道在《猛虎行》中写道："甲虫蠹太平，搜利及丘空。板卒附中官，猛击钻族如蜂踊。抚按不敢问，州县被呵斥。槌掠及平人，千里旱少赤。兵卫与邮传，供亿不知几。即使沙沙金，官支已倍蓰。矿徒多剧盗，嗜利深无底，一不酬所欲，忿决如狼豕。三河及两浙，在在竭膏跪。焉知疥癣忧，不延为疫痟。"③ 1618 年，明朝政府借辽东战事紧急向民众征银 520 万两，相当于全年赋税总额的三分之一以上。更严重的是不论田地肥瘠、农作物丰歉，都要以各种名目强征银两，滥用徭役，迫使生活贫苦的农民抛弃仅有的小块土地而沦为地主的雇工、奴婢或流民、饥民。这说明明朝中后期朝廷官员的腐败问题严重，既横征暴敛，强取豪夺，工作上又敷衍了事，随波逐流，无意愿做实际有意义之事。

朱舜水在《中原阳九述略》中明确指出，政治上，官吏"鱼肉小民，侵牟万姓"，"缙绅罪贯满盈，百姓痛入骨髓"；思想上，官员道德沦丧，"奔竞门开，廉耻道丧；官以钱得，政以贿成"。有杨镐、吴三桂等人通敌投清。科举制度则是读书人谋取官职的工具，"主司以时文得官，典试以时文取士，竞标取艳，何取渊源。……惟一剽窃为工，掇取青紫为志。谁复知读书之义哉！"④ 他还说道："幽、冀、兖、豫五省苦于俵马、驿马，俵马有孳生印烙之弊、驿马有恤马需索等弊；江南有白粮糙粮、粗布细布之弊。一经签役，立致倾家。总来官不得人，百弊丛集。百姓者，黄口孺子也；绝其乳哺，立可饿死。今乃不思长养之方，独工掊克之术，安得而不穷！既被其害，无从表

---

① 十三陵特区明代帝陵研究会编：《大明长陵神功圣德碑》，燕山出版社 2010 年版，第 95 页。
② 《长洲县志》（1571）卷二，第 10a 页。
③ 《猛虎行》，载于（明）袁宏道著，钱伯城笺校《袁宏道集笺校（卷13）》，上海古籍出版社 2008 年版，第 581 页。
④ （明）朱舜水著，朱谦之整理：《朱舜水集》，中华书局 1981 年版，第 1 页。

白申诉,而又愁苦无聊,安得不愤懑切齿;为盗为乱,思欲得当,以为出尔反尔之计。"① 朱舜水的知己抗清英雄王翊在与朱舜水密谈时,对朱舜水说:"'呜呼!国家之事,既不可成矣,无奈之何。'仆(朱舜水)曰:'属兵犹多,言何然乎'?又曰'属士皆贪利多通房者,城破不日,先生冥去矣。'"② 朱舜水在回答人见竹洞时也说:"时预国政有理学之党、有文章之党,日日相轧相抵,争权不已。继之以连年之凶慌,故闯贼作逆、鞑虏夺位,皆是奸逆之臣为之祸根矣。"③可想而知,明朝政府已经腐败到何种程度。似乎在众目睽睽之下,属士通敌而无办法可治。

(三)经济文化:经济停滞,奢靡成习,思想脱离现实

英国著名历史学家保罗·肯尼迪在《大国的兴衰》一书中写道:"在近代以前的各个文明中,显得最先进、感觉得出最优越的,莫过于中国文明。15世纪时,中国人口达到1亿—1.3亿,而欧洲只有5000万—5500万。中国有卓越的文化;又有大片异常肥沃灌溉便利的平原,从11世纪开始,由一个优良的运河系统连接起来。中国有一个等级森严的统一政府,有受过良好教育的儒家官僚集团掌权;这个政府使中国社会成为具有内聚力的、高度发达的社会,国外来宾对此莫不称羡不已。"④ 据《明实录》记载,明朝人口已达7000余万,⑤由于人口众多加上资本主义的萌芽,手工业、农业和商业得到大力发展,还出现了商业集镇。自万历元年至崇祯十七年(1573—1644)的72年中,葡萄牙、西班牙、日本诸国由于贸易关系而输入中国的银圆至少在一亿元以上。⑥ 据侯外庐先生研究:"从16世纪中叶至17

---

① (明)朱舜水著,朱谦之整理:《朱舜水集》,中华书局1981年版,第3页。
② 徐兴庆编著:《新订朱舜水集补遗》,台北:台大出版中心2004年版,第237页。
③ 同上书,第292页。
④ [英]保罗·肯尼迪:《大国的兴衰》,天津编译中心译,四川人民出版社1988年版,第5—7页。
⑤ 据葛剑雄所著《中国人口史》记录,明末人口已接近两亿。
⑥ 梁方仲:《明代粮长制度》,上海人民出版社1957年版,第127页。

世纪初叶，也就是从明嘉靖到万历年间，是中国历史上资本主义萌芽最显著的阶段。"① 应该说，明中期以前，经济相当发达。因而，商品经济不断侵蚀封建经济结构，动摇了明朝封建专制主义的统治基础。对于封建政权来说，并不是利好消息。在科技和生产力发展水平方面，17 世纪初的明朝已慢慢落后于欧洲。西方的传教士如利玛窦、汤若望、熊三拔等将西方的自然科学技术文化成果如数学、物理学、机械学等理论和技术介绍到中国，特别是火器制造技术，"西学"已明显显示出优势和技术的先进性。②

在国家政策上，明朝后期实行闭关锁国政策，重农抑商，既伤害小农经济又扼杀民间工商业资本，严重阻碍生产力发展，而西方这时期却是不断拓宽视野，实行拓海政策，发展商业经济。如邓小平所言："郑和下西洋还算是开放的。明成祖死后，明朝逐渐衰落。……如果从明朝中叶算起，到鸦片战争，有三百多年的闭关自守，……把中国搞得贫穷落后，愚昧无知。"③ 明朝皇权专制统治，只重视官办商业，又加朝廷腐败，苛捐杂税日益繁重，对商品经济发展产生极大影响，百姓生活极为困苦。如万历四十八年（1620），浙江慈溪奉征加派辽饷银 6614 两，内田每亩加征银 9.78 两，地每亩加征银 9 厘，山每亩加片银 7.2 厘。④ 余姚在万历四十年（1612）也增加饷银 7917 两，内田每亩加银 9.7 两，地每亩加银 9 厘，山每亩加银 7.2 厘。崇祯末年（1643），又加饷田每亩共科银 1.3 钱。⑤ 贫苦农民纷纷抛地流浪或沦为佃农、雇工或饥民。社会上有"老翁佣纳债，稚子卖输粮""易子而食"⑥ 的现象和十室九空之状况，明代理学家吕维祺撰

---

① 侯外庐：《中国资本主义萌芽问题讨论集》，人民出版社 1965 年版，第 91 页。
② 李渡：《14—17 世纪中国封建社会转型与明代政治发展》，载于《上海师范大学学报》（哲学社会科学版）2006 年第 6 期，第 111 页。
③ 《邓小平文选》第 3 卷，人民出版社 1993 年版，第 90 页。
④ （清）黄炳垕：《黄宗羲年谱》，中华书局 1993 年版，第 14 页。
⑤ 乐承耀：《宁波古代史纲》，宁波出版社 1995 年版，第 315 页。
⑥ 张文木：《明末的人祸和天灾——从张居正改革谈起》，载于《中国投资》2015 年第 6 期，第 34 页。

写《请免河南粮疏》道:"旧征未完,新饷已催,额内难缓,额外复急,村无吠犬,尚敲催追之门,树有啼鹃,尽洒鞭扑之血,黄埃赤地,乡乡几断人烟。白骨青磷,夜夜常闻鬼哭。"如此,社会矛盾不断加剧,经济发展似乎处于停滞状态。英国经济学家亚当·斯密早在《国民财富的性质和原因的研究》一书中对明清社会作了"停滞论"的论述,书中写道:"中国一向是世界上最富的国家,土地最肥沃,耕作最精细,人民最繁多而且最勤勉的国家。然而,许久以前,它似乎就停滞于静止状态了。"①

而且,明末的社会奢靡之气渐趋高盛,日甚一日。乾隆时期的《震泽县志》对明朝的社会风气有如下概括:"在明初,风尚诚朴,非世家不架高堂,衣饰器皿不敢奢侈。若小民咸以茅为屋,裙布荆衩而已。即中产之家,前房必土墙茅盖,后房始用砖瓦,恐官府见之以为殷富也。其嫁娶只以银为饰,外衣亦止用绢。但至嘉靖中,庶人之妻多用命服,富民之室亦缀兽头,循分者叹其不能顿革。万历以后,迄于天、崇,民贫世富,其奢侈乃日甚一日焉。"②吴晗在《晚明仕宦阶级的生活》一文中也写道:"在十六世纪初期的仕宦生活已经到达这地步。风俗之侈靡,自上而下,风行草偃,渐渐地浸透了整个社会。"③明中叶之后的仕人似乎有这样的观念:"帷裳大袖,不丝帛不衣,不金线不巾,不云头不履。"④可想而知,明末社会的奢靡之风兴盛,奢侈之风对本来固有的"贵贱有等"的社会秩序发起挑战,整个社会形成了"一切不平等的制度均可用金钱财富打破"的氛围。⑤根据日本学者森正夫教授研究,明末秩序发生了尊卑、良贱、

---

① [美]亚当·斯密:《国民财富的性质和原因的研究》(上卷),郭大力、王亚南译,商务印书馆1972年版,第165页。
② (清)陈和志修:《乾隆震泽县志》卷25,清光绪十九年版(影印版),第2页。
③ 吴晗:《吴晗史学论著选集》(第一卷),人民出版社1984年版,第508页。
④ (明)何乔远:《名山藏》卷101,载于《货殖记》,江苏广陵古籍刻印社1993年月版,第5917页。
⑤ 常建华:《旧领域与新视野:从风俗论看明清社会史研究》,载于《中国社会历史评论》2011年第12期,第451页。

长少、上下、主佃、主仆、绅民等社会关系颠倒的现象。① 社会风气又倾向物质主义，读书求仕是社会主流，"在沿海和内地城镇，掀起一片社会变迁的风潮，'风俗之靡，海内皆是'。由衣食住行的物质文化开始，竞相华侈僭越，然后及于人伦道德关系之精神文化"。②

思想文化上，文化艺术向世俗化方向发展，并逐渐趋向于虚无主义，知识文化人士坐而论道，空谈阔论，对当时社会不正之风或社会改革如张居正改革的严重脱离实际等问题不能有效纠正。书籍的阅读和传播受到皇帝喜好的限制，如洪武皇帝希望官员们阅读一些有关法律、条例和礼仪的书籍以及朱熹和宋代程朱学派的儒学著作，希望普通人阅读一些与自给自足的农业社会有关的介绍简单技术和操作原则的书籍，而不要去阅读其他的著作。否则，会招来禁锢或杀身之祸。明朝最著名的作家之一李贽被弹劾最后自杀，就因为其批评儒家的一些经典思想而遭到张问达等人的猜忌，他的作品被认为对年轻一代产生危害以致他锒铛入狱，同样类似遭遇的还有屠隆等人。根据朱舜水分析，当时社会上的宋明理学学者如墙头草，只看官僚脸色行事，脚踩两条船，只重自己的私欲。还有一股无学问之人，好打压排斥异己者。"道学诸先生，而文章之士之黠者附之，其实踏两船，占望风色，而为进身之地耳。科目诸公，本无实学，一旦登第，厌忌群公高谈性命。一居当路，遂多方排斥道学，而文章之士亦附之。"③ 钱穆先生对明代学问给予严厉批评："学问空疏，遂为明代士人与官僚通病。掌握独裁权的皇帝，往往深居渊默，对朝廷事不闻不问，举世闻明朝形成群龙无道之象，而明代风习又奖励廷臣风发言事，于是以空疏之人，长叫嚣之气，而至于以议论误国。"④

宋明理学从11世纪到17世纪700年的时间里流行于中国封建社

---

① ［日］森正夫：《明末的秩序变动再考》，载于《中国——社会和文化》（第10卷），1995年，第135—159页。
② 转引自常建华《旧领域与新视野：从风俗论看明清社会史研究》，载于《中国社会历史评论》2011年第12卷，第464页。
③ （明）朱舜水著，朱谦之整理：《朱舜水集》，中华书局1981年版，第390页。
④ 钱穆：《国史大纲》，商务印书馆1994年版，第698页。

会，比经学、佛学、玄学流行的时间都要长，对中国哲学思想的发展起着重要的影响。所以明代社会甚为推崇程朱理学的客观唯心主义思想，匡扶其为统治阶级的官方思想。其思想核心是"天理"说和"格物致知"论。"理"或"天理"是宇宙万物之源，是人类社会和自然界的根本法则，人和物各自之理源于天理，强调"存天理，灭人欲"。这种思想观点发展到明朝后期成为道德上的义理而忽略了实理意义，变成思想上的虚无主义，抹杀了人们对功利的正当需求，泯灭了人们不断开拓的进取精神。不过，这有利于统治阶级的教化，将天理、人伦和人欲结合起来，为统治阶级提供了精致的思想理论指导，但却割裂了思想和实际之间的链接关系。而对于普通百姓来说，要求其言行达到"存天理，灭人欲"的圣人高度，实在是思想上的意念而已，行为上难以做到。因此，程朱理学越来越偏离实际，已经不适合明末的社会现实，对社会的发展和稳定已起到了阻碍的作用。元代大儒袁桷对程朱理学早就有了批判："自宋末年尊朱熹之学。唇腐舌弊端，止于四书之注。凡刑狱簿书、金谷户口、糜密出入，皆以为俗吏而争鄙弃。清谈危坐，卒至国亡而莫可救。"① 朱舜水将明末社会脱离现实比作"析理入于牛毛"，根本毫无现实意义。他在《勿斋记》中写道："世之学圣人者，视圣人太高，而求圣人太精。谓圣人之道，一皆出于自然，而毫无勉强。故议论臻于寥廓，析理入于牛毛，而究竟于圣人之道之不知其几千万里已！几千万里而已也，容有至之之时，卒之马牛其风，愈趋而愈远，是皆爱高喜新之病害之也。"② 在《与安东守约书》中也写道："中国以制义取士……彼原无意于修身、齐家、治国、平天下也。……即嘉隆万历年间、聚徒讲学、各创书院、名为道学、分门别户、各是其师。圣贤精一之旨未阐、而玄黄水火之战日烦。高者求胜于德性良知、下者徒袭夫峨冠广袖、优孟抵掌、世以为笑。是以中国问学真种子几乎绝息。……贤契

---

① 转引自张文木《明末的人祸和天灾——从张居正改革谈起》，载于《中国投资》2015 年第 6 期，第 35 页。
② （明）朱舜水著，朱谦之整理：《朱舜水集》，中华书局 1981 年版，第 484 页。

慨然有志于此、真千古一人、此孔孟程朱之灵之所钟、岂以华夷、近晚为限？幸惟极力精进、以卒斯业、万勿为时俗异端所挠也。"① 浙东学派陈亮也公开反对朱熹"存天理，灭人欲"的观点，他主张"义利双行"。意思是说既要讲仁义道德，也要讲功利主义。陈亮认为："义利双行，王霸并用。"朱舜水较为赞同陈亮之说，道："仆谓治民之官与经生大异，有一份好处，则民受一分之惠，而朝廷享其功，不专在理学研究也。晦翁先生以陈同甫为异端，恐不免过当。"②

朱舜水对朱熹的"格物致知"哲学思想也给予尖锐的批判，"若欲穷尽事事物物之理，而后致知以及治国平天下，则人寿几何，河清难俟。故不若随时格物致知，犹为近之"。③ 意思是说，如果想穷究事物原理而求得知识，再去治理国家，则为时已晚。因为人生寿命短暂，事物原理还没有穷尽，就已经一命呜呼了，于是，朱舜水认为，"故不若随时格物致知，犹为近之"。④ 不过，此言也有欠妥之处。一是失去思考问题的逻辑性，容易出现头痛医头，脚痛医脚的问题；二是容易冒进，缺乏科学论证，容易造成屁股决定脑袋的做法。

另外，在明中晚期到清，较有影响的是陆王心学的主观唯心主义思想。其核心是"心即理""心外无物、心外无事、心外无理""致良知""知行合一"。而且，陆王心学强调的"知"和"行"也是来源于心，强调人的主观能动性。良知是与生俱来的道德自觉和人的主观认识，人们的是非善恶观都来自于先天具有的"良知"。世界上的万事万物、千姿百态之事物都来自于"良知"，认识事物的根本方法也是通过"良知"判断。王阳明认为："知是心之本体，心自然会知。见父自然知孝，见兄自然知弟，见孺子入井自然知恻隐，此便是

---

① （明）朱舜水著，朱谦之整理：《朱舜水集》，中华书局1981年版，第173—174页。
② 同上书，第190页。
③ 同上书，第386页。
④ 同上书，第246页。

良知。"① 这是典型的先验论观点，如果天生就有良知和道德自觉，那后天就没有学习的必要了。朱舜水认为："生知之资，自文王、周公而后，惟孔子、颜渊而已。孔子曰'我非生而知之者，好古敏以求之者。'又曰'十室九邑，必有忠信如某者焉，不如某之好学也。'他如'学而不厌'，'下学上达'，不一而足。其于颜渊也，不称其'闻一知十'，而亟道其'不迁怒、不贰过'为'好学'，是可见矣。"② 所以，在道德败坏、政治腐败、人心不古的明末，政府还以宋明儒学的道德自觉作为官方的主导思想，难怪朱舜水批评其为"纯弄虚脾，捕风捉影"③ 的学问。他批评说："宋儒辨析毫厘，终不曾做得一事，况又于其屋下加屋哉?"④ 当然，朱舜水也认为宋儒之学也有有价值一面，而其陋习不可以学。他反驳王阳明的"良知是赤的"观点——"良知岂是赤的来"，认为王阳明的良知观过于理想化，没有实践操作性。李甦平教授对王阳明的"良知"观也作了讨论，他认为："'良知'作为一种主观认识和道德观念，是不学自能，不教自会的。这就是王阳明'良知'的基本内容。"⑤

所以说，明末的思想文化是落后的、僵化的，严重脱离现实，思想文化只是统治阶级统治人民的工具。思想文化失去活力，助空谈，抑实学，推崇与明末社会严重不符的宋儒理学，导致明末社会、政治、经济、文化、教育处于崩溃状态，明末的封建统治陷于风雨飘摇之中。这为朱舜水实理实学思想的建立奠定了现实基础，预示了实理实学思想在当时现实社会中会发挥重要作用。这也给了朱舜水后来逃亡日本坚定传播儒家文化即实理实学思想勇气和信念，事实也证明朱舜水实理实学思想对日本社会发展产生了积极影响。

---

① （明）王阳明：《传习录》，中州古籍出版社2001年版，第231页。
② （明）朱舜水著，朱谦之整理：《朱舜水集》，中华书局1981年版，第85页。
③ 同上书，第275页。
④ 同上书，第160页。
⑤ 李甦平：《朱之瑜评传》，南京大学出版社2011年版，第31页。

二 日本德川幕府时期的日本社会概貌

（一）趋向稳定的政治生态

1600年的关原之战后，德川家族力败各方军事势力，取代丰臣秀吉获取日本的统治霸权。随后儿年，德川家康强权获取征夷大将军和右大臣称号而掌握管理全国的实权，建立德川幕府。经过后继第二、第三代将军的治理，国家在政治、经济、文化等方面相对稳定，成为统一的封建制民族国家，权力统治结构逐渐由武治趋向为文治，其释典礼仪等礼仪制度也随之渐趋明朗、完备。当然，在这祥和繁荣的表象下也存在社会矛盾和危机，如德川幕府与皇室之间的权力之争、幕府与大名之间领地权力矛盾、统治阶级和被统治阶级之间的矛盾等，都对德川幕府稳定统治构成威胁，加上资本主义的商品经济开始萌芽，农民反剥削的意识逐渐增强，起义时有发生。稳定的社会环境需要有实在的、可操作的思想理论支撑。中山久四郎认为："德川家康之非常人物与稀有之好运，统一天下，以和平政策建立幕府维持社会稳定。为了维护阶级制度下的封建国家现状，须有文治和教学；为了有良性的转变之世，替代人心所向的宗教信仰，替代足利氏以来'下克上'意识之势力，须有道德、德义之力，须有平和秩序之礼乐，适合封建统治阶级的思想理念：敬神崇祖、尽忠致孝、节情欲、禁争夺等思想，规定这些意旨之现世道德的儒教汉学恰好适应了当时社会之所需。"[①]

朱舜水在这样的社会背景下以及结合自身的实际处境，在日本竭力倡导办学设教以发展儒家文化，以致实理实学的儒家文化在日本社会高层及底层生根发芽。据邵念鲁所著《明遗民所知录传十七朱之瑜》所言："为建学，设四科，阐良知之教，日本于是始有学。"[②] 不

---

① ［日］中山久四郎：《江户前期文化》，载于《日本文化史大系》（第九册），东京：诚文堂新光社1937年版，第135—136页。
② （明）朱舜水著，朱谦之整理：《朱舜水集》，中华书局1981年版，第640页。

过时日，诸学派从程、朱、陆、王心性之学的空论中解脱出来，而转向经世致用、经邦弘化、日用彝伦的实理实学的朴素唯物主义哲学。

（二）思想文化：虚脱空谈，但有儒学根基

在朱舜水看来，日本当时社会风气不好。一是诋毁之人比比皆是。"吾见毁精金美玉为瓦砾者矣，吾见诋宝鼎为康瓠者矣，未闻有誉人者也。"① 二是当时社会崇尚脱离实际、空谈佛理。因为自南宋开始，留学于中国的日本僧侣将禅味的朱子学带回日本，使得日本当时社会空疏之气弥漫。朱舜水坦言："嘘佛之气，足以飘我；濡佛之沫，足以溺我。"② 他主张，鸿儒之士应实事求是为江山社稷服务，避免空谈，坐而论道。否则，误国也害民。

明末清初，正是日本德川幕府时期（1603—1867），此时日本闭关自守（只设有长崎港同中国和荷兰进行贸易往来），在思想文化层面，朱子学派、阳明学派和古学派在当时的日本占有统治地位，空虚心性之学盛行，佛教文化兴盛而缺乏儒家文化的传授。日本于公元六世纪引入中国佛教，佛教深受日本统治者庇护，统治者积极弘扬佛法和佛教文化，日本佛教成为国家统治政权意识形态的指导思想。中国禅宗唐时传入日本，盛行于镰仓幕府时期，深受武士阶层欢迎。中国禅宗主张顿悟而心领神会，强调内心的自证和主观感悟。如慧能所言："菩提本无树，明镜亦非台；本来无一物，何处惹尘埃。"这与当时的统治阶层武士所倡导的重廉耻、轻生死等精神不谋而合，所以禅释文化在日本得到空前发展。此时，宋代的义理之学传入日本，义理之学近乎玄想，说玄说妙，虚脱空谈而不切实际。这些不切实际、玄远空疏的迂腐学风在当时社会已深入人心，严重影响德川幕府时期日本社会的发展，导致田地荒芜、经济衰退、文化不振。据日本学者稻叶君山研究："日本当时思想文化的主流是朱子学和阳明学，盛行

---

① （明）朱舜水著，朱谦之整理：《朱舜水集》，中华书局1981年版，第268页。
② 同上。

的是所谓性理之学。"① 古学派创始人山鹿素行虽然推崇孔子之道，但其思想理念却与孔子思想精髓背道而驰，他鼓吹的是"君主神权""神造国家"。山鹿素行在其所著《中朝事实》的"神治章"中明确指出："天照大神敕皇孙曰：苇原千五百秋之瑞穗，国是吾子孙可王之地也。宜而皇孙就而治焉行矣。宝祚之隆当与天壤无穷者矣。"②

朱舜水在给友人释独立的书信中谈道："东武户口百万，而名为儒者仅七八十人。加以妇女则二万人中一儒也。而其人又未必不佛。就此七八十人中，又自分门别户，互相妒忌，互相标榜，欲望儒教之兴，不几龟毛兔角乎？"③ 安积觉在《答荻徂徕书》中描述当时日本德川幕府时期的思想文化现状时说："今释教盛行于海内，其间稍辨气理，而知祀祖先于其家之为是者，仅存什一于阡陌，而一概举之以托缁徒，则其害有不可胜言者矣。然以'悲哉'二字结之，则知足下有激而言也。"④ 正所谓："通国皆学佛之人。"《朱舜水寄安东省庵书》一文说道："水户儒者学问颇好，只是知礼而无度。此事关系贵国重大，而关系两国为重大。……但贵国害于邪说最为深锢，恐往亦无益也。"⑤

由此可见，儒教文化在当时的日本并无多少民众基础。不过，朱舜水发现，日本民众虽然有"气果而轻生"即性格极端的特性，但也具有"结绳可理，划地可牢"即遵守规则的特性，他认为日本有良好的人文基础和敦厚的民族品质，且有远见卓识之士和聪慧博雅之士有志于"实学""圣学"之意，稍加教化便民风淳朴，贤人辈出。朱舜水说："况在日本，国小而法立，气果而轻生，结绳可理，划地可牢，前乎此，未闻有孔子之教也。故好礼仪而未知礼仪之本，重廉耻而不循廉耻之初。一旦有人焉，以孔子之道教之，行且民皆尧、

---

① 朱舜水纪念会编：《朱舜水》，东京：朱舜水纪念会事务所1912年版，第45页。
② 山鹿素行：《中朝事实·下》，东京：国立国会图书馆1908年版，第58页。
③ （明）朱舜水著，朱谦之整理：《朱舜水集》，中华书局1981年版，第58页。
④ 同上书，第769页。
⑤ 转引自金子正道《朱舜水与安东省庵的相识——陈明德（颖川入德）其人》，载于《朱舜水与日本文化》，人民出版社2003年版，第173页。

舜，比屋可封，宁止八条之教朝鲜而已哉！"① 还有，朱舜水在答安东守约的书信中说："贵国素未知此种道理，而又在良莠桀桀之时，独有嘉禾油然秀出于其畔，然亦甚可危矣。贤契慨然有志于此，真千古一人，……岂以华夷、近晚为限？幸惟极力精进，以卒斯业，万勿为时俗异端所挠也。"② 德川家康喜好佛教、神道和儒教的学术之理，且深知"能马上取天下而不能马上治天下"的道理，也深入研究汉高祖、唐太宗等统治者的治国之道。因此，日本有浓厚的儒学基础。也如日本学者渡边浩所说："十七世纪，当长期的内乱平息后，随着德川政权的安定，人们对'文'的关心也增加了。又随着本世纪空前的经济成长，与其他的各种游艺、诸'教'一样，对儒学感兴趣的人也增多。亦有町人、农民、武士在此新的状况下摸索新的生活方式。甚至某些'大名'试图在儒学中求取统治方针，某些官员则试图利用儒学对抗基督教。不久后，纲吉、家宣等异常爱好儒学的将军也出现了。儒学的观念虽然在变质中，但亦逐渐深入整个社会。十八世纪后半，将执政者的武士治'学问'视为理所当然的人增多，将儒学观念制度化的藩校亦增加了。"③

（三）百姓生活困苦、经济萎靡不振

德川幕府时期的265年里，自然灾害不断，共有荒灾130次，多数集中在德川幕府统治后半期。加上封建地主的剥削加重，百姓生活苦不堪言，难以维持正常的生活。经济方面，德川幕府抑制商品经济的发展，城市的商人和手工业者受制于幕府，须向幕府缴纳营业税和特许费等。大名垄断生活必需品，城市行会又限制手工业的发展。不过，农村不受约束而可以发展如纺纱、织布等手工业，但相对而言，技术较为落后，不能改变国家经济的根本面貌。"德川幕府时期，农

---

① （明）朱舜水著，朱谦之整理：《朱舜水集》，中华书局1981年版，第560页。
② 同上书，第174页。
③ ［日］渡边浩：《儒学史异同的解释："朱子学"以后的中国与日本》，载于《德川时代日本儒学史论集》，华东师范大学出版社2008年版，第23页。

民暴动和起义的次数是与年俱增，1603—1703 年的百年中共有一百八十六次，1703—1800 年达五百十四次。在阶级社会中，阶级斗争贯穿始终，德川氏对于农民实行'既不使他过于困难，又不使他过于自由'的政策，把农民当成榨油的芝麻来压榨。农民过着不死不活的生活。"[①] 不过，关原之战之后，日本的大规模战争已基本结束，社会趋于稳定，虽说老百姓生活得相对困苦，但城市的民众生活已逐渐好转起来。

（四）日本实学思想发展

德川家纲时期，社会的政治环境由武治向文治的方向转变，如朱子学派、古学派等学术团体思想活跃，自由思考问题的意愿逐渐加强。这时，人们由学术思想形而上的空虚境况逐渐趋向对形而下生活化的社会万象有进一步了解的意愿，而朱舜水具备回答这些问题的能力和知识储备。在这样的社会背景下，日本已具有一定的实学思想的社会基础（此基础是由日本独特的社会地理环境、学校教育和当时的政治文化决定的）。因自身资源稀缺而为了维持生计，日本社会积极提倡实利、实功等实用的学说、技术之学。如东京的农业、本草学等取得了一些成就。宫崎安贞的《农业全书》（1697）、新井玄圭的《食物本草大成》（1688）、贝原益轩的《大和本草》（1709）、稻生若水的《庶物类纂》（1715）等具有实学思想的学术专著应运而生；京都作为当时的政治文化中心，医学甚是发达，在中医学、妇产学、解剖学方面较有成就，并采用先进的实验方法，代表者有直溯道三（1507—1595）、名古屋玄医（1628—1696）、后藤艮山（1659—1733）等医学专家，日本宫廷医官过兰室（1756—1835）积极学习荷兰语等西方语言，著有《荷兰语八笺》40 册。大阪是商业经济城市，充满商业气息。巨贾富商对"实益"之功能给予肯定和扶持，

[①] 周一良：《关于明治维新的几个问题》，载于《北京大学学报》1962 年第 4 期，第 14 页。

尊重实学精神和合理的批判精神，深知经商之学的重要性，于是出现了许多诸如怀德堂、先事馆和丝汉唐等学术机构。他们宣讲诚信，讲究真知灼见，研究天文，倡导西医学如麻醉技术。

学校教育提倡实学教育观，大力发展"实用""实利"的学校教育。德川时期推行实学实用、温和的教育方式，以"实"和"用"为教学目的，采用实证、实事和实验的教学方法。另外，还注重个性教育，注重兵学、经济学、地理学和数学等科目，政治文化思想趋向于实学思想理念。为适应统治阶级的需要和社会政治文化的转型变化，对宋朝引入的朱子学批判式接受的儒学思想逐渐形成，此儒学思想具有实学实践的特点。根据日本实学研究学者源了圆教授的理论，日本实学思想发展分为4个阶段：第一阶段是从藤原惺窝到狄生徂徕出现前的德川幕府时期，主要研究人的内心真实和道德实践性的实学。主要代表者有藤原惺窝、林罗山、山鹿素行、伊藤仁斋、贝原益轩和新井白石等。第二阶段是从狄生徂徕到会泽正志斋思想形成的德川幕府后期。此阶段的实学研究主要是内心真实外延到显现的生活世界。代表学者有狄生徂徕、太宰春台、本多利明、山片藩桃和会泽正志斋等。第三阶段是明治维新前的时期，由于当时日本社会动荡、西学涌入等历史原因，实学主要体现在实践性方面。第四阶段是从明治维新之后的实学居于统治地位的时期，此时期及以后的日本实学受西方学术思想影响较大，注重实证、实验的方法，讲究功利主义，对日本社会的现代化发展起到了积极的推动作用。

通过对源了圆教授关于日本实学思想研究的分析，可以看到，日本社会自身存在着实学思想的因素。虽说受到中国传去的佛教、朱子学、程朱理学的很大影响，但是日本民众能够根据自己的社会现实，作出及时的调整，并且用开放的心态积极吸收外来的对自身发展有益的思想文化。日本的这种实学思想受到自己国民特性的影响，如朱舜水所言，日本国民具有"国小而法立，气果而轻生，结绳可理，划地可牢"的性格特征，因此，实学思想成为适合日本社会现实、适合国民需求的便于学习的一种思想。于是，朱舜水的实学思想在日本传播便有了物质和人文基础。

本章小结

本章主要讨论朱舜水生活的明末清初和日本德川幕府时期的社会状况。通过史料解读分析，明末是社会动荡的时代，整个社会千疮百孔，是一幅趋向没落的衰败图景。"天下之势如沸鼎同煎，无一片安乐之地……使至愚之人亦知如此景象，必乱无疑。"① 凸显出晚明社会焦躁不安，民不聊生的情况。加上自然灾害频发，社会的经济、政治、文化、教育等都处于衰败之中。利玛窦等人将西方文明带入中国，给中国的经济发展和科学技术带来一些生机，构筑起新的知识结构，甚至推动产生新的思维方式，似乎出现了以学习"西学"为荣的景象，文人士大夫纷纷与利玛窦交友详谈。"南京士大夫聚谈之处，士人视与利玛窦订交为荣，官吏陆续过访，所谈者天文、历算、地理等学。凡百问题悉加讨论。"② 虽然有些新的思想观念，价值取向呈现多元化，③ 但这些微不足道的新思想变化以及科学技术的提升，只是存在于少数官员、士大夫以及信仰者之中，对明末整体的社会、经济、思想文化并无太大影响，也就无法挽回政治腐败、内忧外患至病入膏肓的晚明，从某种意义上说，加剧了晚明的灭亡。商品经济的发展动摇了封建统治的经济基础；以宋明理学为官方的指导思想严重脱离了晚明的社会现实，失去了主体思想发展的土壤；"西学"的渐趋兴盛动摇了封建统治的思想基础；北方少数民族的不断侵扰动摇了封建统治的权力基础；朋党之争动摇了封建统治的政治基础，等等，这

---

① 沈鲤：《请罢矿税疏》，转引自邢兆良《晚明社会的文化变迁和科学发展》，载于《社会科学战线》1998年第6期，第174页。
② 费赖之：《入华耶稣会士列传》，商务印书馆1938年版，第46页。
③ 比如：对孔孟程朱之学的质疑，追求思想自由；有"人皆可为舜尧"的观点；以宋应星、徐光启为代表的追求开放、科学精神的实干家"欲求超胜，必先会通"的思想。

些对于明末的封建统治都是致命的打击。朱舜水在这样的社会背景下，提出了"实理实学"的思想理念，目的是要人们从虚无主义的意识中解脱出来，为国家、为民众做一些切实可行的事务。

明末清初正值日本德川幕府统治时期，日本百废待兴，由武治时期过渡到文治时期。此时期的日本权力结构是以幕府将军为首，权力等级分明，维护这种权力等级关系，需要大义、名分、纲常等伦理思想观念的指导，也需要这样的思想维持对士农工商的统治关系和协调武士阶级之间的矛盾关系。那么，正处于统治地位的程朱理学和佛教思想由于它们的空虚和浮夸虚伪的性质，已经不能满足幕府统治下工农商业生产和发展以及治国安邦的需要，思想文化的创造者和发展者也由原来的僧侣过渡到武士阶层。德川家族也深知中国历史典故"可以马背上取天下，不可骑在马背上治天下"的深刻道理。主客观等多方面的缘由迫使日本思想意识要有所转向来适应新社会的发展，具有实践性的儒学思想进入德川幕府时期统治阶级的视野。这时，满足日本当时现实所需的能够指导国民思想的大儒——朱舜水来到日本，加速了实践性的儒学思想在日本的发展。

第三章

朱舜水思想构建的理论基础和传播

> 教育方法多种多样,课程却只有一门,即文化的深层次结构——最基本最普遍的人类经验和实践。
>
> ——威廉·哈兹里特(William Hazlitt)

可能是当下"娱乐至死"[①]或某种利益的原因,传播者或媒介在信息传播过程中,往往扮演着失忆者的角色,对人类优秀的精神文化遗产,有时视而不见、听而不闻,形成集体失忆。如邵培仁教授所言:"在传递人类优秀的精神文化遗产方面,他们集体失忆,造成信息黑洞,传播危机和文化断裂。"[②]

明末清初之际,朱舜水因受到清政府的限制和打压等,他的思想不被中国后人普遍知晓。到了清末民国初年,他的思想才被留学日本的中国仁人志士如康有为、鲁迅、孙中山、蒋介石等传入中国,使其思想在中国内地的研究有渐热趋势。在跨文化传播研究中,大众传播媒介对优秀个案研究不足,传播学者也少从跨文化传播角度研究徐

[①] 《娱乐至死》由尼尔·波兹曼撰写(广西师范大学出版社2004年出版)。他认为现实社会中,一切公众社会话语逐渐以娱乐的方式呈现,娱乐成为一种人们社会生活中的文化精神,人们的政治、宗教、新闻、教育和商业活动等心甘情愿地成为娱乐的附属物,导致人们成为"娱乐至死"的物种。

[②] 邵培仁等:《媒介理论前沿》,浙江大学出版社2009年版,第212页。

福、鉴真、朱舜水等知名人士对日本社会生产及文化的影响。笔者研究发现，朱舜水思想在日本的大力传播，与日本的社会现实需求密不可分，同时，他的思想境界也是日本人所推崇的，而日本人真正敬佩的也是朱舜水这样的人。研究朱舜水思想是一个能够从侧面了解日本及其社会的有益路径。

一　真人朱舜水

朱舜水（1600—1682），浙江余姚人。名之瑜，字鲁屿、楚屿，私谥文恭。家族祖上为明太祖朱元璋远系族兄弟。据朱舜水答德川光国问所述："入国初，先祖于皇帝族属为兄，雅不欲以天潢为累，物色累征，坚卧不赴，遂更姓为'诸'。故生则为诸，及袝主入庙，题姓为朱。仆生之年，始复今姓。"[1] 他是明末清初的遗民，著名教育家和政治家，日本江户前期儒学者。明末清初动乱之际，为反清复明之事数次来日。1659年起入居于日本长崎、江户、水户直至逝世。据《长崎渡来儒士医师等事》载："万治二年，为避明末之乱，渡来长崎，在留七年。宽文五年，水户黄门公闻其德义，聘为公仪。同年七月舜水、其门弟并通译高尾兵左卫门附添参上江府。同年九月到水户，礼接尤郑重。数年间谈论经史，讲究道仪。厚其学才，尊信有之。天和二年四月八十三岁卒。"[2] 朱舜水思想对日本水户学派、《大日本史》的编撰和日本儒学者影响颇大，被尊称为日本孔夫子。朱舜水1682年逝世，享年83岁。朱舜水虽出生于没落官宦之家，但童年的学习、生活还较为惬意。幼年师从李契学习玄学，后拜师于朱永佑、张肯堂、吴钟峦等，精研六经，熟读诗书。吴钟峦称其为"开国以来第一人"。

（一）反清复明：勇士朱舜水

1644年明朝灭亡后，朱舜水积极参加郑氏父子等明朝遗臣发动的

---

[1] （明）朱舜水著，朱谦之整理：《朱舜水集》，中华书局1981年版，第348页。
[2] 田边茂：《长崎文献》（第一集第二卷），长崎：长崎文献社1973年版，第245页。

明朝复兴运动。为筹集军事物资，去日本和越南进行贸易，支持南明鲁王政权和居于台湾的郑成功，还参加1659年7月南京攻略战。据《海东遗史·朱之瑜传》记载："己亥，朝王金门。时郑成功、张煌言会师入长江，之瑜主建威伯马信营……之瑜常往来两军间，克瓜洲，下镇江，皆亲历行阵。未几事败，益彷徨无所向。……之瑜之返日本也，诸将留之，张煌言挽之尤力。"① 朱舜水还受郑成功之托，到闭关锁国的日本请求军事支持。南京攻略战失败之后，朱舜水于1659年冬放弃复明运动，流亡到日本长崎。1660年，受到日本筑后柳河藩著名儒学者安东守约的援助在长崎过着艰难困苦的6年流浪生活。1665年被德川光国招为宾师，同年移住江户（今东京）。在之后的17年中，朱舜水深交日本著名学者如安积澹泊、木下顺庵、山鹿素行等学者，并积极传播中华儒家文化。正如顾炎武所言："天生豪杰，必有所任，如人主于其臣，授之官而与以职。今日者拯斯人于涂炭，为万世开太平，此吾辈之任也。仁以为己任，死而后已。"②

（二）思念故土的朱舜水

"舜水"之号来自朱舜水家乡小河之名。虽在日本生活多年至逝世，但都没有归顺日本（有学者认为朱舜水归顺了日本），且日益思乡心切。日本学者原念斋在《先哲丛谈》中记述道："舜水久居日本，也能说日本话，但在病重之时，却说起他的家乡方言浙江余姚话，来看病的弟子就听不懂了。"朱舜水在《避地日本感赋》中抒发了他对故国的郁郁悲愤之情："汉土西看白日昏，伤心胡虏据中原。衣冠虽有先朝制，东海幡然认故园。廿年家国今何在？又报东胡设伪官。起看汉家天子气，横刀大海夜漫漫。"他还伤感地用"单身寄孤岛，抱节比田横"自勉。在与林道荣通信时说："弟顾影无俦，异言

---

① （清）翁洲老民：《〈海东遗史〉·卷18·〈遗民〉》，载于《四明丛书·之七》，扬州古籍刻印社1981年版，第3729—3730页。
② （清）顾炎武撰，华忱之点校：《顾亭林诗文集·病起与蓟门当事书》，中华书局1959年版，第48页。

异俗,此等情怀,岂堪讲述!"① 人见竹洞体念朱舜水,将南宋遗民郑思肖撰写的《心史》赠送给朱舜水,朱舜水阅后说道:"家国之感不去心,亦不须典籍激发也。"②

对父母坟茔关心备至且记忆犹新,辗转反侧、坐立不安,但恐遭房人糟蹋破坏。他说:"但念先父母坟墓近城市,恐遭房人残毁。先祖及高曾坟,去城皆不能一里。阴木修拔,通邑所无。高曾坟与阳明先生祖茔比邻,其树木之美,概不能及慌垄。房人求大木造船,此必糟残坏者。又祖宗祭祀未休,是以辗转思惟,不敢身处安逸耳。然日夕遭此辈阴损,似亦以先父母之遗体行殆,奈何!欲俟高明至,往复义理而后决之。"③ 据史料记载,朱舜水因参加反清复明运动,常年在中国、日本、越南等国来回奔波,已多年没有回家。后来到日本,更加怀念家乡及父母兄弟。他在《答吉弘元常书九首》说道:"仆不幸先父母久已厌世,同胞惟兄弟二人,形影相依而。国变以来,倏忽分地,人情难割,于此为甚。家兄通籍四十载,徒立相如之壁;房气浊乱之后,勉种东陵之瓜。每一念及,五内崩摧。况加之以生妻弱息,种种难堪。"④

(三) 普通人之情思的朱舜水

朱舜水在反清复明失败后,背井离乡来到日本,因同亲人分离,又人老体衰、多病,内心极为痛苦。《游后乐园赋》一文便反映出他内心的忧伤:"鱼在于沼,鹤鸣九皋,乐其乐而忘其忧焉。聊以卒岁,亦又何求焉?"⑤ 嫡孙朱毓仁去日本看望朱舜水而不得见,朱舜水十分遗憾,致书信给人见竹洞说:"仆去家三十五载,今年八十岁,小

---

① (明)朱舜水著,朱谦之整理:《朱舜水集》,中华书局1981年版,第287页。
② 同上书,第223页。
③ 同上书,第221页。
④ 同上书,第295页。
⑤ 同上书,第430页。

孙涉海数千里远来，兹在咫尺，反不得一面，若祖若孙，何以为情？"① 朱舜水将亡国之痛，心有余而力不足的复明思想寄托于诗中："子房潇洒人，早岁友黄绮。自见长桑君，慷慨念国耻。吁嗟一系误，飞迹千里徒。浮沈间党间，潜踪尤躅跪。故人采紫芝，匿影空山里。故使圯下翁，脱屣示深旨。严霜下物更，对语兴亡理。际会及风云，婉谨出余技。俛仰思旧游，浩然不可止。不师黄石公，去从赤松子。"② 可是，他内心的忧伤也不便于对他人诉说，即便说之，也是假言应付。如古人所言，不如意事恒八九，可与人言无二三。朱舜水没有不能对谁说之事，只是无诉说对象，这种内心的孤苦，他人无法理解，如朱舜水所言："不佞事无一不可对人言，奈无可言之人，不得不结舌茹蘗耳，即遇可言之人，要须假口舌于人，则终无可言之时也，是从古及今，未有至于斯甚者。"③

还有，对弟子关爱深深。朱舜水离开长崎多年，想念关心弟子安东守约及其家人心切。他在给安东守约的信中说："外黄金大判一枚为令尊翁寿……思贤契寝食不忘，未知何时乃是晤期。令郎如何？""客至问询，昨暮又得手书，知令妹尊恙痊可，甚喜。"④

朱舜水正直中年，因时局动荡，劳顿奔波，颠沛流离，萌发退隐归田的隐逸心愿，期望隐居四明山，过一种世外桃源的耕读生活。他在敬答恩师吴钟峦的诗中写道："孤生倚知己，漂泊谢浮名；自接瑶华赠，能禁白发生。八闽秋水阔，三楚晓云横；漫作山中约，归耕向四明！"⑤

就其整个人生来看，朱舜水在日本，无论是在学术上，思想境界上，还是日常生活方面，都是当时日本民众仰慕、尊敬和示范的对

---

① 林俊宏：《朱舜水在日本的活动及其贡献研究》，台北：秀威咨询科技2004年版，第52页。
② 朱舜水纪念会编：《朱舜水》，东京：朱舜水纪念会事务所1912年版，第8页。
③ （明）朱舜水著，朱谦之整理：《朱舜水集》，中华书局1981年版，第270页。
④ 徐兴庆编著：《新订朱舜水集补遗》，台北：台大出版中心2004年版，第80—90页。
⑤ （明）朱舜水著，朱谦之整理：《朱舜水集》，中华书局1981年版，第427页。

象。他没有因为国破家亡、妻离子散的悲痛而失去自己的理想。可见，朱舜水内心的强大、意志的坚强、心胸的开阔。

（四）追求真理、刚毅有气节的朱舜水

从朱舜水的行为方式上，可见其忠直不阿、高风亮节。敢冒生命危险力辞马士英等奸臣的征召；被安南（今越南）王恐吓侮辱也坚决不在安南做官；为反清复明赴安南、渡日本，奔走于厦门、舟山之间，乞师于日本。朱舜水在同弟子书信交流中多次谈到自己的秉性。他在《与奥村庸礼书二十二首》中谈道："不佞椎鲁直率，毫无变通处，于斯世真大可笑人。"① 在《程明道像赞二首》中也谈道："当新法扰乱之时，不激不诡，及争差役、雇役于朝堂之上，理明辞达，温国不觉自屈，是不阿也。先生其和而不同，矜而不争，群而不党者耶。"② 在《谕五十川刚伯规》一文中谈道："一则太真。事事不肯模糊聊且。一则太严。待弟子不肯放宽循情面。"③ 弟子安东守约在同他人谈论朱舜水时，总是说："我亲炙朱先生三次，其为人也，一生不伪，言行动息，自然合道。"④ 在《悼朱先生文》中写道："先生之节，虽穷死，而不受不义之禄，岂以守约之微忱，为不义之禄乎？"⑤ 弟子安积觉在撰写《明故征君文恭先生碑阴》的碑文中也写道："征君严毅刚直，动必以礼。学务适用，博而能约。为文典雅庄重，笔翰如流。"⑥ 今井弘济所撰《舜水先生行实》一文，也认为舜水先生"为人刚毅方直、操履中规；择交而慎言，晦迹以远疑"。⑦ 周作人在《关于朱舜水》中说道："文集中的疏揭论议正经文字，又《阳九述略》，《安南供役纪事》

---

① （明）朱舜水著，朱谦之整理：《朱舜水集》，中华书局1981年版，第260页。
② 同上书，第569页。
③ 同上书，第579页。
④ 同上书，第751页。
⑤ 同上书，第736页。
⑥ 同上书，第630页。
⑦ 同上书，第624页。

等，固足以见其学问气节。"① 李大钊先后撰文充分肯定朱舜水的民族气节不卑不亢："先生为人，谨严而抗爽……先生自持颇高，对于日本，终以异国视之……寄人篱下，抗不自卑，日人以是益钦重之。"②"舜水先生抱种族大痛，流离颠沛，而安南，而日本，投荒万里，泣血天涯，未尝一日忘中原之恢复也。……励操心持节之气，其必在先生之学矣！"③ 不过，学者韩一德认为，朱舜水民族思想偏于狭隘，大可不必客死他乡。"当然在今天看来，朱舜水大可不必老死异国，他的种族思想是狭隘的，但在当时排满种族思想影响浓厚存在，又处于帝国主义瓜分的危机之下，李大钊对这位爱国志士的倾慕、共鸣是可以理解的。"④ 话虽如此，但能真正做到去种族主义化、去民族主义化，谈何容易，更何况朱舜水还有皇族血统。社会发展到今天，也没有去除民族主义偏见，有时表现更甚。所谓世界主义，在当时社会或到当下社会中，只能是理想类型罢了。正如阿皮亚所言："世界主义是一种冒险行为，也是一种理想，但是，你不能在尊重人类社会多样性的基础上，期待每个人都成为世界主义者。"⑤

朱舜水被德川光国召为宾师时明确表示："至若招仆，仆不论禄而论礼。"⑥ 而且朱舜水对待事物的认知须逻辑清晰方认可，足见其思维的缜密，对待事物的认真。譬如有一次邻人带着家谱要认朱舜水为同族人，朱舜水看其家谱，世系基本一致，唯独有一代可疑，于是朱舜水并不认可。说道："一世不明，则余不足据，方今九族尚不能敦睦，何用舍近求远耶！狄青武人，尚不认仁杰。若能自立，自我作祖，弃其先

---

① 周作人：《关于朱舜水》，载于《药味集》，河北教育出版社 2002 年版，第 6 页。
② 李大钊：《朱舜水之海天鸿爪》，载于《言治》月刊第 1 年第 1 期，1913 年 4 月 1 日
③ 李大钊：《东瀛人士关于舜水事迹之争讼》，载于《言治》月刊第 1 年第 2 期，1913 年 5 月 1 日
④ 韩一德：《"言治"时期李大钊思想管窥》，载于《河北学刊》1986 年第 6 期，第 67—68 页。
⑤ [美] 阿皮亚：《世界主义：陌生人世界里的道德规范》，苗华建译，中央编译出版社 2012 年版，第 14 页。
⑥ （明）朱舜水著，朱谦之整理：《朱舜水集》，中华书局 1981 年版，第 123 页。

德，则四凶非圣人之后乎？"①

在谈到王阳明时，朱舜水一分为二地分析其得失。他认为王阳明，学问上，讲良知、创立书院、并建立阳明学派；实践能力上，能够将势焰熏天的叛逆宁王朱宸濠一举拿下，也有不用武力、折冲樽俎制敌取胜的能力，称其为大英雄。不过，缺点是态度傲慢。他对明大儒方孝孺的看法是："方先生执而不化，大不如韩。……靖难之激，方先生得君之专，仿佛齐、黄，而不能运筹决胜，似非通才。"② 可以看出，朱舜水对待事物能够理性客观，并不根据自己的好恶或主观判断来分析对象，学术思想上恪守客观公正的原则。笔者对朱舜水的思想意识形态有质疑之处——批评方孝孺"执而不化"，言下之意是说，方先生要看风使舵，做顺适潮流之人，而不是执意与明成祖朱棣对抗招来灭族之祸。而朱舜水又强调忠君思想，忠的是时下之君吗？在笔者看来，朱舜水思想似有矛盾之处。

（五）周到慎重，为他人着想的朱舜水

安东守约想邀请朱舜水移居筑后，被朱舜水婉拒了。说道："来贵国（筑后）住居，其便有四：日夕相亲，一也；省无益之杂扰，二也；惜精神省费，三也；可免人尤，四也。此不佞所深冀之者。但贵国君新莅任，贤契虽极慎重，尚需事事斟酌。似当先烦清田翁于黑川公前，探知口气如何，然后恳贵国（指筑后）君致书为妥。……而黑川公不允，则新政之初，必大不乐，是于贤契有损也。不佞在此，无益于贤契，而有损之，不佞何以为情！故须慎之又慎。"③ 梁启超也认为朱舜水此想法不错，认为："迁居之事竟寝，想先生所虑不错也。"④ 还有，朱舜水自从去了江户之后，就很难与安东守约见面，朱舜水回不了长崎，安东守约也去不了江户，相隔千里，已是"终生无再见之期矣"。

---

① （明）朱舜水著，朱谦之整理：《朱舜水集》，中华书局 1981 年版，第 613 页。
② （明）朱舜水著，朱谦之整理：《朱舜水集》，中华书局 1981 年版，第 397 页。
③ 同上书，第 158 页。
④ 梁启超：《中国近三百年学术史》，岳麓书社 2009 年版，第 93 页。

朱舜水曾想让安东守约私下来江户约见，但转念又想，"贤契一来，又恐江户无信息，擅自来此，后日为人所谗，故不敢下笔耳……如有谗言，贤契便涉抗违君命，不可不可"。① 这说明，朱舜水考虑问题缜密、周全，尽量为他人着想，而不是为己私利。再有，朱舜水十分关心安东守约的婚事及其父母的身体健康，并多次写信劝告其要结婚生子，当得知安东守约终身大事已办即慰而无忧虑。

（六）德行受到质疑的朱舜水

当时社会上有人认为，朱舜水因贪图荣华富贵而苟且偷生。朱舜水给予简洁有力而明确的回答，"弟若以富贵为心，何缘得至贵国？"② 并进一步解释，不是因为国家兴旺发达而得不到朝廷的重用，做变乱更易之事，此非君子所为，自己不是那种鸡鸣狗盗之人。实际上，朱舜水注重的是气节，不愿同流合污。安东守约以一半俸禄资助朱舜水时引来当时世人的许多非议："因见其（指朱舜水）人品学行不足重，……或曰此人没落了，吃酒养老婆叱顽童，省庵半俸米贱止百余金，如何够得他用？所以近来穷极。……或曰（舜水）省吃省穿，积谷在身边，欲作富家翁，积得千百金归家受用耳。省庵那知其意，种种议论，总不堪闻。"③ 此类言辞，给安东守约的精神造成诸多压力，尤其是亲戚朋友还对他误解和指责："当其时，亲戚故旧，岂无阻扰之者？岂无嘲笑之者？而贤契奋焉不顾。"④

朱舜水在回答安东守约提问的"为何先生逃避征召"时说："征不佞时，当国者为马士英，奸相也。……若与相首尾，是奸臣同党也。若直行无私，是背义忘恩也，是举君自伐也。……故不顾身家性命而力辞之。不然，不佞亦功名之士，释褐即为四品道官兼京职，监军四十八万，与国公、大将军迭为宾主，岂不煊赫！而乃力辞之乎？要知

---

① 徐兴庆编著：《朱舜水集补遗》，台北：学生书局1992年版，第24页。
② （明）朱舜水著，朱谦之整理：《朱舜水集》，中华书局1981年版，第318页。
③ 徐兴庆编著：《朱舜水集补遗》，台北：学生书局1992年版，第7页。
④ 同上书，第17页。

不佞见得天下事不可为而后辞之，非洗耳饮牛、羊裘钓鱼者比也，亦非汉季诸儒闭门养高以邀朝誉也。"① 在回答德川光国提问时说："……然颠厦非一木所支，大川岂一人攸济！且救焚当豫筹于曲突之先，支柱必无补于栋挠之后；不得不忍情辞逊，原非欲沽名养高。"② 在回答小宅生顺时也说："仆素民物为怀，绥安念切；非敢以石隐为高，自矜名誉。但一木之微，支人既倾之厦，近则为他人任过，远则使后之君子执笔而讥笑之，无为也；故忍死不为耳。"③ 从以上言辞来看，朱舜水并不是贪生怕死之徒，也不是贪图富贵之人，反而是注重名节、德行之人。宁愿丧失自己性命，也不愿做伤天害理之事。

朱舜水刚到江户（今日本东京）时，由于人们对他缺少了解，社会上充斥着各种流言，如有人说朱舜水是南京漆工，加上弟子安积澹泊当时的辩解也不被民众所接受，当时日本社会对朱舜水有诸多批评。

由于历史的局限性，朱舜水对客观事物的认识有失偏颇。将自然界中发生的一些自然现象与人品道德相联系。比如，打雷时，时常将人或物击倒。在朱舜水看来，"成王之时，大风拔木偃禾，是天动威以彰周公也。今不宜杀而杀，天其或者以此警戒人君玉执政欤？"④ 实际上，今天看来，风雨雷伤害人或物是一种自然现象，是人没有有效避免侵扰而受其伤害，与人的品行道德根本没有关系。不过，如翁志鹏教授所言，朱舜水是一位"遵循儒家思想，结合现实，反对空谈的'实理实学'理论的倡导者"。⑤ 李甦平教授赞其为："他学行宗旨与顾炎武无二，博学精明、精研经史无逊于王夫之，被梁启超列入'清初五大师'……在日本大放异彩，德业弥尊，膏泽异域。"⑥ 纵观

---

① （明）朱舜水著，朱谦之整理：《朱舜水集》，中华书局1981年版，第655页。
② 同上。
③ 同上。
④ 同上书，第414页。
⑤ 翁志鹏：《"经邦弘化康济艰难"——纪念朱舜水逝世310周年》，载于《杭州大学学报》1992年第6期，第88页。
⑥ 李甦平：《朱舜水》，云南教育出版社2009年版，第1页。

朱舜水的一生，可歌可泣，似壮士，似逸士，坚贞不屈，品质高贵，大节凛然，足以享誉后世。如同《清史稿·遗逸传》所言："太史公伯夷列传，忧愤悲叹，百世下犹想见其人。伯夷、叔齐扣马而谏，既不能行其志，不得已乃遁西山，歌采薇，痛心疾首，岂果自甘饿死哉？清初，代明平贼，顺天应人，得天下之正，古未有也。天命既定，遗臣逸士犹不惜九死一生以图再造，及事不成，虽浮海入山，而回天之志终不少衰。迄于国亡已数十年，呼号奔走，逐坠日以终其身，至老死不变，何其壮欤！今为遗逸传，凡明末遗臣如李清等，逸士如李孔昭等，分著于篇，虽寥寥数十人，皆大节凛然，足风后世者也。至黄宗羲等已见儒林传，魏禧等已见文苑传，馀或分见于孝友及艺术诸传，则当比而观之，以见其全焉。"①

二 理论联系实际的朱舜水思想

（一）朱舜水儒学思想特色鲜明，提倡"实理实学"②

朱舜水在答小宅生顺时明确指出，要有实际能力，要学以致用。作为明遗民，朱舜水对明王朝的土崩瓦解进行了深刻反省，主张以儒学的忧患意识和主张变革现实的救世精神解救社会。所谓"实理"，指的是通俗易懂的"眼前道理"，或者说，真实的道理、真实的情况，迥异于宋明理学的"玄妙之说"，也即实事实理，实行实用。如朱舜水所

---

① （清）赵尔巽主编：《清史稿》卷五百，中华书局1978年版，第13815—13816页。
② 在中国思想史上，最早提出"实学"概念的是宋朝理学家朱熹（1130—1200）。他在《中庸章句题解》中说道："始言一理，中散为万事。末复合为一理。放之则弥六合，卷之则退藏于密。其味无穷，皆实学也。"不过，朱熹的哲学思想存在一定的矛盾，致使他的哲学思想分为两大类：一类是"心性理气"思想，即脱离实际、空谈心性的空虚之学；一类是朱熹哲学中提到的，但并没有良好发展的"实学"思想，即贵在践行的经世之学。永康学派（事功学派）创始人、"实有经济之学"哲学家陈亮（1143—1194）看到程朱理学超脱现实、不问是非、空谈心性、不明事理的弊端，主张批判理学，谈事功，重实用，讲务实，开创"经世致用"为宗旨的实学之先河。16、17世纪，西方传教士将自然科学知识和物理学知识传到中国，实学思想借西学东渐之风得到有效发展。实学思想发展分为宋明时期的形成期，明末清初的兴盛期，清朝时期的衰退期。但真正贯彻落实到位的是朱舜水实理实学思想的提出并在日本有力的践行。

言："然天下可无云绡雾縠，必不可无布帛；可无交梨火枣，不可无粱粟，虽有下愚，亦明白而易晓。"①"惜有良工能于精刻沐猴，耳目口鼻宛然，毛发咸具，此天下古今之巧匠也。若使不佞目眩玄黄，忽然得此，则必抵之为砂砾矣。即使不佞明见其耳目口鼻宛然，毛发咸具不佞亦必抵之为砂砾。何也？工虽巧，无益于世用也。"② 所谓"实学"，指的是踏实且有根基的学问，真实而实用的学问，始自北宋"实体达用之学"，主张"经世致用"。也即朱舜水所言："为学当有实功，有实用""学问之道，贵在实行。……圣贤之学，俱在践履。"③ 他主张学术要真实，要为国家和社会服务，戒空谈，巨儒鸿士要担当起以江山社稷为重、康济时艰的责任，儒学者要能成为解决社会现实生活中政治、经济、文化等方面实际问题的人才。朱舜水十分敬仰唐时著名医学家孙思邈，说道："昔孙思邈共侔造化，德动天地，孰非斯术也哉？"④ 朱舜水所提倡的"实理实学"思想对当时日本学者的学风影响深刻，对水户学派的学术发展和政治改良起着巨大的启发和推动作用。立林宫太郎在《水户学研究》中认为，朱舜水是水户学派的开山鼻祖。⑤ 日本学者松元纯郎氏认为："我们仰仗的根本国体，是受师于舜水而立。正因为光国谦虚好学的态度，才能够见识水户学真正的风格。"⑥ 日本学者诚恳地说："天佑以还，儒学以经世治民为要道，不务空理虚论，皆舜水所赐也……不惟后来明治维新受此良好之影响，即于朱氏学说本身发扬而光大之，其功亦伟矣！"⑦ 钱穆曾认为："舜水论学大旨，重实功实用，又奉程朱为准绳，则以为为学和修身必合二为一也。"⑧ 日

---

① （明）朱舜水著，朱谦之整理：《朱舜水集》，中华书局1981年版，第578—579页。
② 同上书，第160页。
③ 同上书，第369—406页。
④ 李甦平：《朱之瑜评传》，南京大学出版社2011年版，第40页。
⑤ 立林宫太郎：《水户学研究》，东京：国史研究会1933年版，第1页。
⑥ 松元纯郎：《水户学的源流》，东京：朝仓书店1945年版，第238—239页。
⑦ 转引自刘艳绒、江娜《朱舜水对日本文化的影响》，载于《语文学刊》2014年第11期，第72页。
⑧ 钱穆：《读〈朱舜水〉》，载于《中国学术思想史论丛》，安徽教育出版社2004年版，第17页。

本学者石原道博综合前人的观点,认为,"如果先说结论,那么朱舜水的学问……应当被视为介乎阳明学和朱子学之间的实学,其学风,规避空论而重视对根本道理的探求"。① 韩东育教授在对石原道博的"实理实学"界定肯定的基础上进一步指出:"……舜水思想乃介乎王阳明'尊德性'和朱子'道问学'之间的说法,却因为失之笼统而只得舜水思想的感觉而未得其实质。""舜水之学中虽不乏朱子学和阳明学的各自成分,但究其实,却既非朱子学也非阳明学。"② 梁容若教授总结道:"舜水的学术,尊王贱霸,排斥异端,主张清议,重礼仪,尚实用。谓忠孝不可分,学问事功不可分,敬神崇儒,重节义,明廉耻,欲合日本神道与儒学为一。"③

实学还表现在儒学思想的运用上。儒学思想应活学活用,并且应把握儒学核心思想,否则,是为俗儒之学,"俗儒虚张声势,空驰高远,必谓舍本逐末,沿流失源"④,抓不住问题中心,高谈阔论,泛泛而谈。可想而知,不能解决实际问题,则空谈误国。知识的学习近里着己、为后人学习提供方法原则便好,无须故弄玄虚,无病呻吟,而最终得不到真正的儒学精华。所以,朱舜水提倡:"不佞但要贤契知向学之方,推之政治而有准,使后人知学之道,在于近里着己,有益于天下国家,不在乎纯弄虚脾,捕风捉影。若夫窃儒之名,乱儒之实,使日本终不知儒者之道,而为俗子诋排,则罪人也。"⑤ 实际上,朱舜水强调的是学以致用,学习儒学真正的精华。

至于道德的实践性,须以史为镜,向历朝历代为社会道德发展做出杰出贡献的有嘉言善行的人物学习。否则,会出现是非不分,黑白颠倒,或者做出好意办坏事的事情。朱舜水认为:"至于植德之基,要在多识前言往行。不然,则执非是者以为是,举非义者以为义,差

---

① 转引自赵汀阳主编《年度学术2007:"治与乱"》,中国人民大学出版社2007年版,第276页。
② 同上。
③ 梁容若:《中日文化交流史论》,商务印书馆1985年版,第14页。
④ (明)朱舜水著,朱谦之整理:《朱舜水集》,中华书局1981年版,第274页。
⑤ 同上。

之毫厘，谬以千里。"① 从某种意义上说，这里虽然主要说明重史的重要性，但是，立德之基是前人的经验，也就是说，道德建设需要借鉴参考古人的行为方式。如章学诚所说："浙东之学，通经服古，绝不空言德性。"② 明道立德，则理直气壮，凝神气固。否则，难以服众。朱舜水在《贺源光国四十寿序》中说："德不立，则众难塞胸，足将进也，或牵之而趑趄，或惑之而嗫嚅，则气馁而不得强。道则明，德既立，所谓直养无害，至大至刚之时也，则声色货礼，举不足以摇乎外，是非毁誉，举不足以怵其中，谁得而扰之也哉？"③ 不过，古人立德的行为方式一般是乐善好施不留姓名，而朱舜水认为当时立德行善则有形式上的高调或带有更多目的性。当然，朱舜水所谈的"前言往行"的立德并没有说清楚"高调性"或"目的性"的"德"是否也是立德之基。也许是历史的局限性所致。

先王之道即孔子之道，这里主要指的是治国之道——修身齐家治国平天下。在朱舜水看来，"上公元侯、大夫君子，果能知先王之道之为美，修而明之、力而行之、作而兴之、威而惩之，则政治自善而风物聿新；洪水平而鸟兽之害人者消，圣教明而异端之害民者亦消，又何待于除之而后去哉！此非和阳五山、京师五山能遗臭流毒巢穴而蓁塞之，是乃主持政务者之过也"。④

读书之人，要能讲真话，做真事，忌讳包庇或因为利益关系而违心。可是，当时有独到见解而说真话者少，富贵者讳病较多。分析原因，是因为受其周边环境以及自身利益关系影响较大。正所谓近朱者赤，近墨者黑。奉承艳媚、敷衍趋势者充斥着整个社会。利益者受恩惠而违心说事，有污点、无业绩者却被赞功勋卓著等。如朱舜水所言："软熟谐媚，奔走趋跄者已耳！大者希其恩泽，小者资其衣食，导之非僻，诱其邪淫，以为悦。无美而誉之，有恶而饰之，以为功。

---

① （明）朱舜水著，朱谦之整理：《朱舜水集》，中华书局1981年版，第268页。
② 同上书，第6页。
③ 同上书，第478—479页。
④ 同上书，第312页。

父母又敦体而难于责善,则有过而不得闻,日流于污下矣。"① 对于朱舜水的论述言辞,冷静思考,不无道理,有较多反思之处。朱舜水即便是异客他乡,也还是保持着说真话的秉性,此高贵品质实在难得。朱舜水认为:"不佞之道,不用则卷而自藏耳。万一世能大用之,自能使子孝臣忠,时和年登,政治还醇,风物归厚,绝不区区争门于口角之间。"② 这也说明朱舜水的实理实学思想能够随时格物致知,随时能为江山社稷、平民百姓所用。可以说,朱舜水的思想简明、朴素、实用,令人耳目一新,启思益智。

中国社会科学院哲学研究所研究员衷尔矩对朱舜水的实理实学思想给予肯定,对宋明理学脱离实际的批判也表示赞同,但衷尔矩进一步说道:"无论理学还是心学,都是学术思想史上的一个环节,且应看到他们对先秦儒学之丰富发展的一方面。把明亡全归咎于理学、心学之空谈,亦不为公允之论。又为强调实学实用,至说'作诗作赋,无益于世道人心',其偏颇处显而易见。"③ 笔者基本认同衷尔矩的观点。因为实理实学的实践性,在特定的历史时期能够发挥重要作用,但是这种作用不是决定性作用。明朝灭亡,并不是没有践行实理实学而导致的,而是内外因结合如政治腐败、统治思想僵化、鱼肉百姓、天灾人祸等所致。实际上,朱舜水的思想明显偏激之处是为强调实理实学,而否定诗词歌赋的作用。

(二) 为国为民的朴素唯物主义的文章写作思想

文章之意在于匡正辅助,行正统思想礼教,须要合乎义,合乎礼,合乎情,不能媚悦于某个体。朱舜水认为:"文章匡翼世教,必使宜乎义,合乎礼,协乎万人之情,非徒以媚悦一二人而已。甚不可

---

① (明)朱舜水著,朱谦之整理:《朱舜水集》,中华书局1981年版,第280页。
② 同上书,第698页。
③ 衷尔矩:《朱之瑜:日本德川时代实学之先驱》,载于《朱舜水与日本文化》,人民出版社2003年版,第185页。

以苟焉，况乎镌之金石者！"① 这体现出朱舜水的民本思想，当然，它的民本思想是建立在统治阶级的立场上。他认为文章要为统治阶级服务，匡正辅助统治阶级统治人民、教化人民。这是朱舜水文章的写作思想，也是指导思想。

文章写得工不工整，取决于个人的才思学力，不可以勉强，但要使其行文规范、有事实依据。否则，如同韩愈所作碑、志、表、铭等不问逝者功绩人品、身份出处如何，一概以溢美之词示之而留下笑柄。他说："韩文公作碑、志、表、铭，识者诋为谀墓之辞，岂非昌黎之一玷。愚意使后之人非之，不若使今之人讥之。又称谓者题之于石，愚智之人未读碑，先看题，举目见之，更当斟酌。"② 言下之意是，文章写作要实事求是，不能词藻华丽，言而不实。墓志铭当然要实事求是，以对逝者作一个客观评价，这是对逝者的尊重，也是给后人一个交代。所以说，称谓不易太高，也不易卑贱。高者谄，卑者傲。谄傲之词都不可选，需裁之。

文章之可贵在于格局高雅，立意明确，内容要融会贯通。文章之要务是关乎社会实践的世道人心，而非雍容华贵的措辞造句。否则，如春园之花，鲜艳而易凋谢。朱舜水认为："文章之贵，立格立意，练气练神。常山之蛇，处处皆应，节节俱灵，真文之神品也。若踞高山绝顶，俯瞰万物，则遣辞命意，自然超旷。而其要务使有关于世道人心，虽小小题亦自有独到之识，出人虑表，乃为可贵耳。若止于擒词绘句，虽复脍炙人口，正如春苑之华，鲜妍宜谢，况复有不及此者乎？"③ 清朝著名文学家刘熙载也认为："文以识为主，认题立意，非识之高卓精审，无以中要。才、学、识三长，识为尤重，岂独作史然耶。"④ 文章字句内容要有历史传承性，须与经史古文相统一，但也不可主观臆造，应具有自己的写作风格。如果模仿某人，则为人笑

---

① （明）朱舜水著，朱谦之整理：《朱舜水集》，中华书局1981年版，第205页。
② 同上。
③ 同上书，第298页。
④ （清）刘熙载：《艺概》，上海古籍出版社1978年版，第54页。

话。朱舜水强调:"为文务使字字句句,俱从经史古文中来,而又不见其痕迹;水乳相和,一气冲融,如蜂之酿蜜,蜜成不复辨其为何花之英也。至能自开手眼,则六经皆供我驱策矣。或谓摹某人某作,仿某人某句,大为可笑。佳作路头醇正,气势充沛,辞意雅驯,……展览终卷,喜悦不可言。"①

朱舜水认为,文章写作,应以气骨格局为主,追根溯源应以先秦、两汉为根宗,融合陆贽、韩愈等人的思想精髓,这样,文章自然有骨气。否则,文章的气韵与风格会不高,文章的神采也有欠缺。因而,读书写文章,以四书、六经为根本,佐之以左、国、史,而润色以古文。朱舜水说:"作文以气骨格局为主,当以先秦、两汉为宗,不然气格不高,不贵,不古,不雅,参以陆宣公、韩、柳、欧、苏,则文章自然有骨气,有见解,有波澜,有跌宕,有神采。"② 当然,学习前人,不能照单全收,而要有所选择,须取其精华,弃其糟粕。写文章的根本是人的心灵,心正则文正。"若夫心不端灵,作文固是浮华,读书也成理障。如王莽、王安石、周礼、周官,祸是不小。"③ 所以,朱舜水认为,文章要高雅,熟读先秦、两汉之书很是必要,会使文章古奥精致。

文章写作用句要与经史有渊源,一句一字都不能杜撰,否则句法、字法都不得要领。文章应首尾呼应,灵活多变,字句灵动。朱舜水在回答中村玄真关于文章写作的疑问时说道:"作文者,句句字字俱要从经史中来,著一句杜撰句法不得,著一字杜撰字法不得。圆滑而非熟,新秀而不生,则佳矣。若其中见理明,主意大,前后首尾如常山之蛇,系首尾应,系尾首应,节节相生,字字灵动,则文之极致也。"④ 还说,"文章虽一句两句,以至长江大河,皆当从经、史、古

---

① (明)朱舜水著,朱谦之整理:《朱舜水集》,中华书局1981年版,第298—299页。
② 同上书,第368页。
③ 同上。
④ 同上书,第402页。

文中来，必不可用凑泊及自杜撰字语填塞"。①

　　文章写作，须简洁明了，精雕细琢，重点突出，不能冗长拖沓。朱舜水在给野节的书信中说："勉亭兄碑文，昨日聊且草就，计字有贰千五百，或嫌过多。然首尾俱此文吃紧处，不可删。惟中间入事实处，有壹千三四百，太冗长，且多是寻常事；但推学士之意，似欲尽入为快，又不敢过简。"② 当然，文章核心部分，还需详略得当。至于无关紧要处，尽量言简意赅。"文章得力在几句，或一段，多者两段。其铺叙处，本非切要。若几句肯綮，便有千钧之力，或止在掉尾一句。若以家常茶饭，平平铺叙，不足以发起光，适足以掩其美。但俗人耳目，不可以文章立格立意处家至户说……要使后人无非议，更不可苟。"③ 也就是说，文章画龙点睛之处在于关键几句话，书写于要害或关键处便可，无须用华丽辞藻、溢美之词修饰，但也不能马虎行事。文章中的每一个字都要尽力推敲，能做到无一闲字，而且意趣充沛，该文章则为上品。朱舜水在寄给安东守约的书信中关于文章的写作这样说道："文字有增不得一字，减不得一处。所谓鹤颈虽长，断之则悲；鸭颈虽短，续之则忧也。"④ 朱舜水在评论《曾巩墨池记》时写道："文止二百七十字。而句句灵，句句转，便有层峦叠嶂、烟波浩淼之制。篇中无一闲字，意致自足。……可见古人作文精细处。"⑤ 如果文章类似家常谈话一般平铺直叙，那么，文章的亮点和美妙之处就会被掩盖。应如孔子所言，"质胜文则野，文胜质则史。文质彬彬，然后君子"。所以，"佳作愈读愈觉津津有味，可见理胜之文，大胜他人词致美好也"。⑥ 当然，写作文章的目的是传情达意，清晰地传递传播者的意图，使得受众准确解码，尽可能使编码和解码保持一致。

---

① （明）朱舜水著，朱谦之整理：《朱舜水集》，中华书局1981年版，第412页。
② 同上书，第217—218页。
③ 同上书，第227页。
④ 徐兴庆编著：《新订朱舜水集补遗》，台北：台大出版中心2004年版，第278页。
⑤ （明）朱舜水著，朱谦之整理：《朱舜水集》，中华书局1981年版，第549页。
⑥ 同上书，第228页。

第三章 朱舜水思想构建的理论基础和传播

朱舜水对文章的写作方法及形式内容也进行了论述。形式上，要承转启合，首尾呼应。文恭尝曰："读书有三到，曰心到、口到、眼到。""作文有顿、承、应、结、伏、呼、启、转等法。"① 内容上，需刚劲有力，雄壮古雅，所持观点主张可超脱而无拘束。他说："作文雄壮古雅，持论逸宕，笔翰如流，随手文章。"② 用词用句上，忌讳用方言奇字，艰涩生僻、拗口难懂之词。朱舜水说："作文不宜用方言奇字，屈平、扬雄，终不得垮于经也。佶屈聱牙，以文其浅陋，岂是大手笔？"③ 文章写作，应根据题目立意，把握宏观布局，跌伏起宕应有规律可循，并且一气呵成。"凡作文，宜相题立意，先使规模大定，中间起伏布置，要有法有情。一篇脉络，要使一气。若继续不惯，先后倒置，虽文词秀丽，亦不入格。"④ 对于文章题目的用字，朱舜水也有自己的见地——字字都要恰到好处，有力且朗读响亮。"题目中字字俱要安顿。有大力者，索性将题目掀翻，另出议论，此又是一格。字义俱要的确。若字义不明，读时不解，用处便错。文字最难是单刀直入，然直须要有力，一声便要喝得响亮。"⑤

朱舜水认为要写好文章，需要熟读经史书，内练基本功，下笔就自然流畅。还有，不能为写文章而写文章。朱舜水对门人弟子说："大凡作文须本六经，佐以子、史，而润泽之以古文。内既充溢，则下笔自然凑泊，不斯文而自文。若有意为文，便非文章之至也。"⑥ 李大钊评其为："故自作文古雅，逸宕成章。"⑦ 朱舜水还强调，写好作文一要博学，二要将所学知识通过作文方式表达出来。他在回答安东守约提问时说："身既修矣，必博学以实之；学既博矣，必作文以

---

① （明）朱舜水著，朱谦之整理：《朱舜水集》，中华书局1981年版，第626页。
② 同上书，第624页。
③ 同上书，第299页。
④ 同上书，第402页。
⑤ 同上。
⑥ 同上书，第624页。
⑦ 李大钊：《朱舜水之海天鸿爪》，载于《言治》月刊第1年第1期，1913年4月1日，第87页。

明之。不读书,则必不能作为;不能作文,虽学富五车,忠如比干,孝如伯奇、曾参,亦冥冥没没而已!故作文为第二义。"① 他认为书写文章所用文字宜古不宜今,但关键是作者学习要能消化,如同所食美味佳肴,通过消化系统转化为身体营养才是有用。否则,会"欠清爽、欠有意致"。另外,文章写作不能臆造虚构,不能抄袭,不能东拼西凑,应自成格局。朱舜水评价自己的文章道:"不佞文字无甚佳致,只是一字不杜撰,一字不落套,一字不剿袭他人唾余。信手作百篇,其间格局句语,少有同者而已。更长短俱成格局,无有潦草涂塞,勉强凑搭之病。"② 可以看出,朱舜水对自己的文章要求严格、态度认真。即便文章百篇,也少有雷同格局,也不会潦草应付。这说明朱舜水治学严谨,思想独立,学术素养高。

朱舜水认为文言措辞须严谨。作为学者,言行需谨慎,需三思而后行,否则,会留人口舌成为话柄,对其一生产生影响。朱舜水与安东守约书信时谈道:"陈太丘云:'文为世范,行为士则。'君子一言不智,丧其终身。韩文公泰山北斗之望,祇以大胆点著书,稍欠谨慎,至今为学士大夫口实,并其大者失之,况万万不及文公者乎。"③ 而且言行要一致,要有道德上的自我约束力和自律性。己所不欲,勿施于人。"不佞于言行之间,但知内不欺己,外不欺人,行而不言者有之矣,未有能言而不能行者也。"④ 朱舜水做人做事,言行一致,严格要求自己。即便是生病时,落笔文章也慎之又慎。担心"一时落笔偶误,不然则传说者之讹也"⑤ 而造成不良影响。不过,朱舜水认为自己过于庄重、严肃,不容亲近,又不能自化改之,每每因此而被诟病,这也是一种缺点。如曾子所言:"狎甚则相简,庄甚则不亲,是故君子之狎足以交欢,其庄足以成礼。"

---

① (明)朱舜水著,朱谦之整理:《朱舜水集》,中华书局1981年版,第394页。
② 同上书,第399页。
③ 同上书,第177页。
④ 同上书,第179页。
⑤ 同上书,第180页。

朱舜水对文章写作一是强调事实性。写文章不能无病呻吟,应以事实资料为依据。二是强调历史性。文章写作要有历史出处,不能主观杜撰。三是写作者用言须谨慎,不可随意为之,以免为后人诟病。就朱舜水的言论来看,文章写作方面,他恪守古训,尊重事实,言简意明。

(三) 大义名分的史学思想

朱舜水认为:"经简而史明,经深而史实,经远而史近……得之史而求之经,亦下学而上达耳。"[①] 在史观方面,朱舜水严格遵循大义名分,提倡修史应该以惩恶扬善为根本,即便是受德川光国之邀寄居水户,他在修史上也绝不松懈,他严厉批评德川光国所作的《常陆国志》,认为其修史理念存在一定误区:善恶大义不清晰、立场不够明确。朱舜水史学的思想在德川光国亲自主持编修完成纪传体通史《大日本史》的过程中起了重要的指导作用。《大日本史》的编撰指导思想体现了劝恶扬善的儒家思想。朱舜水为日本培养了大量史学人才。

在教育教学过程中,注重史学教育。朱舜水在《与奥村庸礼书二十二首》中说道:"若欲希踪往哲,自求出类,非学古岂能有获哉?"[②] 不过,对于读经史书,他认为:"讲周易、左传、纲鉴,烦劳极矣,咬菜之躯,堪之乎?"[③] 说明这些经书不便于阅读,但适合于解释经义,即"左传合经者宜于解经,不便于读"。在朱舜水看来,因经义简奥难明,读经容易厌倦。但是,读史能够通晓事理,通览世情,则义理渐通。所以,朱舜水很看重史学的学习。他对奥村庸礼说:"资治通鉴文义肤浅,读之易晓,而于事情又近,日读一卷半卷,他日于事理吻合,世情通透,必喜而好之,愈好愈有

---

① (明) 朱舜水著,朱谦之整理:《朱舜水集》,中华书局1981年版,第274页。
② 同上书,第257页。
③ 同上书,第192页。

味,执此而《国语》,而《左传》,皆史也,则义理渐通矣。"① 对于中年学者,朱舜水建议他们先读史后读经,亦可下学而上达,实实有益。

日本学者北乡康认为:"舜水与多位中国的历史学者不同,他立足于纵观时代观点的道德主义,并非纳入交替思考范畴的道德主义,是绝对的道德至上主义、人伦最高主义者。"②

三 朱舜水在日礼遇考论

海登和米斯切尔的研究表明,人对他所尊敬的或喜欢的人,会给予较多的注意。朱舜水深受德川家族、弟子以及日本人民的爱戴。现保存于德川家族历代墓地瑞龙山内(今茨城县常陆太田市)的朱舜水墓有专人保护(2011年3月11日东日本大地震后,墓本身完好如初,但周边有土崩,2016年6月已全部修复,目前无人看管)。他逝世之地即东京大学农学部内立有"朱舜水先生终焉之地"的碑石。其坟墓建制依朱舜水遗嘱按照明朝坟墓样式建造。李甦平教授对朱舜水的墓地进行了描述:朱舜水逝后受到了德川家族极高的礼遇,"瑞龙山风景极幽,平民不得葬此。入山百步余,为德川光国的衣冠冢;再上坡二十余级,为光国暨配夫人之墓;左折而东百步余,即为朱舜水之墓。四周乔木,中有石台,台前立石碑,高75公分,厚25公分;正面为光国亲题隶书'明征君子朱子墓',两侧碑阴,即安积觉所刊之文;墓前左右有石片对立,如中土照门;旁有土坟起,半环如脊,仿佛护龙;墓道西向,据说是当时为遵舜水遗嘱而特意安排的,殆不忘中土之意,以显逝者之心"。③ 由此可见,朱舜水墓地环境幽

---

① (明)朱舜水著,朱谦之整理:《朱舜水集》,中华书局1981年版,第256—257页。

② 北乡康:《朱舜水的史学思想》,载于《水户史学·第4号》,东京:吉川弘文馆1976年版,第24—30页。

③ 李甦平:《朱舜水》,云南教育出版社2009年版,第144页。

美，并依照他的遗愿而建，他是德川家族墓地中，是唯一一位外族逝者，这说明朱舜水得到德川家族的身份认同①和价值认同。当然，对于朱舜水来说，这是社会身份、法理和道义上的认同，而是否有文化意义上和心理意义上的认同，还有待商榷。如同吴飞教授所言："我是杭州人吗？从法律意义上说，是；但从文化意义上说，不是，因为那里不是我'文化意义上的家园'。"②

1912年，朱景彝所撰《日本瑞龙山展墓记》一文中有关于朱舜水在日本遗存的记载："下山至庄，庄有库藏水户家历代遗物，伊藤君捧示义公手书。公（指舜水）之神主，则分内外两层：外题'大明征士朱舜水谥文恭先生之神主'，内题'大明故舜水朱讳某鲁屿神主'，左右题生卒年月，外加黑漆椟，一如中国式，复以木棉里藏。于木雕之神堂，有木像一躯，高可三尺，汉装盘膝坐，头戴处士巾，巾质似中国真青线绉，已破旧。伊藤君云：'伊藤以义公书寿藏碑见贻……粟田勤君……历述舜水公当时遗事。'道观水户文库有等善中村所绘画像，面有七痣，衣冠一如木像。并公所遗书籍不少，丹黄满月，皆公手泽，左一库藏有文庙殿庑木雕模型，及簠簋笾豆各祭器，为当时义公倡兴文教礼乐祭器，皆公手定范型，以示匠人，二百五十年木色如新，一无损坏，其保存可谓至矣。"③ 从"二百五十年木色如新，一无损坏，

---

① 张淑华、李海莹和刘芳认为身份认同有以下特征：第一，身份认同是由主观认同和客观认同组成的，它包括人们在主观上意识到的认同，和体现并显示人的社会认同的某些客观的特征、标识码和符号（如身份证、护照等）。第二，身份认同是一个复杂的心理结构，在表层上是人们显而易见的行为模式，在中层上是个体对同类群体的共同性的认知和对自我身份的觉察，在深层上是有关身份所带来的情感体验。第三，身份认同是对自己所归属群体的共同性与其他群体的差异性的认知。第四，身份认同具有社会属性。身份认同是社会的产物，一方面社会赋予个体身份的意义，另一方面身份认同需在社会中逐渐建构、完善。第五，身份认同具有交融性。同一时期，个体可以在不同场合产生不同的身份认同。（张淑华、李海莹、刘芳：《身份认同研究综述》，载于《心理研究》2012年第5期，第22页）

② 吴飞：《重建巴比伦塔：吴飞谈传播学的想象力》，首都经济贸易大学出版社2014年版，第215页。

③ 邵苇水编：《余姚三哲纪念集》，余姚县立民众教育馆1935年编印，第193—194页。

其保存可谓至矣"的这句话，就足可看出日本人民对朱舜水的敬重和礼遇了。几百年来，日本人依然供奉朱舜水的木雕遗像，并且勤擦塑像，照顾如舜水在世。一般而言，除了日本国民本身就有的干净清洁的特性之外，更多的是对朱舜水的礼遇和对历史的尊重。

德川光国为朱舜水建文恭祠堂于驹笼庄并亲自书写悼文，该祠堂因火灾被烧毁之时，朱舜水的弟子服部其衷冲入火海取出他的牌位，此牌位也是德川光国亲自书写朱舜水名字的牌位。1702年，在安积觉的请求和努力下，该祠堂得以重建。日本宽政时期，彰考官史馆人员在祠堂周边栽植樱花，以表达对朱舜水的怀念，这也是对义公（德川光国）的缅怀。①"肃公乃命建祠于水城西，又请置主祭，岁时荐享，祠之不废，以觉之中肯也。"② 1807年，彰考馆总裁青山延于（1776—1843）建言，为了发展、扩大学校规模，将祠堂作为青少年的修学场所，但最终没有实现。不过，后期史馆编修、水户藩天保改革派中心人物藤田东湖（1806—1855）在每月的二日和七日于舜水祠堂开讲"小学"和"论语"，祠堂一直到朱舜水逝后的145年都持续发挥着教育作用。③ 用徐兴庆教授的话说：完成朱舜水心愿的同时，在祠堂释讲也是有特别意义的。

此外，德川光国还为朱舜水在水户建造"三镜堂"别庄。据人见传所撰《舜水墨谈》记载："水户相公之别庄在本乡（即水户），相公为翁（舜水）筑馆于森林之间，授园圃数亩，翁栽花竹种美草以乐之，匾曰'三镜'。"此别庄环境优美，清静优雅，正适合朱舜水清静无为的思想境界。

据光绪二十五年修《余姚县志》卷二十三"朱之瑜"记载："上自列国之君，下逮承学之士，皆待以宾师，执贽恐后。生事死葬，至

---

① 木下英明：《朱舜水和彰考馆的史臣们》，载于《〈水户史学〉第三八号》，1993年版，第13页。
② （明）朱舜水著，朱谦之整理：《朱舜水集》，中华书局1981年版，第823页。
③ 徐兴庆：《"西山隐士"七〇年的岁月——德川光国的学问、思想形成及文化遗产》，载于《日本思想史》2014年第81号，第5页。

敬尽礼,不仅如鲁缪、齐宣之于思、孟。至今尸为乐祖,俎豆不祧。"① 现今的日本教科书仍记载有他的相关事迹,可见德川家族及其弟子对先生的尊崇。对朱舜水高规格的礼遇正如安东守约在《答朱先生孙天生》信中所言:"生则承水户上公之礼待,没则享祭于宗庙,天之福于可观焉。"② 他还题诗赞道:"远避胡尘来海东,凛然节出鲁连雄。励忠仗义仁人事,就利求安众俗同。昔日名题九天上,多年身落四边中。鹏程好去图恢复,舟楫今乘万里风!"③

(一)行隆重礼节

朱舜水在日本受到特别礼遇,一是敬重,二是被照顾有加。用民国作家许啸天的话说,日本人应该感谢先生的:"先生拿中国的礼教去教导日本人,使日本人注意汉学,深受先生的人格感化,直到如今,日本人受了我们大陆国的教化,又受到舜水强毅人格的感化,而有今日蹈厉的一天,这是日本人应该感激先生的。"④ 朱舜水去拜见奥村庸礼,得到奥村庸礼非常隆重的接待,奥村率家人于门口处迎接朱舜水,并亲自将糕点呈奉给朱舜水而不差遣家丁。据《与吉弘元常书十五首》记载:"初三日,某往拜奥村因幡。其子其婿迎接大门之内滴水,因幡展履于玄关下滴水之外,导而入。交礼毕,其婿及其子,以次交礼。交礼之后,因幡两手据席不起,谈议之间,亦必半为俯偻。直至毕席,皆然。身自举案,进馔进菜,身自捧递者三四。其余食饮,皆其子其婿执事。仆从甚多,罗列两旁,每事必身亲为之。再三辞之,不获。临别勤勤致谢,送于大门之外。其子其婿,两手安地,礼甚恭。次早父子三人,冒雨来谢,各送大刀折纸。着履于深泥

---

① (明)朱舜水著,朱谦之整理:《朱舜水集》,中华书局1981年版,第641页。
② 同上书,第760页。
③ 《朱舜水与安东守约》,载于《朱舜水纪念会刊》,东京:神田印刷所1912年版,第91页。
④ 许啸天整理:《清初五大师集(卷四)·朱舜水集》,知识产权出版社2012年版,第2页。

之中，跋涉甚难。"① 朱舜水为此甚为感动，认为这行的是对宰相德川光国的礼节。

朱舜水在同友人、弟子的书信中，经常会谈到受到高规格的礼遇。虽然朱舜水没有具体说明是如何隆重的礼节，但从他的文章书信的字里行间能够体会到受尊重的程度。朱舜水在《答王师吉书》中说道："近者，上公（德川光国）礼待日益隆重。今年正月以来，赐肩舆直入朝中。二月间，弟下体患一肿毒。上公亲临视疾，事事周挚；使命馈遗络绎于道，诸卿大夫无不亲来视问。半月之间，上卿有视问八次者。"② 朱舜水自己也多次表示歉意，"吾籍上公眷顾，孤踪海外，得养志守节，而保明室衣冠，感莫大焉！吾祖宗坟墓，久为发掘，每念及此，五内惨烈。若丰屋而安居，岂我志乎？"③ 朱舜水对小宅生顺谈道："一见以来，礼意日隆，情又日备。"④ 信中又说："幸蒙樾荫，许得留止贵邦，全忠臣孝子之节。非独有大造于仆，远近莫不闻知，亦所以章贵国之明于大义也。"⑤

弟子安积觉晚年诫其子孙说："舜水先生自书《缘由》一卷，及小李将军画轴，义公自镌'朱舜水遗物也'六字押印及紫檀笔筒，皆是朱先生殁后义公所赐者，皆藏而实护之。凡我子孙当敬之如神明，其或沦落遗失者，非吾子孙。"⑥ 可见，安积觉对恩师朱舜水非常仰重。

当然，朱舜水在日本受到隆重礼遇，也经历了一个渐变过程。德川光国等人一开始对朱舜水的态度是不温不火，对招他为宾师的礼聘之事，似乎也没有太为在意，而朱舜水也心怀不悦。他在书信中对安东守约说："不佞之事（礼聘之事），以来冬为期，若仍寥落如故，

---

① （明）朱舜水著，朱谦之整理：《朱舜水集》，中华书局1981年版，第290页。
② 同上书，第50页。
③ 同上书，第643页。
④ 徐兴庆编著：《朱舜水集补遗》，台北：学生书局1992年版，第66页。
⑤ （明）朱舜水著，朱谦之整理：《朱舜水集》，中华书局1981年版，第311页。
⑥ 李甦平：《朱舜水》，云南教育出版社2009年版，第129页。

至丙午春便杜门不出。"① 此外，从朱舜水所言"上公之礼日隆"也可看出，德川光国等人对朱舜水态度的变化。

（二）生活细节上关怀

德川光国礼待朱舜水非同寻常。德川光国每次驾车路过先生的住处，在离门口几十步的地方便要下车下马，表示对他的敬意。在朱舜水生病期间，德川光国亲自并差使所有家老、重臣登门慰问探望。而且，在朱舜水身体每况愈下之时，德川光国不断登门询问他的身体情况，关怀备至。朱舜水自1665年赴江户讲学之后，一直罹患肿毒，轻则数日，重则数月方可愈合。1673年夏天，朱舜水不慎染病，终夜呕吐咳喘，汗流如雨，粥米不进，软弱无力。此时他受到日本友人及弟子细心照料，其弟子服部其衷问寒问暖一直到他痊愈。这一礼遇在当时学者中间成为美谈。德川光国善解人意，为了让朱舜水晚年有个愉悦的心情，少一些思亲心切的愁绪，试图接他的一个孙子来陪伴他。朱舜水在《答王师吉书》中有这样一句话："上公谕令接取小孙来此；若得一可意者，晚景少为愉悦，稍解离忧耳。"② 因多种缘由，最终没有成功。不过，德川光国并没有放弃用其他方法来安慰朱舜水，他有意邀请志同道合之人如心越禅师来江户看望朱舜水。"又一儒一僧得于江户之水水户藩别邸相逢，实乃德川光国巧思之安排也。"③ 这足可表明德川光国对朱舜水的敬重。德川光国被比喻为："魏文侯礼遇卜子夏、田子方和段木干。"④

据《清史稿·卷五〇五遗逸传二八六朱之瑜》一文记载："日人重之瑜，礼养倍至，特于寿日设养老之礼，奉几杖以祝。又为制明室衣冠使服之，并欲为起居。"⑤ 朱舜水70岁生日当天，在他不知情的

---

① 徐兴庆编著：《朱舜水集补遗》，台北：学生书局1992年版，第10页。
② （明）朱舜水著，朱谦之整理：《朱舜水集》，中华书局1981年版，第50页。
③ 徐兴庆编著：《新订朱舜水集补遗》，台北：台大出版中心2004年版，第320页。
④ 朱舜水纪念会编，《朱舜水》，东京：朱舜水纪念会事务所1912年版，第13页。
⑤ （明）朱舜水著，朱谦之整理：《朱舜水集》，中华书局1981年版，第643页。

情况下，德川光国将建好的后乐园赠予他，据梁启超所著《朱舜水先生年谱》记载："十一月十二日，先生诞辰。源光国行养老之礼，飨先生于后乐园，亲授几杖，竭诚尽敬。十六日亲临其第，酒肴币帛，礼接稠叠。特制屏风画汉、倭先哲年高德劭者六人——太公望、桓荣、文彦博、武内宿祢、藤原在衡、藤原俊成，以介遐寿。"①"十一月十二日，先生八十岁生日。源光国又行养老礼。前一日亲造第庆祝，奉以羊裘、鸠杖、龟鹤屏等二十品。……其日，光国命奏古乐以乐之。"②

（三）逝世后的缅怀

朱舜水逝世后，德川光国和朱舜水的弟子以及后世民众以不同形式缅怀朱舜水。葬礼上，德川光国率其世子纲条及朝廷官员、朱舜水弟子参谒其葬礼。在每年的朱舜水忌日，德川光国都要亲自举行祭礼，并书写祭文，高度赞扬朱舜水的德行和功绩，赞其为："韬光晦迹，德必有邻。天下所仰，众星拱辰。既见既遘，真希世人。温然其声，俨然其身。威容堂堂，文质彬彬。学贯古今，思出风尘。道德循备，家保国珍。函丈师事，恭礼夤宾……"③德川光国还委派当时著名雕刻名匠给朱舜水雕塑了等身雕像，形象栩栩如生。日本学者稻叶君山认为："这不仅是表彰义公（德川光国）的遗迹，更是作为我们日本人先辈留下的记念物，这是作为国宝保存，又是作为东洋文化遗物之一而名扬四方。"④弟子安东守约书写祭文深刻缅怀："呜呼哀哉！秉仁仗义，特征不就，高尚其事。……矫矫云鸿，不染腥膻……守礼不屈，凛凛树节。……诱掖谆恳，教爱亲切；稍解絜矱，许以知己。经史奥义，命面提耳；雨雪之晨、风月之夕。醉酒饱德，情意共适。呜呼先生！质性刚毅；以诚为本，一生不伪。德贯天人，学极古

---

① （明）朱舜水著，朱谦之整理：《朱舜水集》，中华书局1981年版，第714页。
② 同上书，第723页。
③ 同上书，第726页。
④ 朱舜水纪念会编：《朱舜水》，东京：朱舜水纪念会事务所1912年版，第47页。

今；洙、泗、伊、洛，继统惟深。其接人也，容貌粹温；于和乐中，有恭敬存。其作文也，辞义典雅；顷刻成篇，足服班、马。猗嗟若人，邦家宝也！……我得其知遇，天也，亦神助也，千百世而一相遇者也。恩如父子，岂非族之云乎？"① 安积觉在《祭朱文恭先生文〈代言〉》赞许道："先生之文如长江之一泻千里，先生之节如孤峰之特立万仞，而其德教之熏陶士庶，如雨露之涵濡润泽；操守之卓越古今，如日星之灿烂彪炳。其有功于民生彝伦，莫知其然而然也。"② 并在《祭文恭朱先生墓文》中写道："能存冠裳之故，不染腥膻之俗，处身既善，而志则有。……而启发之功备至。学则溥溥渊泉，行则严毅方正，才则黼黻经纶，文则布帛菽粟，罕见其俦，孰能与之！"③ 安东守约在《悼朱先生文》（《省庵遗迹》卷七）中写道："天和二年（1862）秋七月，今井氏书至曰：四月十七日，朱先生易箦。门生守约，愁绝哭擗，谨置灵座，设魂帛，挥泪告之……"

安东守约在朱舜水逝世5年后，还经常梦见先生，每次梦见都是泪湿枕头，有感先生之灵充盈于天地间，为追思恩师还撰写《梦朱先生》的诗文："泉下思吾否，灵魂入梦频。坚持鲁连操，实得伯夷仁。没受庙堂祭，生为席上珍。精诚充宇宙，道德合天人。"④ 明朝东渡日本的东皋心越禅师（1639—1695）即朱舜水的朋友撰诗悼念道："驀地相逢喜故知，死归生寄不须疑。怜君只是孤身客，事到头来我亦悲。"⑤ 水户派学者、彰考馆总裁青山延于为纪念朱舜水在《舜水先生祠堂植樱树记》中写道："唯先生则不然，感慨奋激，以图兴复。其在安南，交白刃身之不屈，其大节凛凛严霜烈日之若。其大节凛凛若严霜烈日，事虽不成，先生之忠义大节必将被世，则天下

---

① （明）朱舜水著，朱谦之整理：《朱舜水集》，中华书局1981年版，第731—734页。
② 同上书，第742页。
③ 同上书，第743页。
④ 安东省庵纪念会编：《省庵先生遗集·卷9》，东京：安东省庵纪念会事务所1913年版，第518页。
⑤ 徐兴庆编著：《新订朱舜水集补遗》，台北：台大出版中心2004年版，第320页。

之士，其不亦有励乎，且吾党之士若赋传之、颂宣之，则先生之遗风余烈，其果有被世也。"①森俨塾在《拜舜水先生祠堂》中吟诗敬慕道："先师如在两楹前，清酌嘉蔬俎谷连。拜手鞠躬唯谨尔，八音高奏届玄天。"日本维新派诗人小野湖山在水户拜谒朱舜水墓时作诗："安危成败亦唯天，绝海求援岂偶然。一片丹心空白骨，两行哀泪洒黄泉。丰碑尚记明征士，优待曾逢国大贤。莫恨孤棺葬殊域，九州岛疆土尽腥膻。"

一直以来有关朱舜水不同形式的纪念活动陆续不断。如朱舜水死后33年（公元1715年），先是有源光国手辑《朱舜水先生文集二十八卷》问世，他在每卷官位的尊名之上，题上"门人"二字以示尊重。文集由其世子源纲条刊刻完成，他还为朱舜水文集作序，序中写道："然高举远引，誓期兴复，忠爱恻怛之诚与文谢抒节于往日者，独于我舜水先生乎见之矣。其激烈慷慨，发乎文字，炳如日星，将使读者咨嗟钦慕，不能自已焉！是其所以砥砺名节、裨补世教者，岂浅浅邪！"②明治45年6月（公元1912年），安东守约之后人安东守男和德川光国之后裔侯爵德川赖伦、伯爵德川达孝等在日本教育学会的支持下为朱舜水召开二百三十周年纪念会，刊行纪念刊。并在第一高等学校内为朱舜水竖立一块写有"朱舜水先生终焉之地"的石碑，由日本学者石川龙山书写。碑旁种有朱舜水所钟爱的樱花树数十株。这些都透露出时人对朱舜水的怀念之情。从1975年始，安东守约显彰会会为纪念安东守约和朱舜水而举行慰灵祭祀和演讲会。1976年5月，即朱舜水逝世294周年之时，常陆太田市"朱舜水遗德显彰会"在德川光国隐居地常陆太田市西山庄的不老池畔竖立"朱舜水碑"，碑面的舜水雕像由雕刻家小森邦夫所作，中间的"朱舜水碑"和两旁的"道义一贯""日中交心"的题字由书法家吉泽铁石所作，碑阴的碑文由石原道博撰写。1978年10月，在安东守约的坟墓南侧修建

---

① 名越时正：《水户学的研究·水户学集成六》，京都：神道史学会1975年版，第258页。

② （明）朱舜水著，朱谦之整理：《朱舜水集》，中华书局1981年版，第783页。

了"三忠苑"纪念园，园中东南方三根石柱分别代表安东守约、朱舜水和德川光国。20世纪90年代，日本柳州市派出代表团访问余姚、宁波和杭州等地。1981年，日本知识文化界的旅日华侨成立朱舜水遗德显彰会，并举行朱舜水逝世300周年祭。1982年，日本代表团专程来到浙江余姚，参加余姚市龙泉山建造"朱舜水先生纪念碑"的揭幕仪式。1995年10月，中日两国学者在上海和余姚举行中日"舜水学"学术研讨会；2010年11月，日本学者参加台湾大学举办的"朱舜水与东亚文明发展国际学术研讨会"。2012年11月，在余姚市举行中日"舜水学"研讨会以纪念朱舜水诞辰412周年。日本有关人士和组织纪念朱舜水的活动一直都在进行。

（四）拒绝朱舜水请辞

朱舜水83岁病逝，生命最后几年已是体弱多病。他自感老迈不堪，认为顾惜蝇头小利，已非明智之举。便请辞德川光国告老还乡，而德川光国及相关人员都予以拒绝。朱舜水在与林道荣书信时说："前年欲告辞归崎，而宰相源公厪眷不已。今春更欲再辞，而诸人识与不识皆以为不可，极力相阻，不容不从。"[①] 实际上，在70岁高龄时，朱舜水就因诸病缠身，时好时坏，而且又有其他并发症，向德川光国请辞，也没得德川光国允许。后来他在与古市务本书信中说："至十一月，欲上其书，不佞虽秘密其事，而宰相源公似已知之，每见辄言匆冗，故此书不能达。"[②] 德川光国不但不同意朱舜水请辞，还备足礼仪给朱舜水举办隆重的七十寿辰庆典。德川光国率领尾张、纪伊两家以及水户家近臣、大名、大佬酒井忠清（1624—1681）在后乐园为朱舜水举行"养老之礼"仪式，并且，制作了有太公望、桓荣、文彦博、武内宿祢、藤原在衡、藤原俊成等中日历代文人的屏风画作为祝福礼，在宴会上，还吟咏了谣曲《高砂》中的一节。而

---

① （明）朱舜水著，朱谦之整理：《朱舜水集》，中华书局1981年版，第287页。
② 同上书，第330页。

朱舜水在此情景下也吟诗向德川光国表达隐居生活的意愿："望处旗亭新构、竹里茅舍人家、引来曲径奇葩、鸿池诸白香茶。醉倒浑忘法地、波查辟易欹斜、岁暮冬衣难曲、酒钱且自赊赊。"① 另外，在寿宴上，史局总裁野传也咏诗：水哉银海豁，泛宅御秋风，以示对朱舜水的祝福。其实朱舜水本人并不同意庆寿，生日前的十多天已向诸门人告之他的意思。《与古市务本书六首》中有这样的记载："惟是源公意思胅笃，礼仪卒备，而先补预闻，不得已微情上达耳，受之十分惭惧。又且烦诸公遣贺，或以诗词歌颂，益深悚惕矣。"② 可见，德川光国对朱舜水的礼待。

（五）不直呼其名

日本宰相、水户藩藩主德川光国聘请朱舜水为宾师到江户（今东京）讲学，执弟子礼。因为对朱舜水的尊重，德川光国不敢直呼其名，只恳请朱舜水取号为名。据梁启超所著《朱舜水先生年谱》言："先生在江户时，源光国敬礼之，不敢称其字，欲得一庵、斋之号称之。"③ 许多日本著名学者、朱舜水的弟子如安东守约、山鹿素行、小宅生顺、安积觉、奥村庸礼、田止邱等都以"先生"相称。

史料和朱舜水的自述表明，朱舜水在到江户后受到特殊礼遇和接待。朱舜水的弟子，甚至德川光国等人，在"礼"的表达上无微不至。从物质到精神，从语言到行为，从大处到具体细节都面面俱到地礼待朱舜水。

四 朱舜水的学识与德行

（一）学识渊博、德行高尚

朱舜水知识渊博，学问殷实。因出身没落官僚士大夫道学之家，

---

① 关仪一郎编：《日本儒林丛书·第三卷》，东京：凤出版1978年版，第13页。
② （明）朱舜水著，朱谦之整理：《朱舜水集》，中华书局1981年版，第331页。
③ 同上书，第645页。

自父祖以来家里藏书颇丰，他自幼熟读经书，经史文章无一不通。据清《广印人传》载："朱舜水颖悟夙成，精研六经，通毛诗，精篆刻。"① 对于当时的日本来说，朱舜水的知识结构基本能够解决日本社会日常生活之所需。从国家指导思想到制度礼仪建设、经济文化发展、建筑农耕技术，从理论到实践，朱舜水的思想似乎可以指导日本的各个领域，而且他能够亲自示范。安积觉所撰《明故征君义恭先生碑阴》记载："凡古今礼仪大典，皆能讲究，至其精详。至于宫室器用之制，农圃播植之业，靡不通晓。"② 今井弘济、安积觉所著《舜水先生行实》也记述："虽农圃梓匠之事，衣冠器用之制，皆审其法度，穷其工巧。识者服其多能而不伐，该博而精密也。"③ 弟子人见竹洞在《赞》一文中写道："自少以孔、孟为志，经史文章，礼乐刑政，无不博穷而旁通，至若宫室痒序之制，农事考工之法，衣冠职方之品，冠婚丧祭之仪，各精且详矣。"④ 日本学者中村新太郎称朱舜水是真正的经济学家。"今日在无人之野起建一座城池，必咸集士农工商之擅长者；如有先生一人在，则成就全城尚且有余。由诗书礼乐至水旱田作之理，由房屋建造至酒盐油酱之方，先生无不精通备至。"⑤ 可见，朱舜水知识全面，且精深详细，熟于技巧，而不是泛泛而谈。颖川入德寄安东省庵书记载（柳川古文书馆藏）："生顺至政所谓镇公曰：'朱公博学鸿儒文章高古，体貌庄严，可法可则，吾儒中第一人也。'"

德川光国还认为，朱舜水的知识储备和学问足可以治国，如给予他施展才华的空间，必可以"成都成邑"，旺盛士农工商。他说："先生之学，真经世之学也。假令获一旷漠无人之野。筚路褴褛，以

---

① 杨儒宾、吴国豪主编：《朱舜水及其时代》，台北：台大出版中心1999年版，第12页。
② （明）朱舜水著，朱谦之整理：《朱舜水集》，中华书局1981年版，第631页。
③ 同上书，第624页。
④ 徐兴庆编著：《新订朱舜水集补遗》，台北：台大出版中心2004年版，第251页。
⑤ 转引自翁志鹏《"经邦弘化康济艰难"——纪念朱舜水逝世310周年》，载于《杭州大学学报》1992年第6期，第90页。

启山林，而成都成邑，必萃士农工商以为之，然得先生一人，吾知其绰有余裕，何则？先生之学问，大而诗书礼乐，与夫田园之艺植、宫室之筑造，下之酒盐醯，莫不尽几极研，则于治国乎何有？"①

　　日本九州岛大学著名学者金培懿先生认为："舜水以其自身磊落崇高之人格，提供给日本儒者一个具体的儒者典范、以德化人。由于舜水学问幅广，并不限于朱子学，此点适合解决日本儒者对中国儒学所提出的具体性、抽象性的各种问题。……不管是性理学之疑问，或礼乐制度之不解，舜水无不予以回答。舜水确实是满足了当时欲知中国一切事的江户儒学者之需求。"② 后藤新平③认为："明季征君朱之瑜，邻邦所贡之至深又至宝也。道义则贯心肝，学术则主王业，不得行怀抱于故国，而却传衣钵于我邦……烛大义，阐王道，使东海之日月有光于千载，岂不亦贤乎！之瑜既义不帝秦，坚守鲁连之志，遂来蹈东海，得义公（德川光国）之知遇，乃为与湊川之碑不朽千古之人。况于其纯忠尊王之精神，谤溥郁屈，潜默酝酿，可二百年。而遂发为志士勤王之倡议，一转王政复古，乃至冀成维新之大业，以致国运今日之蔚兴，我之所得于之瑜也固大矣！"日本中日关系专家木宫泰彦在所著《中日交通史》中有专门论述："来居日本之明、清人，助长儒学、诗文学、绘画、书法、医道、工艺等之发达者亦颇多。其中，对于日本文化有最大影响者，为明代遗臣朱舜水。……筑后柳川之儒臣安东省庵师事之。宽文5年德川光国迎为宾师，兴起水户学风，开修史之运，并建筑圣堂以垂模范。木下顺庵、林凤冈、山鹿素

---

①　[日] 德川光国：《玄桐笔记》，转引自马瀛《明朱舜水先生言行录》，载于《东方杂志》第10卷第2号，1913年2月，第15页。

②　金培懿：《朱舜水于江户儒学史上所起之作用——由其与古学派之关系谈起》，载于《中日文化交流的伟大使者——朱舜水研究》，人民出版社1998年版，第193页。

③　后藤新平（ごとうしんぺい）（1857—1929），日本明治、大正、昭和三朝重臣、政治家，殖民扩张主义头目，日本首屈一指的殖民地经营家，满铁的实际开创者。日占台湾时，台湾总督府民政长官、南满洲铁道株式会社第一任总裁等。1906年出任满铁总裁，提倡新旧大陆对抗论，要日本联合俄国，将南满铁路、东清铁路和西伯利亚铁路连成一片，形成欧亚大铁路网，对抗美国铁路资本进入东亚。1908年后任递信大臣、内务大臣、外务大臣和东京市长。1929年病死。

行等当代多数学者，直接间接无不蒙其感化，其对于日本儒学界影响之大，无待絮述。"①

李大钊评价朱舜水学术思想为"博而约，达而醇。"② 朱舜水的弟子小宅生顺说："泛交蓄客，欲得异文，往往拈笔代译。所交数十辈，而有学者独有朱舜水而已。"③ 周作人在《关于朱舜水》一文中对朱舜水的学术思想有如是评价：一是学问高深，"非我所能懂"："朱君的节义固极可钦，其学问则非我所能懂，盖所宗无论是王伯安（还）是朱仲晦，反正道学总是不甚可解的。"二是学术基本功扎实，常识丰富："《谈绮》卷上关于信函笺疏的式样，神主棺木的制法，都详细图解，卷中说孔庙的构造，大有《营造法式》的派头，令人不得不佩服。""近来偶阅新井白石的《东雅》，见其中常引舜水说，以关于果树竹，禽鸟鳞介各门为多，有些注明出于《朱氏谈绮》，我这才知道他对于名物大有知识，异于一般的儒者。"这些知识的记录和撰写都是在朱舜水缺少参考书籍和资料的情况下，凭记忆一一表达和描绘出来的。可见其学术基本功扎实深厚。安积觉在《朱文恭遗事》一文中明确记载："藏书甚少，其自崎港带来者不过两箧，而多阙失，好看《陆宣公奏议》，《资治通鉴》，及来武江，方购得京师所镌《通鉴纲目》，至作文字，出入经史，上下古今，娓娓数千言，皆其腹中所蓄也。"④ 所以，周作人赞其为："他的常识亦甚丰富，卷下辨别名物，通彻雅俗，多非耳食者所能知。"⑤

朱舜水不仅将儒学思想和高尚德行带到日本，还把中国当时先进的农业、医药、建筑、工艺技术、茶叶文化、服装文化、生物地理知识等传授到日本，把明朝的典库制度，多种工艺，如石桥、房子的设计方案，明代衣冠制作、祭器、量具、饮食（如拉面）等介绍到日

---

① ［日］木宫泰彦：《中日交通史》，陈捷译，台北：三人行出版社1974年版，第393页。
② 李大钊：《李大钊全集》，人民出版社2006年版，第17页。
③ （明）朱舜水著，朱谦之整理：《朱舜水集》，中华书局1981年版，第831页。
④ 同上书，第625—626页。
⑤ 周作人：《关于朱舜水》，载于《药味集》，河北教育出版社2002年版，第6页。

本，并著述《诸侯五庙图说》《学宫图说》等书。率弟子习释奠礼，改定仪注、详明礼节。现在东京最大的孔庙——汤岛圣堂是根据朱舜水的《学宫图说》监造，圣堂供奉的孔子像是朱舜水从舟山带去的三尊孔子像中的一尊。马瀛称赞朱舜水所撰的《学宫图说》为："若明伦堂，若尊经阁，若学舍，若进贤楼，与夫廊庑射圃门楼墙垣，莫不具备。"① 依据朱舜水的建筑设计思想，德川光国建造了中国式园林"后乐园"，在朱舜水70寿辰时赠送给他。"后乐园"一直保存至今，成为日本三大古典名园之一。清朝末年政治家王韬的《扶桑游记》记载："园之甫建，朱君实为经营。引水成池，广袤无际，仿佛小西湖。池畔为山，盘旋而上，有'得仁堂'……""园中多数百年古木，园额尚是舜水所书。有《瘗鹠记》一碑，字多狂草，亦《瘗鹤铭》之亚流也。"② 清光绪十三年傅云龙所著《游历日本图经余记》云："（后乐园）石桥卧水，林木蓊然。""后乐园"的建造立意高雅，文化气息浓郁可以与明代松江园林相媲美。园中山水辉映、古木掩映，有小桥流水、亭台楼榭等。德川光国赞誉道："建造新的国家和新城镇，没有朱舜水是完成不了的。"③ 可见朱舜水知识博厚、熟知领域广泛。以下具体举例介绍一些朱舜水熟知的非主流知识领域，以说明其知识的丰富。

知晓许多鸟的名称及其习性。朱舜水在《答野传书十一首》中写道："锡以巨鸟二翼，因询其名，难抒熟荐之诚，徒切先尝之愧。此鸟大明名曰苍鹭，一名苍兴。缘起鸟善鸣，戒旦之时，使人辨色兴，由此得名耳。"④ 此外，他对水鸟、田鸡、红缨、鹌鹑和猩猩等动物的形貌及生活习性也多有了解。人间竹洞曾向朱舜水提问道："是青鱼乎，医家用胆此鱼乎？"朱舜水回答说："非此鱼也。青鱼生江湖

---

① 马瀛：《明朱舜水先生言行录》，载于《清代学术思想论丛》，香港大东图书公司1978年版，第231页。
② 转引自林晓明《明代松江私家园林史简论——兼谈朱舜水实学初始背景》，载于《朱舜水与日本文化》，人民出版社2003年版，第95—96页。
③ 朱舜水纪念会编：《朱舜水》，东京：朱舜水纪念会事务所1912年版，第28页。
④ （明）朱舜水著，朱谦之整理：《朱舜水集》，中华书局1981年版，第247页。

之间，其大五六尺、七八尺者亦在矣。味太美，北方无之。年年江南贡于北京，舟中构屋，择其大且鲜者，钓鱼背于屋梁，以绳悬之，使鱼不摇，以御厨所恭也。"①

了解服装的类型和作用。如祭服，他详细说明道："外祭用吉服。吉服者，绯锦绣带，随其官品；玉犀、金花、素银花、素明角、黑角之不同。内祭用素服。素服者，黑也。释奠，外祭也，用吉服。世亦称青工服为祭服。官之高卑，俱束黑角带，但镶者不同。内祭中大祭、时祭，亦用吉服，或锦绣。"②

关于茶叶的浸泡方法。朱舜水详细说明了点茶和煎茶的不同方法。"自宋以来，皆用点茶。所谓点茶者，点汤也。水大沸，恐伤茶气，先用冷水数匙入于汤中而瀹茗，则气味俱全，故曰点茶。煎茶别自一种，如六安等茶，则久煮而后味全，故亦有煮茗之说。然煎茶、点茶，世人亦互用之，不甚别也。……瀹者，泡也。入半汤入茶，又加注满为瀹。"③

以上案例表明，朱舜水知识渊博，涉及知识领域广泛。很多不被人们关注的知识领域他也能通晓一二。一般而言，只有博学的人可以做到这点。

朱舜水仁义道德非一般人所能比拟。他执着真诚，言行一致，想他人之所想。人见竹洞曾言："翁入府，上公礼大隆重，非翁之德行英才，岂能然乎？非上公仁厚笃敬，亦可不然也。"④ 朱舜水谥号为文恭先生，这是对朱舜水最准确的人格评价："道德博闻曰'文'，执事坚固曰'恭'；盖先生之谓乎！故谥曰'文恭'。"⑤《明故征君文恭先生碑阴》记载："征君严毅刚直，动必以礼，……明室衣冠，始终如一。鲁王敕书，奉持随身，未尝示人，殁后始出。"⑥ 安东守

---

① 徐兴庆编著：《新订朱舜水集补遗》，台北：台大出版中心2004年版，第238页。
② （明）朱舜水著，朱谦之整理：《朱舜水集》，中华书局1981年版，第418页。
③ 同上。
④ 同上书，第114页。
⑤ （明）朱舜水著，朱谦之整理：《朱舜水集》，中华书局1981年版，第623页。
⑥ 同上书，第631页。

约在《朱舜水先生文集序》中写道:"先生为人严苛雍穆……一言一行,以诚为本。"朱舜水与安东守约初次见面,便说:"我无它长,只一诚而已矣。"① 朱舜水对已故知己王翊十年如一日地祭祀。因不知王翊具体的殉难时日,便将八月十五日设为祭祀日。该日闭门谢客不见任何人,以示对故人的怀念。《答野节书二十八首》记载:"十五日为知友王侍郎殉忠之日,此日不喜接见一客,也不至于谈笑。"② 原念斋所著《先哲丛谈》卷二《朱之瑜》一文记载:"中秋为知友王侍郎完节之日,惨逾柴市,烈倍文山。仆至其时,备怀伤感,终身遂废此令节。"③ 今井弘济和安积觉同撰的《舜水先生行实》一文也记载:"尔来每逢八月十五日,杜门谢客,怆然不乐,终身废中秋赏月。"④ 朱舜水的德行深得日本高层及其弟子、朋友的肯定,每年的八月十五日这一天没有人登门拜访他。他自己谦虚地说:"恨仆性执才庸,不能随机通变,空为后人作话柄耳。"⑤ 在朱舜水生命的最后几年里,由于身患疥疮,为防止传染其他权要而坚决拒绝御医医治,他委婉辞谢道:"玄建者,常在公侯之门医疗权要者也。今吾之疾也,疥痒浸淫,手足污烂;而使之诊脉,恐传染医手,则累人居多,未必不由吾也。利己而损人,君子戒之。"⑥

据安积觉《朱文恭遗事》记载:"文恭喜宾客,不择贵贱,非有疾病事故,未尝不应接。飨客随家有无,必竭其诚。"⑦ 朱舜水以古圣贤的标准要求自己,并将自己所学的思想理论知识运用于日本生活实践中去,并教导自己的弟子言行一致,他对弟子小宅生顺说:"仆事事不如人,独于'富贵不能淫、贫贱不能移、威武不能屈,'似可无愧于古圣先贤万分之一;一生亲历之事,固与士子纸上空谈者异

---

① (明)朱舜水著,朱谦之整理:《朱舜水集》,中华书局1981年版,第784页。
② 同上书,第229页。
③ 同上书,第635页。
④ 同上书,第614页。
⑤ 同上。
⑥ 同上书,第623页。
⑦ 同上书,第625页。

也。……若果士大夫专意兴圣人之学，此诚天下国家莫大之福、莫重之典、莫良之务，惟台台共相敦勉焉。仆虽远人，不惟举手加额，亦日夜拭目思见德化之成也！"① 朱舜水拒绝大势已去、残喘的明朝廷的征召，并不趋炎附势，赢取所谓的功名利禄。朱舜水说："但一木之微，支人既倾之厦。近则为他人任过，远则使后之君子执笔而讥笑之无为也，故忍死不为耳。"② 这反映出朱舜水对名节的重视，也说明朱舜水对当时形势有准确判断。

梁启超对朱舜水如此评价："舜水以极光明俊伟的人格，极平实淹贯的学问，极肫挚和蔼的感情，给日本全国人以莫大的感化。德川二百年，日本整个变成儒教的国民，最大的动力实在舜水。……舜水之学不行于中国，是中国的不幸，然而行于日本，也算人类之幸了。"③ 日本学者稻叶君山研究认为："学者也罢、武士也罢，所有人对朱舜水的学问和品德表示十分的尊敬，也是如此之思考。总之，朱舜水的一言一行，对于当时诸侯的政治和教育来说，都产生了显著的影响，时人对朱舜水也完全不怀疑。"④

朱舜水对德行、功业及朋友相处之道作了独特的论述。品德和功业是朋友相处之道的基础，吃喝玩乐是朋友相处的末端而已。朋友之间应诚恳相待，避免虚情假意。因此，他说："朋友之道，德业相长为本，饮食燕衎其末也；质诚款洽为良，虚恢文饰其敝也。"⑤ 就好比请朋友吃饭，有实力可以山珍海味，如果条件不够，粗茶淡饭也可以，吃饱就行。主人不必以"烹葱蒯韭为惨"，宾客不必以"馈玉浆琼而作"。这才是真正的朋友，才是质任自然的道德品质。质任自然，朋友关系方可持久。朱舜水对待朋友如孔子所言，"君子之交淡如水"。"仆与朋友交，不自生嫌隙，亦不至久而倦怠，亦不能于形迹

---

① （明）朱舜水著，朱谦之整理：《朱舜水集》，中华书局1981年版，第311页。
② 同上。
③ 梁启超：《中国近三百年学术史》，岳麓书社2009年版，第89—91页。
④ 朱舜水纪念会编：《朱舜水》，东京：朱舜水纪念会事务所1912年版，第51页。
⑤ （明）朱舜水著，朱谦之整理：《朱舜水集》，中华书局1981年版，第223页。

周旋。淡淡如水，始终不变。"①

(二) 忠君爱国，刚毅不屈

朱舜水有忠君爱国、刚毅不屈的气节。据《安南供役纪事》记述，朱舜水被安南王俘掠之后，安南王用尽办法甚至恐吓要杀他，希望朱舜水留下任职，朱舜水因国难当头而断然拒绝。朱舜水拒绝安南王的征召，安南官员"百般恐吓，欲令屈服；而先生毫无沮色。其间往复之言，忠愤义烈，激切慨然；夷人亦为之改容。遂将至外营沙（国王屯兵之所），即日命见。文武大臣悉集，露刃环立者数千人，意欲令拜国王；或慰谕焉，或怒逼焉。先生故为不解其状；差官举仗画一'拜'字于沙上，先生乃借其仗加一'不'字于'拜'字上。又牵袖按抑令拜，先生挥而脱之。国王大怒，令长刀手押出西行。先生毫无顾盼，挥手即行，心决一死耳；遂将赴该艚所。于是阖国君臣震怒，必欲杀之。而先生执意弥固；……'今日守礼而死，含笑入地耳。何必多言！'……独在困厄之际，惟恐身名埋没于外夷而无达于天朝，乃密草奏疏，且录遭役本末，封付王凤，使上于鲁王。……自此而后，阖国君臣悉知先生贞烈义勇，凛乎不可犯，反相敬重；如国王之弟亦至，称为'大人'。其敬服如此"。② 顺治七年，朱舜水在海上被清军俘获，清军要其剃发投降，朱舜水誓死不从。《舜水先生行实》记载："偶在舟中为清兵所胁迫，白刃合围，欲使就降髡发；先生誓以必死，谈笑自若。同舟刘文高等七人感其义烈，驾舟送还舟山。"③ 这表现出朱舜水志坚不可摧的品质。"臣言愈逊，臣志愈坚，夜分不已，终无一字游移。"④ 这折射出朱舜水不卑不亢、视死如归、忠君爱国的高尚品质。藤原信笃在《舜水先生画像赞》中写道："通习经传，发明旨趣，辞谢官职，高尚行事，生衰敝之世，遇艰险之

---

① （明）朱舜水著，朱谦之整理：《朱舜水集》，中华书局1981年版，第229页。
② 同上书，第615—616页。
③ 同上书，第614页。
④ 同上书，第320页。

时，切齿清兵，竭诚鲁王，飘转安南，耿介不屈，寄遇日东，韬晦有待，不以存亡儿改其志也。"① 朱舜水为恢复明朝，行忠君报国之志，虽颠沛流离，将生死置之度外，也在所不辞。朱舜水在寄安东守约笔语时感叹道："朱之瑜若不能恢复大明，不能救生民于水火，不能雪中国之耻，虽活百年，与今日死一般。即使回家，棺椁衣衾之美，葬佳山水，为蝼蚁所食，与葬于鱼鳖之腹，亦是一般，我一毫无惧，神龙其如予何！"②

梁启超评价朱舜水为："此事在先生全生涯中，如飓风一度来袭，瞥然而逝。然先生方正强毅，镇静温厚，诸美德皆一一表现，实全人格之一象征也。"③ 后藤新平赞誉朱舜水为："从明室恢复之志不成，而以满身忠愤之气，寓之一篇楠公之题赞。"④ 日本著名学者、木下顺庵的学生新井白石认为朱舜水"缩节积余财，非苟而然矣，其意盖在充举义兵以图恢复之用也，然时不至而终可悯哉"⑤，是一种反清复明尽忠精神之举，对朱舜水的忠君爱国思想表示深深敬意。新井白石是朱舜水经世致用思想的实践者：一是继承发展朱舜水的反佛思想，主张排佛、否定鬼怪。认为人世间不存在鬼怪一说，万事万物都是由气而生，鬼怪言论是歪理邪说。新井白石在其所著《鬼神论》中说："出生于天地之间者，何物非天地之气所生乎？""非其鬼而祭之，谄也。"鬼怪之说是"僧道之邪术""巫蛊之类"等。二是继承了朱舜水实理实学的思想，提倡学习和发展西方的自然科学技术，并同基督教的有神论观念区别开来。他在《西洋纪闻》中说道：西方基督教"荒诞浅陋，不值一辩"；西方科学技术是"自天文、地理，直至方术、技艺之小者，无不悉皆有学"。三是承继了朱舜水尊师求

---

① （明）朱舜水著，朱谦之整理：《朱舜水集》，中华书局1981年版，第744页。
② 徐兴庆编著：《新订朱舜水集补遗》，台北：台大出版中心2004年版，第198页。
③ （明）朱舜水著，朱谦之整理：《朱舜水集》，中华书局1981年版，第674页。
④ 杨儒宾、吴国豪主编：《朱舜水及其时代》，台北：台大出版中心1999年版，第52页。
⑤ 新井白石：《朱舜水乞师意识》，载于《新井白石全集》（五·白石先生绅书·卷2），东京：图书刊行会1905年版，第643—644页。

真的史学思想。新井白石尊重历史事实，试图从历史的内在因素来阐明历史的客观联系，用实证即考证的研究方法来阐明历史上的因果关系。他著有《古史通》《古史通或问》（1716）、《读史余论》（1712）、《藩翰谱》（1702）。

李大钊高度评价朱舜水："孤踪于外邦，养志守节"，久居日本"终以异国视之"，身在患难中，没一日忘记"复兴故国、光复中原"表现出崇高的民族气节。① 黄遵宪在《日本杂事诗》中写道："亡国遗民，真能不食周粟者，千古独渠（朱舜水）一人也耳。"王韬在《扶桑游记》中赋诗道："舜水先生寄高躅，眷念家国怀君恩。我来访古心慷慨，谁欤后起扶斯文？"这说明朱舜水忠君爱国的精神和大义凛然的民族气节得到了世人的认可。复旦大学教授赵健民认为朱舜水是一个"国际型"的爱国主义者。②

朱舜水对德川光国也直言不讳，不会因为其位高权重，就"顺其美"。朱舜水保持学者气概——中正有道，不亢不卑。他在答小宅生顺问题时谈道："上公位尊势重，如此虚诚，是天下之至美也。仆不能将顺其美。……仆往乃言之，今乃身践之，岂非言行相违耶？圣贤自有中正之道，不亢不卑，不骄不谄，何得如此也！"③

（三）为人低调、谦逊

朱舜水为人低调、谦虚，且不乏幽默感。在与弟子、友人书信中，他用了很多"罪甚罪甚""感愧感愧""惭负惭负""笑笑"之类的词，表明其为人低调、谦和、性格开朗。上文提过"咬菜之躯，堪之乎？"这样一句话。意思是说人的精力有限，血肉之躯难以承受，不能够持续高强度地工作和学习。"咬菜之躯"当然是幽默之语，我们一般只会

---

① 韩一德：《"言治"时期李大钊思想管窥》，载于《河北学刊》1986年第6期，第67—68页。
② 赵健民：《继往开来写华章——朱舜水研究的回顾与前瞻》，载于《朱舜水与日本文化》，人民出版社2003年版，第66页。
③ （明）朱舜水著，朱谦之整理：《朱舜水集》，中华书局1981年版，第317页。

说血肉之躯或钢铁之躯。这可以看出朱舜水有幽默的一面。在招收五十川刚伯为弟子时,朱舜水谦虚地说道:"不佞有四病:一则学疏。不佞三十读礼,来日本二十四年,目不见书史,在他人十三年之前,不知学问,加以二十七年荒废,则四十年矣。四十年之后血气始衰,在下寿为一世矣,岂非学疏?二则德薄。昨日下人干犯邦宪,是德薄不能化下也……"① 甲辰四年(1665年),德川光国邀请朱舜水为宾师,他也谦虚道:"但以我才德菲薄,何遽足为庠序之师?"② 德川光国将建好的后乐园赠送给朱舜水,朱舜水在游后乐园时说:"瑜德薄学荒,涓人马骨耳,使真得贤人而用之,其德业所至,必当辉煌千古。"③ 朱舜水渊博的知识对日本的贡献不可限量,世人皆知,但他却谦虚地说:"比之他州区区小善,人人所艳称而乐道者,不啻太阳爝火矣。仆虽衰朽远人,蒙上公破格隆礼,亦扶杖而观童叟之鼓舞,可借手以雪胸中愤闷矣。"④ "仆无犄角之功,坐收羁足之惠,拜登为愧矣。"⑤ 而后世诸多学者,论其学术水准,与朱舜水相比较,相差甚远,却派头十足,且咄咄逼人,不断炫鬻,造起假来也面不改色心不跳。相较之下,可见朱舜水的修为境界。朱舜水在给吉弘元常写信时说:"仆糠秕远人,增之千数不足为贵国重,去之千数不足为贵国轻。将誉至此,愧汗浃踵矣。"⑥ 并谦称"仆自揣谫陋,逡巡拘指而不敢居,亦其宜也"。

五 德川家族高规格礼遇朱舜水的缘由

德川家族及日本民众对朱舜水十分敬重,从物质到精神到心理都关怀备至。那么,日本当时的德川家族及民众为何如此礼遇朱舜水呢?

---

① (明)朱舜水著,朱谦之整理:《朱舜水集》,中华书局1981年版,第579页。
② 同上书,第618页。
③ 同上书,第428页。
④ 同上书,第246—247页。
⑤ 同上书,第247页。
⑥ 同上书,第295页。

（一）日本当时国家之需

17—18世纪的世界较为动荡不安：中国处在明末清初的战争时期；中南美洲处于西班牙殖民主义的侵略时期；欧洲乃至世界处于战争时期，如德国爆发三十年战争等。而只有日本在儒教为主体的文化影响下处于260年无战争的时代，这与朱舜水在日传播儒家文化有重大关系。德川家族统一国家后，为了巩固德川幕府统治，急切需要重建社会秩序的思想理论体系（尤其缺乏释典礼仪），也需要休养生息的实践技术。"况上公礼待日隆月盛，且命以释典宗庙之礼及演绎文公家礼，此真希世之盛举。……敬闻上公大使诸士释典礼，伏读图及仪注，击节叹曰：'千百年来未曾闻之事，尊圣好道之厚，天下之善孰大焉，真不世出之明君也！'"① 这说明日本长久以来缺乏释典礼仪及规范。德川幕府时期，朝廷与幕府之间因权力关系持续着紧张气氛，德川光国为维护日本国体而倡议君臣大义和尊皇思想。作为硕儒朱舜水也持有此思想理念，并可以协助德川光国实现其宏图大略。这是日本如此礼遇朱舜水的重要原因之一。

（二）朱舜水能力全面

在梁启超看来，朱舜水以羁旅穷困之身，博得日本全国人的尊敬，全恃他的人格魅力。这倒也是大实话，倘若用"全恃"之言恐怕也过于武断。因为仅凭人格获取全国人民的尊敬，难免言过其实。朱舜水属于通才式人物，能力较为全面，不仅人格魅力超群，且有深厚的思想理论知识，也掌握实践性技术，文武双全。文化上，他精通古今文化；思想上，能做到"己所不欲，勿施于人"，且处处为他人着想；实践技能上，能满足当时日本生活领域中的基本所需，他还亲自示范并手把手教学，更为重要的是朱舜水解决了以往日本欠缺的文化礼仪和相关物质技术；言行上，他能做到言行一致，表里如一。安

---

① （明）朱舜水著，朱谦之整理：《朱舜水集》，中华书局1981年版，第756页。

积觉在《舜水朱氏谈绮序》中总结较为到位:"大义著于安南供役,忠愤见于阳九述略。至于庙堂之制,配享之礼,皆有所论列。参酌通融,则有宗庙图说;辨析精详,则有太庙礼仪。其余所著,该博富赡,维持世教,务为适用,载在文集。"① 这段话是对朱舜水知识储备的最精准概括。如梁启超所言,"舜水不独为日本精神文明界之大恩人,即物质方面,所给他们的益处也不少了"。② 当然,朱舜水也感激日本的知遇之恩,将自己所有的知识技能毫无保留地传授给日本人。后藤新平在《朱舜水全集序》中写道:"我善于之瑜,之瑜亦感激我之知遇,宛若花有清馨,钟有远响。"③ 这是日本如此礼待朱舜水的重要原因之二。

不过,在日本学者邓红看来,朱舜水为了生存下去必须找到自己在日本的存在价值,作为60岁的手无缚鸡之力的老人来说,只能著书立说讲学维持生计:一是向日本民众传授他所知道的所有的中国知识和诸如棺木制作、裁缝等杂学;二是写一些日本人所需的应景的祭文序文;三是就学术问题同日本学者进行书函交流。邓红先生所言,如果从人的物质性角度考虑,也不无道理。人的基本生存必须靠付出劳动,即便是乞讨也要有"乞讨"的动力,而朱舜水显然不是苟且偷生之人。如果是的话,他可以在长崎度过余生。在江户过上"好日子"之时,他心中始终有"不安、愧疚"之感。

(三) 与德川光国的需求吻合

德川光国是一位年轻有为、痴心于汉学的儒学者。18岁时,熟读《史记》,立志想成为伯夷一样的人,也致力于编纂《大日本史》。34岁继任藩主,有儒家政治理想和情怀,是一位有远见卓识、有胆识的贤明之主,他还重视修史事业,急于寻求博学的史学人才。有如中国人民大学教授杨宪邦所言:"贤明的统治者当国,知道明理、仁

---

① (明)朱舜水著,朱谦之整理:《朱舜水集》,中华书局1981年版,第795页。
② 梁启超:《中国近三百年学术史》,岳麓书社2009年版,第91页。
③ (明)朱舜水著,朱谦之整理:《朱舜水集》,中华书局1981年版,第796页。

义，爱国利民，讲究功利，极力发展农工商生产经济事业和科学技术，厉行改革，举贤与能，对社会进步势力和进步思想极力推崇，甚至对外国的进步贤能之士，'屈公侯之尊以隆寒士'。"① 正因如此，德川光国广纳德才兼备、有正统儒家文化的硕儒，而朱舜水是德川光国所需之才，于是，他聘请朱舜水为宾师，执弟子礼。正如台湾大学徐应庆教授所说："他（朱舜水）致力于传播正统的儒学文化，以达到改造日本社会，实现儒家政治的理想，这是赴江户及水户讲学之主要目的，也是德川光国倾心其理念而尊聘为'国师'的关键所在。"② 当然，德川光国如此礼遇朱舜水，也衬托出德川光国的思想境界和修为。学者罗以民认为："李大钊说德川光国'不仅以舜水为宾师而敬之，且有以深悯其孤忠者'是完全正确的。假设朱舜水没有'孤忠'，而只是一个乞怜的难民，岂能被德川朝 200 年所推重？"③ 此为高规格礼待朱舜水的原因之三。菊池谦二郎指出："朱舜水与德川光国二人在刚气、方正、固执以及俭约的个性上极为相近。德川光国将朱舜水主张的经世致用学说，转化为发展水户藩之经济实学理论。"④ 这恐怕也是德川光国礼待朱舜水的重要原因之四。

濑谷义彦研究认为，德川光国邀请朱舜水，一是因为他想学习中国正统的儒学，二是因为同情之心。他说："礼待朱舜水出于一种在高涨的中国热中，想从来自儒教故乡的中国人那里直接学习儒学的本领这样一种热情。""揣摩光国那种对于无可归处、处境可怜的外国人抱有的同情之心，也是有必要的。"⑤ 在笔者看来，后一点所言"同情之心"的观点值得商榷。因为德川光国不是慈善家，当时日本

---

① ［日］町田三郎、潘富恩主编：《朱舜水与日本文化》，人民出版社 2003 年版，第 49 页。
② 徐兴庆编著：《新订朱舜水集补遗》，台北：台大出版中心 2004 年版，第 xiii 页。
③ 罗以民：《归化、儒化与文化坚守——朱舜水亡命日本的文化心态剖析》，载于《舜水学探微——中日舜水学研讨会文集》，浙江古籍出版社 2009 年版，第 174 页。
④ 菊池謙二郎：『水戶學論藪』，東京：誠文堂新光社 1943 年，頁 347—352。
⑤ ［日］久信田喜一：《水户的朱舜水研究现状》，载于《朱舜水与日本文化》，人民出版社 2003 年版，第 58 页。

闭关锁国，逃亡日本的学者不止朱舜水一人，何必为一人而违反国家法律政策且费了九牛二虎之力留居朱舜水？这不符合国家法理，也不符合人之常理。所以，朱舜水受到礼待，必有其过人之处，那就是朱舜水"道"和"器"的统一。

本章小结

德川光国在《梅里先生碑志》一文中谈道："其为人也，不滞物，不著事，尊神儒而驳神儒，崇佛老而排佛老。"① 此段话表明，朱舜水思想兼容并包，保有独立的思想精神。既尊崇日本固有的神道，以及外来的各种思想如儒、道、佛，并吸取其精华，也批判舍弃糟粕。朱舜水的核心思想是儒教文化体系下的实理实学思想，该思想贯穿于他所涉足的知识领域如哲学、文化、艺术、教育、礼仪等，他提出的"实理实学"思想在当时日本社会具有现实意义。

朱舜水在日本留居23年。前6年即1659年至1664年留居日本长崎，生活困难，人身安全也受到威胁。后17年，从1665年起在江户度过，生活较为惬意。朱舜水的青壮年时期是在中国而不是在日本度过的，但他的学术思想及高贵品质却是在日本绽放的。

朱舜水在日本受到的礼遇有目共睹。生前礼遇备至，逝后，日本知识文化界和民间组织举行不同的纪念活动。当然，朱舜水思想在日本的全面传播，一来是日本当时国家之需，二来是日本，准确地说是德川光国发挥着伯乐的作用。正因德川光国的崇敬和真诚，朱舜水竭尽所能地发挥自己的潜能，将自己毕生之知识储备在日本传播。他们的相遇成就了彼此的伟大，犹如天意。弟子安积觉说道："非西山公之好贤，则不能发先生之蕴，相遇千里之外，竟成天下之奇，全衣冠

---

① 水户彰考馆员：《义公行实附年谱》，载于《朱舜水记事纂录》别卷，东京：吉川弘文馆1961年版，第27页。

于始终,彰节义于古今,水到渠成,莫非天也。"① 日本学者作诗赞誉他:"龙山云气降豪英,时世屯难义志亨。皇运何当开宝历,虏尘不敢污冠缨。鲁连愤耻蹈东海,枋得精忠事北行。异境术空人亦去,汗青长照寸丹诚。"②

---

① [日]安积觉:《祭文恭朱先生墓文》,载于《澹泊斋文集》卷1,东京:《续续群书类从》完成会1940年版,第299页。
② 李甡平:《朱舜水》,云南教育出版社2009年版,第146页。

第四章

朱舜水思想传播者：以安东守约为代表的学术共同体

> 井蛙不可以语于海者，拘于虚也；夏虫不可以语于冰者，笃于时也；曲士不可以语于道者，束于教也。
>
> ——《庄子·秋水》

朱舜水思想在日本发扬光大，与日本弟子勤奋好学、师生频繁交流及朱舜水耐心教学和解答释义分不开。以朱舜水思想为核心的学术共同体由其作为意见领袖的弟子整理他的言论和实践经验构建而成。朱舜水在日本有成就的弟子众多，《朱舜水集》中所记载的日本学者近100人，有的学者是朱舜水的嫡传弟子，有的学者是与朱舜水书信往来讨论切磋学术问题的好朋友。其中较为著名的弟子有日本宰相德川光国、关西硕儒安东守约、一代儒宗伊藤仁斋、古学开拓者山鹿素行和名震四方的安积觉。

朱舜水在日本没有撰写学术著作，存世的多是他与弟子和友人的书信、笔谈和访谈稿。朱舜水去世后，他的弟子将这些资料整理成文集。作为朱舜水思想的传播者，朱舜水及其弟子都是此学术共同体的重要组成部分。朱舜水为源传播者，弟子和友人为二级传播者。他们共同构建的学术共同体为朱舜水思想在日本广泛而深入地传播奠定了坚实的基础。他们从不同视角吸收或借鉴朱舜水实理实学思想并将之运用到现实社会的不同领域。

图4-1罗列了朱舜水学术思想在日传播的学术共同体的主要成

员，并从中遴选有突出成就的弟子作简要介绍，来研究分析朱舜水学术思想的传播者。

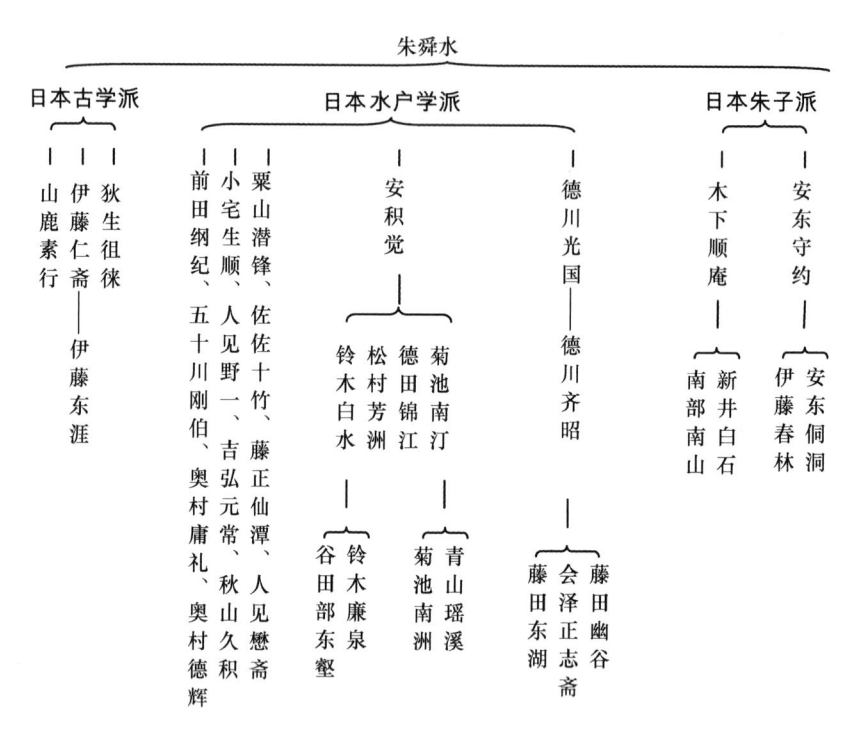

```
                              朱舜水
        ┌──────────────┬──────────────────────────┬─────────────┐
     日本古学派           日本水户学派                  日本朱子派
   ┌────┬────┬────┐  ┌────┬────┬────┬────────┐    ┌────┬────┐
  山  狄  伊         前  粟  安    德川光国    木    安
  鹿  生  藤         田  山  积                下    东
  素  徂  仁         纲  潜  觉      │         顺    守
  行  徕  斋         纪  锋               德川齐昭    庵    约
       │    │       、、              ┌──┬──┬──┐    │    ├──┐
      伊   伊       小  佐    ┌──┬──┐ 藤  会  青  菊   新   安  伊
      藤   藤       宅  佐    铃  松  田  泽  山  池   井   东  藤
      东   东       生  十    木  村  幽  正  瑶  南   白   侗  春
      涯   涯       顺  竹    白  芳  谷  志  溪  洲   石   洞  林
              、、    、    水  江                │    │
              人  藤          │   │            藤   南
              见  正          │   │            田   部
              野  仙          铃  菊            东   南
              一  潭          木  池            湖   山
              、、            廉  南
              吉  人          泉  洲
              弘  见          、
              元  懋          谷
              常  斋          田
              、、            部
              秋              东
              山              壑
              久
              积
              、
              五
              十
              川
              刚
              伯
              、
              奥
              村
              庸
              礼
              、
              奥
              村
              德
              辉
```

图 4-1 朱舜水与日本主要学术门派及其弟子关系①

一 日本朱子学派安东守约

（一）关西硕儒安东守约

安东守约（1622—1701）为日本德川初期柳州藩儒臣。本名安东省庵，字鲁默、子牧，号省庵、耻斋。1658—1682 年师从朱舜水，达 24 年之久。著名学者伊藤东涯称他为"西海巨儒"。安积觉在《与山崎玄硕书》中赞道："省庵老成醇儒，不唯九州岛之地，至于

---

① 李甦平：《朱舜水》，云南教育出版社 2009 年版，第 30 页。

第四章 朱舜水思想传播者：以安东守约为代表的学术共同体

东海之滨亦闻名而钦慕。以张霞池之才学，犹推为名德，称为先生；况在仆后进，宜称先生者。然厌于文恭先生不得称，故举其号，于心为歉。"① 安东守约是日本学界"锐意学古""深有意乎圣贤豪杰""有超世卓识""见解超卓，非凡辈所得比拟"的"第一流人"。他聪明好学，有才干，学识广博，不偏向某家某派，只追求学问本真。甘于清贫，信念实学。安东守约毅力坚定，不畏困难。德川幕府规定，商人在长崎交易完毕后，必须乘舟返航，不得长期居留，对学有专长，具儒学、禅学、医学、艺术造诣的遗民，则采取宽容的态度。② 但在极力挽留朱舜水于长崎期间，也遇到重重阻碍和各种法规条文限制，安东守约都一一疏通解决。安积觉说道："省庵百行修饬，其留住先生于崎港一事……其间多少窒碍，多少调停，悉心经营，遂成搢绅美谭。"③ 安东守约著有《三忠传》《霞池省庵手简》《耻斋漫录》《省庵遗迹》《省庵文集》《初学心法》《新增历代帝王图》等，这些文稿被收录于《安东省庵集·影印编Ⅰ》中。朱舜水赞其文章："格局文势意语俱绝佳，非寻常所可几及。"④

安东守约在京都时期，师从朱子学者松永尺五，打下了坚实的汉学基础。后来在陈入德⑤的介绍下，师从朱舜水，"于是学益富，行益修"。1659年，安东守约奔赴长崎与朱舜水会面，正式建立师徒关系，后来成为朱舜水的知己。⑥ 为了留住朱舜水于日本四处奔走，并用自己微薄俸禄的一半资助朱舜水的日常生活。

朱舜水对安东守约的学术思想影响较大。起初，朱子学在日本呈一边倒之势，在朱舜水的说服下，安东守约开始学习阳明学等学问，

---

① （明）朱舜水著，朱谦之整理：《朱舜水集》，中华书局1981年版，第762页。
② 中国社会科学院历史研究所明史研究室编：《明史研究论丛》第3辑，江苏古籍出版社1985年版，第302页。
③ （明）朱舜水著，朱谦之整理：《朱舜水集》，中华书局1981年版，第762页。
④ 同上书，第192页。
⑤ 又名陈明德，浙江金华人。归化日本后更名为颖川入德。善医，精小儿科。安东守约在陈明德处治病时，经其介绍认识朱舜水。
⑥ 朱舜水一生有两个知己，一是王翊，一是安东守约。朱舜水说："只有王翊和省庵是在下的知己。"

这对他人格的养成起了极大的作用。不过，安东守约有自卑的心理，过于注重细节，追求完美，经常在"一事无讫，一字无疑"上推敲。如果细节处理不好，就怀疑自己百事不能做好。朱舜水回答安东守约提问时说，"何得有百事俱非之理？"安东守约晚年在给儿子守直写遗训时说："我无才无德，各位诸生无需给我撰写年谱行状、行实、碑铭和文集序等。"① 这些便可作为佐证材料。

（二）安东守约的学问态度及品行

1. 追求真学问的安东守约

安东守约一心一意追求真学问，并竭尽全力。朱舜水自从离开长崎远赴江户之后，再也没有与安东守约见过面。但他们书信往来丝毫不影响安东守约求学布道之路。朱舜水对此赞叹道："是以中国问学真种子几乎绝息。况乎贵国素未知此种道理……贤契慨然有志于此，真千古一人，此孔、孟、程、朱之灵之所钟，岂以华夷、近晚为限？幸惟极力精进，以卒斯业，万勿为时俗异端所挠也。"② 安东守约执着追求真学问，不在乎其师前世今生如何、不在乎真学问发源地的状况优劣，只要是真学问就执着追求。安东守约有独到的认知和独立思考能力和批判能力，对真学问的吸收一丝不苟。朱舜水勉励安东守约治学要精致，要花精细工夫。说话讲道理要明明白白、平平常常，要趋向极微极妙处。朱舜水说道："先儒之言，'惟危''惟微''惟精惟一'之旨也。不如此，不足以立名。"③ 安东守约不负恩师重望，勤奋不已，朱舜水甚喜。"贤契勤学竞阴，且晚经史，将率诸生均有进益，闻之极喜。"④ 学术上，安东守约有深思，有反问。朱舜水在给安东守约的信中说，"来字所驳问者，事事切当，前文又剀爽精当，

---

① 安东省庵：《元禄戊寅守直文遗训》，载于《省庵先生遗集·卷7》，东京：安东省庵纪念会事务所1913年版，第484页。
② （明）朱舜水著，朱谦之整理：《朱舜水集》，中华书局1981年版，第174页。
③ 同上书，第181页。
④ 同上书，第182页。

得知甚喜！足见贤契近学之大进"。① 生活实践问题上，安东守约也有切实关注。比如，安东守约有请教恩师关于治棺问题，朱舜水说："作棺图全式及分合之式，俱画成奉览。其中有不明者不妨往复，此大事也。……若贤契得行其志，则治棺治圹，葬祭之礼，家礼之意，斩衰、齐衰之制，尚当细讲。"② 可见，安东守约既思考理论问题，也思考实践问题。通过朱舜水信中所言也可知安东守约对待学问的态度和治学精神。

安东守约性情温和，见解卓越，是一名学问大家。在非学术圣地的日本，他开创了时代先河。虽然有一些纯驳之瑕疵，也是人之常情，不是文笔语言可以完全控制得了的。不过，安东守约并不是纸上谈兵式学者，他好圣贤之学，能知能行。朱舜水感叹道："他日圣贤真种子崛起，当在贵国，毋多让也。"③ 在《赠安东亲清序》中朱舜水对安东守约也给予了高度赞赏："励志圣学，笃信而好之。夫中原传道有统，授业有师。……今令子未见孔、孟之道可悦，即能目注孔、孟之庭而竭蹶趋赴之。他时直入其室，足为贵国振古英豪。非独贵国也，中原之士，好古力学亦未能或之先已。"④ 从今日来看，朱舜水所言不无道理。安东守约为人诚恳谦恭，品德高尚，忠孝两全，学问殷实，著作等身，被古学派学者伊藤东涯称誉为"西海巨儒"。

2. 忠孝两全的安东守约

安东守约忠孝两全，并书法"忠孝"二字勉励自己，还写道："事父母竭其力，事君致其身。"这样的品性发轫于天然，已能成为他人之师。朱舜水赞其为："若夫忠孝之性，贤契得之天植，又能尚友古人以发明之，真足使人宗师，不佞何敢居然居奇其功！至衡量君父之谊，其言似为太过。独愿天下之学者皆有此心，皆有其言，则既

---

① （明）朱舜水著，朱谦之整理：《朱舜水集》，中华书局1981年版，第188页。
② 同上书，第188—189页。
③ 同上书，第187页。
④ 同上书，第476页。

绝圣贤之道，一旦振兴于贵国，此今日中原、九州岛所不及也。"①这是对安东守约忠孝之心的极高评价。朱舜水希望天下学者言行一致忠诚于君主，且心向往之，赞安东守约品德高尚在自己之上，这也可见朱舜水忠君爱国的思想。"贤契乃称之为圣贤，又曰自然合道，皆非不佞之所能当也。……则不佞与贤契中分其功，吾辈或无愧于圣人之徒与。"②安东守约勤奋好学、亲切诚实，朱舜水深受感动，撰文赞其道："读来翰、贤契之情、远而益亲、久而愈挚、无一字不流于肺腑。由此推之、在子必孝、在臣必忠。其礼其谊、近来薄俗自不能有。庶几求之古人、即古人中亦惟英贤之士能之、其他亦必不能也。惟望自强不息、传为后世美谭、则彼此有光、若使他人以为口实、则彼此均愧矣。"③安东守约著有《三忠传》（全二册）之书，主要讨论平安末期的武将、公卿平重盛（1138—1179）、南北朝的藤原藤房（1295—1380）以及楠木正成（1294—1336）三人之"忠"。

　　安东守约对恩师的照顾有口皆碑。除了在经济上以一半俸禄资助恩师外，还在情感上多有关怀，朱舜水声称，"此贤契用情过厚，日夕留神，故至于此。"④在笔者看来，兄弟姐妹也不过如此，或者不及于他。安东守约的道德品质可圈可点。朱舜水时常因为安东守约无微不至的关照而深有愧意，曾委婉拒绝他的资助，对他说道："若王则民船及郑儆老旦暮间到崎，则不烦清思，已挪借完局，直可至九、十月俟新米出偿之。若明年便与今年不同，无他大费。不佞当算计所存之数，必不使稍盈溢为烦也。"⑤当然，朱舜水是为安东守约着想，他知安东守约经济并不宽裕，也是过着捉襟见肘的生活。而安东守约更多考虑恩师在日本生活不易。朱舜水夸赞安东守约道，"贤契乃独上推夷、齐，下逮鲁连，谓为义士"。⑥

---

① （明）朱舜水著，朱谦之整理：《朱舜水集》，中华书局1981年版，第176页。
② 同上书，第179页。
③ 同上。
④ 同上书，第181页。
⑤ 同上。
⑥ 同上书，第193页。

第四章　朱舜水思想传播者：以安东守约为代表的学术共同体

安东守约对恩师朱舜水关心备至、精细入微、敬重崇拜。朱舜水称赞道："省庵之为人如其文，其立志更有人不可及者。"①不过，安东守约还时常反思自己的言行，恐有对恩师的不敬重之处。通过与朱舜水的书信往来便知，"贤契之于不佞，竭诚尽慎，人情所难。不独贵国，即中国亦难比伦；即求之古人之中，亦不数数见。何尚有得罪之事？"②可见，安东守约做人做事谨小慎微，也可见他对朱舜水的敬重程度。朱舜水对此事作了进一步阐释，作为士君子，需有"吾日三省吾身"的意识，如果自以为是，必会有嫌隙之心，小人便会乘虚而入。

1663年，长崎失火，朱舜水因寓所被烧而流离失所，还受到盗贼威胁。安东守约知道后，抛下生病的妹妹从柳川来到长崎安顿恩师朱舜水，然后才依依惜别。朱舜水深愧不已，再三致谢："不佞无补于贤契而反致重累，于□尊公希为道谢。令妹稍瘥，有便即当寄我，万一不幸，亦必书日寄。闻贤契远来跋涉，忘却骨肉之忧，感谢感谢。"③而安东守约说："我养老师，四方所俱知也，使老师饿死，则我何面目立乎世哉？"④朱舜水对此十分愧疚，书写七绝诗表示由衷感谢："客散西堂夜悄然，修筠凉吹供清瞑；疏萤绕扇秋无赖，浅水江渠月可怜；侍女银杯摇雪乳，谁家玉笛唱婵妍；意中憶得城东阙，孤鹤翩翩骨有仙。"⑤虽然社会上对其行为颇有微词，但安东守约尊师重道的高贵品质不可磨灭，一来体现出安东守约的责任感强烈，二来也为后人树立如何做人的榜样。这也得到了当时日本部分人及学者如古学派大师伊藤仁斋的认可，"台下（省庵）忽执弟子礼，师事之，且不蓄妻子，不恤衣食，奉康禄之半，以作留师（朱舜水）之计。其志道之高，行义之洁，非不待文王而兴者，岂能然乎"。⑥安

---

① （明）朱舜水著，朱谦之整理：《朱舜水集》，中华书局1981年版，第411页。
② 同上书，第185页。
③ 徐兴庆编著：《朱舜水集补遗》卷2，台北：学生书局1992年版，第160页。
④ （明）朱舜水著，朱谦之整理：《朱舜水集》，中华书局1981年版，第618页。
⑤ 石原道博：《朱舜水》第3，东京：吉川弘文馆1913年版，第276页。
⑥ （明）朱舜水著，朱谦之整理：《朱舜水集》，中华书局1981年版，第781页。

东守约还谦虚说道:"予德业其凡,不知名中国大儒,非谓博学,非谓文章,非谓有他善,只以事师分禄之一事,得不虞之誉,可耻可惧之甚也。"① 可见,安东守约是志德高尚、行侠仗义之人。

安东守约请教恩师为人之道理。朱舜水说道:"不佞之为人也,心为上,德次之,行又次之,文学又次之,而书法为下。"并进一步解释道,"不佞之心,尧、舜、禹、稷、契、皋陶暨伯夷之心也,而无其位。方龀而先大夫即世,未闻君子之大道。立身行己与人之要,俱从暗中摸索,故德次之。事不足以及远,攻不足以长世,故行又次之。三者同条共贯,而为之区别者时与遇之故也。学与文者,仅仅咿唔涂涂抹抹而已,岂能望见古人。书法无师承,无功力,抑又不足言矣"。② 从其言辞看来,朱舜水注重心的交流,将"心""德""行"三者融会贯通,以行实为先,对于模棱两可或者有待商榷之事,绝不轻易示人,可见其思想的严谨性。事实证明,安东守约后来成为日本一代大儒,与朱舜水的"不佞非能言不能行者"的品质不无关系。

安东守约过于严肃庄重,致力于追求完美,每每在"一事无迕,一字无疑"上花上很多时间精力,为此大费推敲,朱舜水因此"一念之差"之语而大为吃惊骇然,于是告诫道:"谈论轻疾,乘喜失仪,习俗渐化,言涉非礼,必不至此,稍稍有之,亦自无妨大德。"③ 其实,朱舜水是说,无须在每一细节上,都斤斤计较。要是不失礼节,因大喜而失仪,也并无大碍,也无妨大德的建构。因为"足容必重,手容必恭"。他还说,如有小过失,便当随事改正即可,坚持不懈,慢慢就可进入纯全境界。他认为安东守约的人品已经形成,学识也充裕,应循循深造,雅俗共容。朱舜水对儒家思想的传道授业解惑,是根据对象的具体实践问题,给予深入浅出的讲解。在谈到歪理邪说等妨碍了真知、真见的学问时,他说:"至于理障之学,人已俱

---

① 转引自钱明《胜国宾师——朱舜水传》,浙江人民出版社2008年版,第169页。
② (明)朱舜水著,朱谦之整理:《朱舜水集》,中华书局1981年版,第187页。
③ 同上书,第189—190页。

入混浊,须一切屏去,千万勿以扰心。"①

3. 朱舜水影响下安东守约的学术思想

安东守约38岁赴京都师从朱子学者松永尺五(1592—1657),他在学术思想上隶属于朱子学体系范畴,倾心于朱子学,认为"究明真似,明白是非,畅快淋漓"。不过,在朱舜水思想的影响下,又不固执于朱子学,而是博取众家之长,能够批判、理性分析朱子学的优缺点。朱舜水高度评价安东守约的学识和志向:"安东省庵学识俱优,志气奋发,健羡健羡。俟弟明年夏到崎与之往复论难,必不虚其恳恳之诚也。"② 安东守约在朱舜水"当争其本源,不当争其末流"思想的启发下,在论述朱陆异同时谈道:"朱陆鹅湖之议论不合,其门人不知其师之渊源。左袒朱者,以陆为禅寂;右袒陆者,以朱为支离。互相姗议,随声雷同,彼坚我白,操戈入室,其流蔽甚于洪水之泛滥矣。""朱、陆之同异,异说纷纷,终成千古未了之谈。余尝不自揣,为作辩曰:'天下之水一,其支分派别不同者,流之然也,其源未尝不一也。圣贤之道亦然,其立教或由本达末,或塑末探本,其所入不同,其所至一也。'""盖朱子以博文而渐次规约为教,陆子以顿悟而一跃至道为教。夫以博文为支离,则一贯忠恕,何者非简易?其博文所谓塑末,其顿悟所谓探本,其归约至道,未始非从本末。然则本末之非有二,况其师尧舜,尚仁义,去人欲,在天理,其心同,其道同,是其支离禅寂,特其末流之弊而已。"③ 在安东守约看来,朱陆之说本是同源,如天下之水般"其所至一",只不过是"其所入不同",无须相互攻讦,有伤大雅。他们之学说侧重点不同,角度也各异,但都师从尧舜,"尚仁义,去人欲,在天理,其心同,其道同,是其支离禅寂,特其末流之弊而已"④,并无本质区别,所以,也就

---

① (明)朱舜水著,朱谦之整理:《朱舜水集》,中华书局1981年版,第192页。
② 徐兴庆编著:《新订朱舜水集补遗》,台北:台大出版中心2004年版,第96页。
③ 李甦平:《朱舜水》,云南教育出版社2009年版,第105—106页。
④ 转引自朱谦之《日本的朱子学》,生活·读书·新知三联书店1958年版,第206页。

无须争论不休。

安东守约博取众长的学术思想在其所著的《初学心法》中体现得较为清晰。《初学心法》(1668) 是安东守约重要的著作之一，是一部收集整理宋、元、明各朝代共十八名著名儒学者名言的言论集，分十类，计三十九篇。其中朱熹八篇，薛敬轩六篇，王阳明五篇，罗整庵、陆象山、杨龟山、真西山、李延平各二篇，其余儒学者各一篇。该书主要收集以下儒学者的名言："《立志篇》选用朱熹、王阳明之名言；《存养篇》选用朱熹、陈北溪、胡敬斋、罗整庵之名言；《省察篇》选用朱熹、张范阳、陆象山、吴临川、薛敬轩、陆澄之名言；《勉学篇》选用杨龟山、朱熹、陆象山、薛敬轩、王阳明之名言；《致知篇》选用朱熹、张勉斋之名言；《力行篇》选用朱熹、薛敬轩之名言；《克己篇》选用尹和靖、朱熹、薛敬轩、王阳明之名言；《慎言篇》选用李延平之名言；《改过篇》选用真西山、王阳明之名言；《杂论篇》选用杨龟山、李延平、朱熹、张南轩、吕东莱、真西山、许鲁斋、薛敬轩、王阳明、罗整庵之名言。"① 从他收集的名言录可以看出，安东守约博取众长，不拘泥于一家一派。他在《初学心法》的序文中还写道："言有物必有法、是民所秉执之常性也。岂可以心与事判乎内外、遗弃事物、专求诸心乎哉。所以朱子格物之训、居敬穷理之互相发也。世之从事于此者、不知体察诸身心、徒求之于名物、度数、训诂、词章之末、智识愈博而心愈惑、著述愈多而道愈离、迨其流荡忘返、自误误人、归咎于格物穷理之学、是岂朱子之训乎。……初学之士、潜心于此、庶乎养根本、立趋向而居敬穷理之一助云尔。"② 其言表明，安东守约并不是仅专注于朱子学的"心学"研究，而是批判地接受，并同"事物"统一起来认识，且他认为不能无限制地"格物穷理"。实际上，他的这一论述是受朱舜水思想的

---

① 「安東省庵集影印編Ⅰ」、頁1—24。安東省菴の『初學心法』（一卷一册）は現に九州歷史博物館柳川古文書館「安東家史料」に所蔵している。

② 徐兴庆：《异域知识分子的相遇——试论朱舜水与安东省庵思想的异同》，载于《日本汉文学研究4》2009年第3期，第244页。

第四章 朱舜水思想传播者：以安东守约为代表的学术共同体

影响。

安东守约在讨论儒学、佛教和朱、陆、王之学问时说道："天下之学，非儒则佛，非朱则陆。今是编也，独朱子以子称之，似尊之者，然而开卷继朱子以阳明，终篇继阳明以整庵。整庵乃朱之徒，阳明乃陆之徒也。子依阿两间不归于一，何为杂也？曰：学者当先去客气，平胜心，至于至公无我之地，而后言朱陆之同异是非，是朱非陆有近于支离之嫌，是陆非朱有近于禅寂之嫌，区区蛙见，未知是非，如何顾其末流之弊。尔世学朱者，以穷理为先务，以说心为异端，博求诸谈说诵读之余，其所得者所谓说铃书肆耳。……曰然，则程子所谓圣人本天，释氏本心，其言非与。曰不然，是谓其所以本心之非，非非本心，心与天岂有二乎？……而如知行合一及致良知、亦阳明之宗旨也，子盍取之？曰虽言切而意见异者，非臆度所定，其不取也，乃欲归于一也。世辨陆王者，纵客气，驰胜心，舍其瑾瑜，斥其瑕类，舍其所同而是，攻其所异而非，岂此谓至公无我之论乎？子其审之。"[①]他在《学部通辨》一书中也谈道："学术最大弊害是佛教。它以空寂之谈，祸福之说，迷惑愚者。佛教徒越来越多，而吾儒学道统，愈来愈孤立。昔者杨朱、墨子堵塞正道，而孟子继孔子之后，又开辟圣道。其功绩不在禹之下。"[②]从此论述中便知，一是日本在德川幕府时期社会主流是佛教思想和程朱理学；二是安东守约劝诫学者抛弃偏见，广泛学习诸家之精华，以至达"至公无我"的境界；三是安东守约认为，学者应抛弃主观偏见，保持价值中立讨论朱陆之异同。而《学部通辨》所陈述的陆、王学之错误内容对与安东守约同时代的，对九州岛地方教育、经济发展作出贡献的贝原益轩产生了影响。朱舜水和弟子安东守约是良师益友的知己关系，对安东守约的思想给予十分的认可反映出朱舜水实理实学的经世济民思想在日本学术界的影响。正是朱舜水对安东守约的悉心关怀和指导，使安东守约成

---

① 徐兴庆：《异域知识分子的相遇——试论朱舜水与安东省庵思想的异同》，载于《日本汉文学研究4》2009年第3期，第243页。

② 李甦平：《朱舜水》，云南教育出版社2009年版，第106页。

为文武双全、名德悠重的醇儒,"省庵老成醇儒,不唯九州之地,至于东海之滨亦闻名而钦慕"。①

朱舜水还劝告安东守约:学问之道,首先贵在修身、齐家、治国、平天下,无须随意创设门派,此乃正道。师从孔孟程朱之道,但不能受困于世俗异端,要学习对社会有推动作用的圣学之道。朱舜水说道:"儒者之道、振古由今、极天际地、仲尼日月、无得而踰。……仲尼之道如布帛菽粟、诚无诡怪离奇、如他途之使人炫耀而羡慕。然天下可无云绡雾縠、必不可无布帛、可无交梨火枣、不可无梁粟。虽有下愚、亦明白而易晓矣。"② 朱舜水对安东守约的"其所入不同,而其所至一也"的朱陆学术之调和观点持批评态度,他说道:"至于更为朱陆两可之见,则大非矣。世间道理唯有可不可二者,无两可者也。"③ 针对安东守约间接邀请朱舜水行陈明德式的"为文颂美"的要求提出严厉批评:"今年交趾及福建船来,各船主尚缕缕向完翁称述,完翁亲向予言,岂一旦遂忘之乎?既已闻之,犹欲造次苟且,是弗之思也。是故为之也,谓之相爱可乎?……若欲不佞作姜妇眉目,随人俛仰悲欢,则不须于此间生活也。若曰免我于刀俎,鼻孔便当随人牵梨,失之更远矣。所以迫之者,不知何心?"④ 从此言论来看,朱舜水对安东守约的批评是严厉的,也是诚恳的。同时也说明朱舜水刚正不阿,诚信真实,不阿谀奉承,不做违心之事,这也可能是德川光国看重的地方。

朱舜水与安东守约之间的师生关系虽是中日文化交流史上的一段佳话,但因为陈明德诽谤或诬陷朱舜水等原因或者是朱舜水自身心胸狭隘等原因,朱舜水和安东守约关系也稍显微妙,比如,朱舜水曾告诫守约"抉破其奸""万勿踌躇缩朒"等。朱舜水说道:"彼人(陈明德)初时,意欲收我为渠护法□弥。彼见唐人,尽不齿之,不得已而

---

① (明)朱舜水著,朱谦之整理:《朱舜水集》,中华书局1981年版,第762页。
② 同上书,第578—579页。
③ 徐兴庆编著:《新订朱舜水集补遗》,台北:台大出版中心2004年版,第64页。
④ (明)朱舜水著,朱谦之整理:《朱舜水集》,中华书局1981年版,第781页。

然。虽不能量不佞深浅,犹信口称扬,今见我事事高迈,又见我不肯住其家,又见上台礼貌隆重,大拂其意,深怀忌嫉,又千方百计必欲毁之而后已。昔年索我履历,旧年逼我作文,皆其意也。但谋略深远,人不能见耳。年来处处道吾之短,不一而足。特不佞无可道,有识者更鄙之叹之。贤契故须直一书,明明白白,抉破其奸……贤契万勿蹰躇缩朒为幸,若不戒谕,必致于此,亦非所以爱之也。至嘱至嘱。"①从其书信而言,朱舜水暗示安东守约对陈明德要有戒备之心,不能过于轻信此所作所为。如果安东守约为有识之士,就应"鄙之叹之"。

二 水户学派创始人德川光国

(一) 日本宰相德川光国

德川光国(1628—1701),日本江户时代水户藩,好学、礼贤下士、贤明的第二代藩主。水户学者宇佐美充在《莽苍园文稿》(明代张斐著)附录中写道:"义公(德川光国)之名远播于海外、西土之人多知文恭(朱舜水)之见优礼、故来献诗或文、炫技以求售者、靡靡皆是。"② 德川光国小字千代松,字子龙,初名德亮,字观之,号日新斋,别号常山人、率然子、梅里,是开创德川幕府的德川家康的孙子,幕府时期的日本宰相。勤奋好学,博览群书,善于撰写文章,善理朝政,有思修文德以至太平之思想。毕生致力于修史事业和文化遗产的保护工作。德川光国在《梅里先生碑阴并铭》文中自述道:"其为人也,不滞物,不着事,尊神儒而驳神儒,崇佛老而排佛老。常喜宾客,殆市于门,每有暇读书,不必求解。欢不欢欢,忧不忧忧,日之夕,花之朝,斟酒适意,吟诗于情。声色饱食,不为其

---

① 徐兴庆编著:《朱舜水集补遗》,台北:学生书局1992年版,第31页。
② 徐兴庆:《心越禅师和德川光国的思想变迁讨论——与朱舜水思想比较》,载于《日本汉文学研究3》2008年第3期,第348页。

美，地宅器物，有则随有而乐胥，无则任无而晏如。"①

德川光国有胆识，敢作敢为。据相关资料记载，德川光国随父去樱马场观看斩杀囚徒。到了晚上，父亲德川赖房命令光国把死囚的头颅拿回来。去马场的路上，林木苍郁，路黑难辨，只能摸索前行。"终获其首，然不胜其重，遂曳发而来，更无难色。父赐之刀，以奖其豪胆，时光国仅七岁。"②

德川光国尊儒礼，弃陋习。其父赖房病逝，沉痛哀悼，三天没有吃饭。埋葬仪式严格遵守礼制。同时，他还坚持弃除殉葬陋习。赖房近卫大臣山野边义忠、真木景犹、田代吉音等都要殉死。这一以殉死为荣的陋习自战国延续下来，德川光国亲自到大臣家里劝服阻止他们殉葬。德川光国品德高尚，将自己的藩主之位让给世子即其兄松平赖重的儿子德川纲条，并说道："某以弟越兄，久如重负。而隐忍至今者，以先君在世也。明日幕使来，意恐使其袭封。愿得侄松千代为嗣。否则，明日之事，不敢拜命！"③ 还将自己的垦田各 2 万石分给其弟赖元、赖隆。其余兄弟赖雄、赖泰、赖以、房时等各获得封地 3 千石。德川光国不仅恩惠于族人，还对那些孤寡单茕残疾贫困以及八十岁以上老人或资助或赡养，他常说："使民冻馁，则人牧何用！"幕府每次有金帛之类的奖励，分文不留地都要将其分发给族亲和侍臣。还奖励那些有节孝、有学问之人。

以上事例表明，德川光国有胆识，有德行，对礼制、习俗有吸取精华、去其糟粕，勇于创新的思想意识。朱舜水写信给陈尊之赞其为："上公盛德仁武，聪明博雅，从谏弗咈，古今罕有。……上公让国一事，为之而泯然无迹，真大手段。旧称泰伯、齐、夷为至德，然为之而有其迹，尚未是敌手。世人必曰：'古人高于今人、中国胜于

---

① 高须芳次郎编：《水户学全集·第四编》，载于《常山文集》第二十卷，东京：日东书院 1915 年版，第 46 页。
② （明）朱舜水著，朱谦之整理：《朱舜水集》，中华书局 1981 年版，第 800—801 页。
③ 同上书，第 801 页。

外国.'此是眼光逼窄,作此三家村语。若如此人君而生于中国,佐之以名贤硕辅,何难立致雍熙之理。"① 德川光国编纂《大日本史》,制定礼仪释典、寺社法令,废除3808座淫祠和997座新建寺刹,让380名僧人蓄发为民,并在各村建一座正祠庙,以安抚民心。

德川家族为厚爱忠义之族。1582年,本能寺之变,德川家族的创始人德川家康因遭叛将明智光秀的出卖而被追杀,此时,德川家康的武将服部半藏解救了他。为了纪念服部半藏,德川家康将服部半藏居住地附近的城门且是出入江户城的城门称为"半藏门"。②

日本著名历史剧《忠臣藏》(1703),在日本家喻户晓。主要讲的是,赤穗浪士们忍辱负重、卧薪尝胆、克服困难,为主报仇的忠义情怀。此事件发生在1703年1月30日早上,47名赤穗浪士在总管大石内藏助的带领下杀向无恶不作的吉良家,取下吉良上野助的首级,并将头颅带到泉岳寺的浅野墓前以示报仇成功。"四十七浪士的奇袭损害了德川幕府的威信,扰乱了天下秩序。所以,四十七浪士在受到审问后,全部被命令切腹自杀,当天就被埋葬于泉岳寺。"③ 泉岳寺是由德川家康于1612年纪念自己少年时作为今川义元的人质而创建的。这些事件表明:德川家族有忠君思想,看重忠义之士;对待恩人,也以厚礼相待。不过,还有一个重要原因,就是日本元禄时代,大名领主对德川幕府的忠心已有所减退。这些事件正好是宣传对君主忠心的绝好材料,可以强化德川幕府统治,确保德川家族的江山永固。

德川光国继承了家族的传统,勤政爱民,知恩图报,对忠义之士深爱眷顾。朱舜水深深赞赏道:"入境以来,德誉日隆,未闻疵政,久与之后,另当一一奉闻。"④《答安积觉书》的卷文,反映出德川光国品德的高尚。文中说道:"上公天高地厚之恩,无能仰答。

---

① (明)朱舜水著,朱谦之整理:《朱舜水集》,中华书局1981年版,第802—803页。
② [日]竹村公太郎:《日本历史的谜底:藏在地形里的秘密》,张宪生译,社会科学文献出版社2015年版,第58页。
③ 同上书,第108页。
④ (明)朱舜水著,朱谦之整理:《朱舜水集》,中华书局1981年版,第161页。

令祖立功于往日，而孙子食其禄，可见为善蒙福也。令祖立功于他邦，而上公为之録其孙，未见畴勋之至于此也。"① 朱舜水忠诚于明朝。题写"关帝庙额联"便可看出他的忠君爱国思想。"许难兴，沛难兴，荆益难兴，止思明万古之君臣。"② 他的这种思想理念与德川光国的忠君重义思想不谋而合。德川光国于1665年，召朱舜水为宾师入驻江户。

朱舜水对德川光国也是十分尊重，通过一些细节小事便可看出。朱舜水在给野节的书信中记录了这样一件事，勉亭兄碑文字数的多少也要请德川光国过目，信中说："今日欲誊真送上公检阅，然后奉览，幸示知。倘不嫌其多，便当全入；若可如奉议，便可少数百字。"③ 如此小事也要请示德川光国的意见，足可说明朱舜水对德川光国的尊重程度。当然，也不外乎德川光国身份的特殊性。

（二）仁爱细心：朱舜水对德川光国的认知

朱舜水对德川光国的德行评价甚高：仁爱、肫笃、细心。赞许他种种明德可以超越古来贤哲。朱舜水在《与长崎镇巡岛田守政书四首》中说："上公贤明谦厚，古今罕有其比。"④ 在《答奥村庸礼书》中也说道："荷上公厚恩，无所不至，虽至微细事，莫不精虔恳恻。富而不骄、贵而能降，使人感刻涕零，不独几杖之锡而已。闻之于远，未能详尽；且人能见其外，未能知其诚。不佞际此殊遇，深愧无以为报。贤弟闻之而喜，宜乎其喜也；乃又远颁厚贶，受之为报！但谊在通家，势无可却，惟怀铭佩也。"⑤ 赞许他："世方湿泥扬波，而公之志独洁；世方哺糟歠醨，而公之性不嗜酒。"⑥ 如果要说"敬"字，尧舜到文武的心法相传也不过如此了。恩惠于孤寡老人，招贤纳

---

① （明）朱舜水著，朱谦之整理：《朱舜水集》，中华书局1981年版，第341页。
② 同上书，第516页。
③ 同上书，第218页。
④ 同上书，第77页。
⑤ 同上书，第276页。
⑥ 同上书，第490页。

第四章 朱舜水思想传播者：以安东守约为代表的学术共同体

士于门下，社会上已无遗弃之贤士。朱舜水在给野传的书信中说道："今上公种种明德，直可迈越古来哲王。若夫敬之一字，尧、舜至于文、武，心法相传惟此耳。弘此元谟，万善咸萃，自然野无遗贤，自然至于'惠鲜鳏寡'王道之行，于今见之。……仆虽衰朽远人，蒙上公破格隆礼，亦扶杖而观童叟之鼓舞，可借手以雪胸中愤闷矣。"① 这也是朱舜水愿意接受宾师之职的主要原因，他认为德川光国学富五车，德誉满天下，且把德川光国比作姬公，说明对光国品德看重之深。在《野传书十一首》中朱舜水写道："仆所以冒昧而来者，盖稔闻上公（德川光国）以周室之至亲，居冢宰之重位，问学优于五车，德誉隆于一代；而汲汲下士，不异姬公。……上公好不致疑，而情至言耳，殷勤无已。贤明之声，顷刻便于辇下，不日间四方莫不闻之。岂非圣贤举动，能使天下观感哉！然仆之微名，亦附骥骧而远矣。"② 德川光国有治国平天下、安定统一之能，但却能够礼贤下士，屈己尊贤，拜师求艺，对于卿大夫来说是难能可贵的。由此可见德川光国的品行之高尚。在朱舜水年迈体衰之时，便请辞德川光国要告老还乡，而德川光国无论如何也不同意，并对身边亲近的人说："任凭先生如何说，上公如何肯放先生去？"③ 朱舜水在《与吉弘元常书十五首》中谈道："仆于昨申到寓，极感上公事事周合，无一物不经清思，不知何以能细密若此？此贵人中所万万不能有者。敬服敬服！"④ 这反映出德川光国言必不苟，考虑问题周到细致、清雅美好。后藤新平评价朱舜水与德川光国的关系是："水月镜花，相得则成俊致，之瑜之于我邦也，真得其所。"⑤

《答小宅生顺野传论建圣庙书》开头就指出，德川光国是贤君，聪明睿智，能建千年之业，所之言行合乎情理。朱舜水说道："上公

---

① （明）朱舜水著，朱谦之整理：《朱舜水集》，中华书局1981年版，第246页。
② 同上。
③ 同上书，第274页。
④ 同上书，第293页。
⑤ 杨儒宾、吴国豪主编：《朱舜水及其时代》，台北：台大出版中心1999年版，第53页。

贤君也，聪明睿智，不出世之主也。兹欲建数千年未有之业，而垂之千年万世之久，诚宜熟讲而安行之。合乎天理，宜乎人情，后日可以无悔。即使少有过差，明主可以理夺。"① 此段话虽然有侍奉封建帝王之思想，但可反映出德川光国有贤君之才。"明主可以理夺"之言，也反映出朱舜水有居功自傲而不讲道理之思想嫌疑。朱舜水视德川光国为推心置腹之人。朱舜水说："地异俗殊，惟有上公（指德川光国）推心置人腹中。"②

而在他们初次相识之时，也有一些误会和误解。朱舜水不了解德川光国的政治改革意图而有敬意无真诚："未知贵国主之志何如，礼自须逊辞耳。"③ 这让德川光国相当不满，故意"冷落"朱舜水而较长时间不见其面："昨晨一无所事，冠衣坐候，竟至愆期，仆真不解其故。"④ 于是，朱舜水问道："上公为何人，今月朔日之见为何礼？仆千里远来为何事？乃竟以儿戏误之耶？整衣严坐，似非慢事者已。……故曰非圣贤中正之道也。仆往乃言之，今乃身践之，岂非言行相违耶？圣贤自有中正之道，不亢不卑，不骄不谄，何得如此也！自昨至今，辗转不自安，诵折柳之章以自警。"⑤ 对于这段说辞，应从两方面看，朱舜水确实不知德川光国之意图，真诚谦虚询问德川光国为何不见其面，自问"仆往乃言之，今乃身践之，岂非言行相违耶？"应该说，此时期双方交往甚少，互不解对方之意，实属常理。再者，朱舜水内心深处根本不会想到作为宾师要辅助德川光国，从其逃亡日本之后的所述便可知晓。而德川光国邀其到江户，应该说，意图十分明确，召见他议事，理应清楚说明清晰，而从其朱舜水自述来看，他只是在自问自己言辞的不适之处，德川光国并没有同朱舜水详谈他的意图。也许这是政治家的处世之道吧。

---

① （明）朱舜水著，朱谦之整理：《朱舜水集》，中华书局1981年版，第320页。
② 同上书，第295页。
③ 同上书，第416页。
④ 同上书，第316页。
⑤ 同上书，第317页。

第四章　朱舜水思想传播者：以安东守约为代表的学术共同体

三　一代儒宗伊藤仁斋

伊藤仁斋（1627—1705），日本德川幕府时期平安人，字源佐，号仁斋，又号古义堂，名维桢，初名维贞，书室名诚修，私谥古学。著有《太极论》《性善论》《心学原论》等。日本德川时代古学派创始人。其父浪人出身，后从事木材生意，其母名为那边。

据《先哲丛谈》记载：仁斋自幼聪慧过人，艰苦自励，毅力坚定，刻苦奋进，且个性独特异于常人，放弃医术而竭力走学问之路。亲属劝阻道："学问是彼邦事也，在此邦固属无用。假令能之不易售，不如为医术以致生产。"① 而伊藤仁斋坚决不从，志坚不变。并题诗道："古来云此水，一夜作平湖。俗说尤难信，世传讵亦迂。百川流不已，万谷满相扶。天下滔滔者，应怜异教趋。"② 伊藤仁斋坦夷温厚、心平气静，与世无争。大高坂清介著书批判他，他对学生说："君子无所争。如彼果是，我果非，彼于我为益友；如我果是，彼果非，他日彼其学长进，则当自知之。小子宜深戒！为学之要，惟虚心平气，以为己为先。何毁彼立我，徒憎兹多口？"③ 伊藤仁斋经常夜晚行走在郊外。有一次，遇到四五个路匪拿着刀剑威胁他拿出钱财。如果没有钱财，就脱下衣服。伊藤仁斋面不改色，将其衣服脱下给他们。路匪见他若无其事十分惊讶，劫财多年，没见过他这样言行举止像对待客人一般。伊藤仁斋对他们说道：对待父母要孝敬，对待朋友像兄弟，这是做人的基本原则。如果人没有这样的基本道德，则与禽兽无异。路匪被感动，于是拜他为师。还有一次，伊藤仁斋路过花街，被一妓女邀入妓院中，可是伊藤仁斋并不知道其是娼妓，被好酒好菜款待之后便回家了。因为娼妓通过一番交流便知他不是风流倜傥之人，也没有强留他。据说伊藤仁斋之德能降妖。有一人被狐狸迷惑

---

① （明）朱舜水著，朱谦之整理：《朱舜水集》，中华书局1981年版，第809页。
② 同上。
③ 同上。

而不能自拔,采用各种手段都不能降住狐狸,后来邀请伊藤仁斋,他一言不发就折服狐狸并使其去谢罪。当然这只是故事,但可以表明,伊藤仁斋品德高尚,心无杂念,一心只追求理想中的事业。这如同玄奘去印度求经一般,被绑匪绑架将要烧死之时,他仍平心静气,一心念佛。绑匪因其异常冷静而折服所以放弃杀害他。

伊藤仁斋十一岁始师从大须贺快庵学习汉文句读和作诗,熟读汉文古典文籍,早年学习朱子学。在《读予旧稿》中自述道:"予自十六七岁,深好宋儒之学,尊信《近思录》《性理大全》等书。手之口之,目熟心惟,昼夜不辍,廓然晓通,略有所得。"① 后来认为朱子学是训诂学,而不是圣人正统之学。他在《同志会笔记》中自述道:"读朱子四书,窃自以为是训话之学,非圣门德行之学,……二十七岁时著《太极论》,二十八九岁时著《性善论》,后又著《心学原论》。备述危微精一之旨,自以为深得其底蕴,而发宋儒之所未发。然窃不安,又求之于阳明近溪等书,纵有合于心,益不能安,或合或离,或从或违,不知其几回,于是悉废语录注脚,直求之于《论语》《孟子》二书,寤寐以求,跬步以思,从容体验,有以自定,醇如也,于是知余前所著诸论,皆与孔孟背驰,而反与佛老相邻。"② 中年之后,广收门徒,宣扬孔孟之道,并自称是孔子之徒,创立古义学。"仲尼吾师也,凡学者须要皆以圣人自期待,不可从后世儒者脚板驰骋,饶使区区议论,道得是当,终不济事。"③

四 日本古学派鼻祖山鹿素行

山鹿素行(1622—1685),朱舜水高徒之一,字"素行"为朱舜

---

① 伊藤仁斋:《读予旧稿》,载于清水茂、吉川幸次郎《伊藤仁斋·伊藤东涯》,东京:岩波书店1983年版,第294—295页。
② 伊藤东涯:《古学先生文集卷之五》,载于清水茂、吉川幸次郎《伊藤仁斋·伊藤东涯》,东京:岩波书店1983年版,第288页。
③ 同上书,第123页。

水所授予。日本德川幕府时期陆奥人。著名儒学者、兵法家。名高佑，一名义矩。字子敬，号因山，又号素行子，通称甚五右卫门。父亲山鹿六右卫门高道，任伊势龟山城主关长门守一职。六岁师从私塾老师学习文字和数学；九岁，拜师于林罗山门下；十一岁，能够给人讲《小学》《论语》和《贞观政要》等；十二岁，师父林罗山允许他用讲经用的见台；十七岁，师从光有法印等学习宗源神道和"神书之事"。十八岁，师从北条师长学习韬略，五年后，没有一个师兄弟的水平能超越他；二十岁，学习《源氏物语》《大和物语》《万叶集》等日本古典文献。三十五岁，起草四书句读、七书谚解、武类全书等。山鹿素行的代表作有《圣教要录》《武教本论》《中朝事实》等著作，后人当其为武士道伦理建立者之一。山鹿素行所持论说虽有些瑕疵，但也有一些别具一格之处，让人们为其折服。

　　山鹿素行是德川时代古学派的代表人物，反朱子学先锋，他的思想源于宋儒，归于神道学，由四书五经启蒙，少年学习兵学，青年学习儒、释、神、兵、老庄等学问，其中兵法思想尤为突出。后来师从朱舜水并受其思想影响。如山鹿素行对作诗的观点与朱舜水的作诗态度颇为相似。他在《圣教要录》中说道："诗者志之所之，内有志，则言必动，古诗自然之韵叶也。其志或存讽谏，或评事多义，或述好风景，或自警，或称时政君臣德，如此，则六义自然相具。后之学作诗，巧言奇趣，其所言皆虚诞也。故诗人者天下之闲人也，佚乐游宴之媒也。"① 山鹿素行"行专日用，不事洒落，知之至也"② 的思想观点与朱舜水的"日用之学"思想也有相似之处。他说："战国之诸子，汉唐之训诂，宋元之理学，皆非周公、孔子之道。""余师周公、孔子，不师汉唐宋明诸儒。"③ 此观点与朱舜水尊孔孟、批判宋明儒学十分相近。

---

　　① 山鹿素行：《圣教要录》，东京：岩波书店1970年版，第342页。
　　② 山鹿素行：《圣教要录·小序》，载于《山鹿素行集》第六卷，东京：国民精神文化研究1941年版，第168页。
　　③ 同上书，第189页。

山鹿素行性格另类独特。与人相处，如果对方不和脾气或者价值观不合，则厉声大骂。不过，大家并不计较其秉性，反而能够谅解并尊重他。"素行与人语，不合道义，厉辞大詈；然人人推爱气宇，皆喜直谅，退无后言。"① 当然，山鹿素行知识渊博，能力也较为出众。据说，山鹿素行有先知先觉的能力，能够推测未来数十年的事情，且基本准确无误。"素行弘粹通远，能察未然。其所言，经数年，毫厘不违，人皆叹先识之明。"② 有一诸侯喜爱文学，门下有许多门客，素行也前去应征。其中一位以兵学之名著称于世的叫正雪丰仪的人，知道山鹿素行精通经义、长于韬略，对山鹿素行颇有礼貌并与之套近乎，山鹿素行一言不发。事后，山鹿素行对这位诸侯说："臣视彼容貌，以熟察其意，不可测知，君勿必近如彼者也。"③ 诸侯却不以为然，不久后，这位门客因奸凶之事被查。虽然山鹿素行性格稍显粗暴，但以诚待人，不耍阴谋诡计。他常常对人说，要以诚感人，不能用权谋欺诈手段待人。山鹿素行在流放期间受到赤穗藩主浅野长直的收留，担任其兵学师八年，本来想以死报其恩德，然时势不济，于是将自己所学的经义和韬略教于赤穗侯的家臣。

山鹿素行一开始推崇宋儒学，学习程朱理学。中年之后，提倡古学、圣人之道，对理气、心性之说有所质疑，著书立说肆无忌惮地批判程朱理学，为此得罪很多信奉程朱理学的达官贵人而被流放到博州赤穗。他在《圣教要录》中说道："道者日用所共由当行，有条理之名也。天能运，地能载，人物能云为，各有其道，不可违；道有所行也，日用不可以由行则不道。圣人之道也，人道也；通古今，亘上下，可以由行也。若涉作为造作，我可行，彼不可行，古可行，今不可行，则非人之道，非率性之道。道名从路上起也，人之行必有路。大路者，都城王畿之路，而车马可通，人物器用可交行，天下之人民各欲出其路。小径者，吾人所利之路而甚狭陋也，其险阻隘曲少可玩

---

① （明）朱舜水著，朱谦之整理：《朱舜水集》，中华书局1981年版，第814页。
② 同上书，第815页。
③ 同上。

也。圣人之道大路也，异端之道小径也，小径少可玩而终不可安，大路无可玩，无可见，而万小径在目下，终不可离。""凡圣人之道，唯在日用事物之间耳。日用事物之间格物致知，则天地自然之妙，不言而著，不求而来。"① 这表明，山鹿素行所谈之"道"存在于天地人物之间，贯通上下古今。"道"是清晰的，有条理的，各得其用。"道"是适用的，存在于日常生活之中，而不是高高在上居于庙堂间。

朱舜水为山鹿素行作的《子敬箴》一文中说："问学如何？征乎素行。素行如何？希贤希圣。匪敢僭踰，勉承来命。尧舜可为，人皆此性。儒道非难，养至德盛。懿美内涵，闻望外令。文武张弛，维人无竞。温恭诚允，端庄敬正。不在他求，是在子敬。"② 可以说，这是对山鹿素行极高的评价，学术、品行已是"希贤希圣"，并且弘扬古道，提倡古学。井上哲次郎认为："山鹿素行抱一家之见，主古学，这与舜水借托古人以述己见的思想是一致的。与朱舜水的交往经历，是山鹿素行对务实之道的最初感受阶段，日后他能成为日本古学派的鼻祖，撰写出反映其理论真髓另外部分的《圣教要录》，多半与舜水学说的古学倾向有关。"③

本章小结

朱舜水的日本弟子甚多，本章节主要是选取朱舜水具有代表性的弟子，重点讨论的是他们在各自领域的学术成就以及个性特征。在这里需要说明的是，笔者没有讨论受朱舜水影响的学派体系，是因为文化传播主要发生在人与人之间的沟通和交流中，而不是对学派本身产生影响，也不是朱舜水与学派之间的交流。所以本书主要是对朱舜水

---

① 山鹿素行：《圣教要录》，东京：岩波书店1970年版，第20页。
② （明）朱舜水著，朱谦之整理：《朱舜水集》，中华书局1981年版，第578页。
③ 井上哲次郎：《日本朱子学派之哲学》，东京：富山房1905年版，"附录六：朱舜水的事迹及其学说"，第819页。

思想对日本朱子学派、日本水户学派、古义学派影响较为典型或双方关系较为密切以及他们的身份和学术高度及深度具有明显的特色，也是该学派的代表性人物如安东守约、德川光国、伊藤仁斋和山鹿素行等之间的交流关系进行详细讨论。他们同朱舜水的交流或深入或全面，不功利，以情感为基础，从生活交流到学术交流，从外族"陌生人"关系变为文化价值认同的自己人的关系。安东守约诚恳、谦逊、低调，一心只追求学术价值，与恩师朱舜水感情深厚。德川光国身份较为特殊，既是政治家、学者，也是朱舜水的弟子，对朱舜水的礼遇似乎无瑕疵。伊藤仁斋和山鹿素行性格比较独特，"固执"而又通人情，似乎桀骜不驯，但对朱舜水的品行和学问又充满崇敬，尤其是伊藤仁斋，拜师不受而变化自己的学术思想从之。这些日本学者都能同朱舜水有良好的沟通和交流，除了朱舜水的学识和人格魅力外，他坚定的毅力和对日本大和民族的了解也是重要缘由之一。沟通从真诚开始，沟通从相互尊重和平等开始。

  其他弟子的学术思想以及生平在其他章节有介绍和评论，由于章节关系和问题讨论的侧重点不同以及学术代表性等，在此不再一一赘述。当然也有弟子如安积觉深受朱舜水思想影响，而没有给予大篇幅讨论，一是因为后文有论述；二是因为他和安东守约等学者在学术影响上似乎有相似性。

第五章

朱舜水思想在日本的建构与传播

> 想使中国文论在世界上发出声音,要在世界文论之林中占一个地位,其关键不在西人手中,而全在我们手中。当年鲁迅主张"拿来主义",我们现在要在拿来的同时,大力张扬"送去主义"。……但送之必有术。……首先自己先要说得清楚,不能以己之混混使人昭昭。其次,……写出好文章,提出新理论。[①]
>
> ——季羡林

朱舜水是儒家文化的积极传播者、运用者、发展者和阐释者。朱舜水将儒家文化根据社会现实作出与时俱进的合理解释,并在此基础上,结合社会现实创建接地气的思想理论。他对儒家文化有冷静而独立的思考和理性批判,对于人们关心的社会现实问题和儒家核心文化有自己独特的理解和实践。值得庆幸的是,他将自己的思想理论体系在日本进行了全面的"检验",之后,取得了良好的社会效果,并已形成文化"他国化"。如曹顺庆教授在《比较文学教程》一书中所言:"文学的他国化是指一国文学在传播到他国后,经过文化过滤、译介、接受之后发生的一种更为深层次的变异,这种变异主要体现在传播国文学本身的文化规则和文学话语已经在根本上被接受国所同化,从而成为他国文学和文化的一部分,这种现

---

① 季羡林:《门外中外文论絮语》,载于《文学评论》1996年第6期,第13页。

象我们称为文学的他国化。"① 朱舜水思想在日本的成功建构，给当今这个复杂的时代很多启发和思考，也可作为不同文化间交流的理论支持和技术指导。

一 倡导切实可行的儒家文化

对八股文的批判。朱舜水对八股文的批判可谓入木三分，他认为八股文根本不是文章，只是追求功名利禄的手段而已，作八股文的人其实不明白儒家核心思想为何物，推崇八股文使追求中国学问的真种子几乎绝灭了。他认为："以八股为文章，非文章也。志在利禄，不过借此干进。彼尚知仁义礼智为何物？不过棘闱，图中试官已耳，非真学问也。不佞父兄俱缘此得科甲，岂敢自鄙其业，但实见其弊如此。"② 在朱舜水看来，八股文是造成明朝灭亡的重要原因之一，"明朝之失，非鞑虏能取之也，诸进士驱之也。进士之能举天下而倾之者，八股文害之也"。③

关于做人。朱舜水用现实的师徒案例来讨论做人的道理。认为做人要有基本良心，要有自知之明，不能贪得无厌。他与安东守约写信时说道，"贤契自奉极其俭节，而以供不佞奢华之用，不佞尚有人心乎！以无人心者而为之师，亦甚失人矣"。④ 意思是说，如果还需要你勤俭节约资助我奢侈所用，我还是人吗！无人性怎能为师呢。做人贵在有自知之明。还有，为人父母，做事不能我行我素，不得轻浮，更不能以无知之名欺骗小孩。为人子，则要孝养父母。朱舜水说道："为人之父，励行益不得自驰。盖为人之子，犹得托戏舞斑衣之意，写我孺子之怀；一为人父，则房闼之中，均不得自轻，不能以无知欺

---

① 曹顺庆主编：《比较文学教程》（第二版），高等教育出版社2011年版，第149页。
② （明）朱舜水著，朱谦之整理：《朱舜水集》，中华书局1981年版，第173页。
③ 同上书，第390页。
④ 同上书，第184页。

孩提也。"① 对待父母，要体其心，代其劳，这要比替父母做某一件具体的事情更重要。

关于做"士"。朱舜水认为，要先严于律己，深知礼义廉耻，明晓"己所不欲勿施于人"的基本道理，并且要以这样的标准做人做事，方可为"士"；朱舜水有治国平天下之志，他认为为官一任，要造福四方，不辜负君主的使命。孔子所言："行己有耻，使于四方，不辱君命，可谓士矣。"对于为官者，朱舜水提出为官之法："曰清，曰慎，曰勤。"如果为官者，悟出此三个方面的深意，便能成为清白之人。而且，要能够勤思自己的职业，"宣君德，达民隐，访贤良，察奸匿，恤鳏寡，赒困穷"。② 上为江山社稷，下为平民百姓，这是为官者的基本学问所在，这样才不会祸国殃民。因此，为官者，要有怜悯之心，常怀一点爱民之心，时刻思民之所思，事事为民之所为。即便有一民有所怨，也如同己溺己饥，能做到这样，怎么可能无善政？为官者自然而然清白，受人民爱戴，这才是为官之道。

关于礼。朱舜水认为，应遵守"天秩有礼""天伦秩序"，理顺社会等级制度，并在现实言行中具体实践，否则"金衣玉帛"伺候也无多大意义。他在《杂著》中说道："礼为仁义之节文，天伦秩序，故曰：'天秩有礼'。又曰'礼，经国家，定社稷，卫民人，利后嗣者也。'而或者以登降上下，雍容慎齐当之，果礼之实乎？虽然，执玉高卑以征修短，气扬视低以知奸回；有诸内者必形诸外也。行中采齐，步中肆夏，尚矣！恭敬无实，玉帛云乎哉？"③ 1658年，朱舜水应郑成功之邀去厦门商讨反清复明之事，亲眼看见郑军官兵和缙绅"皆佻达自喜，屏斥礼教，以为古气，以为骨董，不佞知其事必无成，故万里遄行，不投一刺而返。不幸果无所济，今纷纷未有所底"。④ 朱舜水未与郑成功见面就折返，料见他反清复明不会成功，因为官兵

---

① （明）朱舜水著，朱谦之整理：《朱舜水集》，中华书局1981年版，第285页。
② 同上书，第379页。
③ 同上书，第492页。
④ 同上书，第83页。

和缙绅无视礼教，轻浮傲慢。朱舜水在答明石源助时说道："可见礼也者，不特为国家之精神荣卫，直乃为国家之桢干。在国家为国家之干，在一身为一身之干，为可蔑也。故曰'礼乐不可斯须去身。'知礼之国，当借君、卿、大夫爱惜存全之；未知礼之国，当赖明哲贤豪讲求而作兴之，以登进于有礼。不然，其何以自异于椎结、箕踞、雕题、凿齿之属哉！礼者，乃天理自然之节文，初非苛礼多礼之谓也。"①

朱舜水在现实生活中，按照自己的思想理念，言行一致，论礼不论禄。② 据《舜水先生行实》记载："至若招我不论禄而论礼，恐今日未易轻言也，惟看其意何如耳。"③《礼记·礼器》所言："礼之近人情者，非其至者也。近人情者亵，而远人者敬。"意思是说，最接近当下人情的东西作祭品，并不是最尊贵的祭品。接近人情的往往轻松随便，反之则庄重严谨。例如用牲血祭祀高高在上的天，用生肉祭祀列祖列宗，用熟肉祭祀小鬼神。熟肉是非高贵但是近人情的祭品，而牲血是最高贵的祭品。朱舜水说："五庙之礼，遵夫古，或不宜于今；便于今，则有戾于古。"④ 朱舜水认为宗庙之礼"洁粢盛，辨醴齐，荐广牡，谨蒸尝，事死如事生，事亡如事存，此固然矣"。⑤ 意思是说，供奉洁净的谷子、甜酒和硕大的牲畜来祭祀祖先，侍奉他就如同他活着一样，要尊敬和爱戴祖先。在此理论的指导下，朱舜水认为，日本贤明识礼之士很多，但也有些许人士无自知之明，会因嫉妒之心议论他人之不是。要孜孜不倦地学习，才能做到克己复礼，但也

---

① （明）朱舜水著，朱谦之整理：《朱舜水集》，中华书局1981年版，第83页。
② 据安东守约的《省庵先生遗集》一文记载："水户宰相上公闻其贤，以币聘之。幡然出而陈以尧舜之道，犹汤于伊尹。然事奠惟行，儒风大震振，是诚千载之奇遇，而千载之模范也。"（《省庵先生遗集》卷三《心丧集语》，《安东省庵集影印编》第1编，第425页）实际上，安东守约认为朱舜水"敛财"之目的，并不是为自己所用，而是为反清复明筹措资金。从朱舜水的人生经历及言行来看，他不是自私自利的吝啬之人，也不是敛财之人。
③ （明）朱舜水著，朱谦之整理：《朱舜水集》，中华书局1981年版，第618页。
④ 同上书，第282页。
⑤ 同上书，第481页。

不能过于勉强，不可一蹴而就，自然为好。做到"非礼勿视，非礼勿听，非礼勿言，非礼勿动"，便渐成君子。朱舜水强调，凡是礼都要有规范制度，有秩有序。所以，朱舜水对弟子野节说："凡为天下国家之礼，在乎有制。有制则贵贱有等，上下有章，文不至于奢华，俭不至于固陋。古之人，绘衣绣裳，山龙华虫，璨然可观。豢豕为酒，宾主百拜，始终秩秩。何尝无文？何尝非质？质而至于野，文而至于靡者，皆无制之礼也。"①

对于父母的礼节，需要从细节入手。侍奉父母，敬上食物，体贴周到，亲力亲为便可。朱舜水在给古市务本书信时谈道："远出初归，承颜进馔，人子志意，全在此时。若能于此时体贴周到，则滫瀡甘旨，皆为末节。所以学者学此，所以问者问此，躬行之外，更无学问。所谓归而求之有余师者，如斯而已。足下少年重禄，当念居亲之恩至为难报。岂为劳生汨没？"②

关于人才观。经邦弘化，康济艰难者为人才，即朱舜水认为的巨儒鸿士。仅是谈经说道、空谈阔论，唇枪舌剑，各立门户而相互讥讽，只讲正心诚意、大资非笑而无实践可言，无益于国家兴盛，这些都不是人才。朱舜水在给张名振书信时谈道何为人才：一是通晓古今，敢讲真话；二是能有具体实践能力。信中说："得郡得县，惟以得士为先。所称得士者，明古今，知兴废。直躬说论，为藩台所敬而事之之人；非仅读书识字事藩台之人也。得士则过失日闻，嘉言嘉猷日进，以此收桑榆之效不远也。若止占望颜色、伺察喜怒，称大美而道盛德者，则非藩台今日之所急矣。惟留意而裁择之！"③

关于国家治理。国家要长治久安，君主应为民爱戴。需得民心，安其民。如果失其民，国家就为虏所占。朱舜水在回答小宅生顺的疑问时说："失其民也。居官者不知治理，惟知掊克。一有变故，遂至

---

① （明）朱舜水著，朱谦之整理：《朱舜水集》，中华书局1981年版，第388页。
② 同上书，第330页。
③ 同上书，第665页。

土崩瓦解。所以有国有家者，但当悉心抚字，民心若固，何忧外患？"① 国家安定祥和，需要得民心。否则，"坚甲利兵""鸟铳、高手、铳炮"再多，也无济于事，"适足为盗资耳"。治国之道在于为民谋福利。而"小惠未偏，民弗从也"，很快会国将不国；治国之道还在于仁义，在于赏罚分明。朱舜水认为："治要无难，惟在人君诚心举行，不为谗人所间耳。"② 在《源光国字子龙说》一文中朱舜水说道："仁义兼施，赏罚明允，国以大治。"③ 治国在于修明立德，在于自强不息，在于至诚之道。久而久之，则国家能持续发展。"诚能修明其道，使百姓实见其美，则欢欣鼓舞，家弦户诵，可弹指而冀矣。假令回互迟疑，与群蒙同蔽，则道何自而明？逡巡退宿，与颓俗共靡，则德何由而立？其有不负生我者乎！是以须自强也。自强而不息则久，久则征，征则悠远，悠远则博厚，博厚则高明。博厚体地，高明体天，悠久无疆。故至诚之道，上下与天地同流，岂特百年而已哉！"④ 在朱舜水看来，事君求友要恪守各自本分，尽显儒家之道，国家则昌盛，天下会太平。"而事君求友无不尽其道。推而一乡，推而一国，无游手之民，四野辟货，财聚仓廪，实民安物阜，国富而兵自强。户有诗书弦诵之乐，人怀亲上敌忾之心，其国有不倡者乎。推而至于天下，天下有不平者乎！"⑤

治理国家要知道国家的根本问题所在，需清晰辨别国家的主要矛盾在何处。掌握了关键问题，何愁不能治理好国家？朱舜水认为："君臣、父子、夫妇、朋友，天地间之定位也。士、农、工、商，'国之石民也'。男耕而食，女织而衣，民生之常经也。所谓本根者，如斯而已。而又'壮者以暇日修其孝悌忠信'，国何患不治？何患不富？何事于浮文末节哉？以末节而图治，是犹理丝而棼之也，吾未见

---

① （明）朱舜水著，朱谦之整理：《朱舜水集》，中华书局1981年版，第314页。
② 同上书，第385页。
③ 同上书，第444页。
④ 同上书，第479页。
⑤ 徐兴庆编著：《新订朱舜水集补遗》，台北：台大出版中心2004年版，第193页。

其能治者矣！"① 这段话，朱舜水讲述了三个方面的问题，一是不同人应各司其职，做好自己的本职；二是要做好民生工作，人民需安居乐业；三是要做好人们的思想工作，教育人民要孝悌忠信。抓住问题的关键并加强治理，国家就能长治久安。作为管理国家的执行者，也需尽忠报国，为国分忧。朱舜水在《进思》一文中强调："进思尽忠，退思补过。治官事，如家事。"② 朱舜水还认为，作为儒者要遵守儒者之道，言必行，行必果。"即文、武、周公、孔子之道，即尧、舜之道也。不为则已，一旦奋发为之，举之必有其效，行之必著其功。……儒者之道，修齐之理，宝家臻臻，朝野熙熙。"③ 朱舜水在回答人见竹洞关于国家礼制问题时说："凡为天下国家之礼，在乎有制。有制则贵贱有等，上下有章，文不至于奢华，俭不至于固陋。古之人绘衣描裳，山龙华虫，粲然可观；豢豕为酒，宾主百拜，始终秩秩，何尝无文，何尝非质。质而至于野，文而至于靡者，皆无制之礼也。国家必欲崇俭，当自本根始，纷纷末制，何益于事乎！"④ 在朱舜水看来，要将国家治理得井井有条，一是礼制上须井然有序，即要有礼节制度；二是要崇俭。朱舜水所言不无道理，但是，依赖于尧舜之道、国家礼制不足以治理好国家，需要有法律制度给予保障，道德才可能优化。也就是说，相应的惩罚措施伴随着礼制同步运行，将一定的惩罚权力嵌入社会，使惩罚能够规劝违反礼制的行为，国家治理才会更为有效。福柯在《规训与惩罚》一书中说道："使对非法活动的惩罚和镇压变成一种有规则的功能；它与社会同步发展；它不是要惩罚得更少些，而是要惩罚得更有效些；它或许会减轻惩罚的严酷性，但目的却在于使惩罚更具有普遍性和必要性；使惩罚权力更深地嵌入社会本身。"⑤

---

① （明）朱舜水著，朱谦之整理：《朱舜水集》，中华书局1981年版，第388页。
② （明）朱舜水著，朱谦之整理：《朱舜水集》，中华书局1981年版，第506页。
③ 徐兴庆编著：《新订朱舜水集补遗》，台北：台大出版中心2004年版，第193页。
④ 同上书，第290页。
⑤ ［法］米歇尔·福柯：《规训与惩罚》，刘北成、杨远缨译，生活·读书·新知三联书店2003年版，第91页。

关于忠孝。朱舜水认为要忠君爱国爱民、孝敬父母友爱兄弟。"大人君子包天下以为量。在天下则忧天下，在一邦则忧一邦，惟恐民生之不遂。至于一身之荣瘁，禄食之厚薄，则漠不关心，故惟以得行其道为悦。"① 朱舜水在《楠目正成像赞三首》中强调："忠孝著乎天下，日月丽乎天。天地无日月，则晦蒙否塞；人心废忠孝，则乱贼相寻，乾坤反复。……誓心天地、金石不渝、不为利回、不为害怵、故能兴复王室、还于旧都。……父子兄弟、世笃忠贞、节孝萃于一门、盛矣哉！"② 对于楠木正成以忠诚之心誓天地，以少击多，英勇作战，父子殉死战场，朱舜水称之为"纯忠"。"尽己之谓忠、循己之谓私、所争毫厘之间耳。而其德业所至，祸福所基，遂有天渊之隔。凡百有位，但当致其身以事其君，幸勿徇其私而败厥德也。……尽己谓忠、推己谓恕、固也。此己果易尽哉？仁义礼智，天之所赋。子臣弟友，人之所萃。于斯有歉焉，尚得谓之忠哉？老老及人，幼幼及人，即尽其己而推之耳。乃有舍其在我，经营分外，谓之何哉？"③ 另外，朱舜水还强调，作为人臣要尽忠，要有大义，大臣之忠需要正己物正，要阻抑奸佞之徒。如是说道："忠之时，义亦大矣。而大臣之忠，则与小臣异焉。大臣者正己物正，而潜格其君心之非者也。至于辅幼主，抑又难矣。豫养君德，使其君亲端人，见正事，而便佞技巧憸邪之徒，不得进焉。吁亦难矣哉！非辨彻底诚心，未能胜其任而愉快也。"④ 在《答安东守约问八条》一文中进一步讨论了做人、做人臣以及为道："余谓君义臣忠，父慈子孝，夫和妇顺，兄友弟恭，而朋友敬信，此天下之至文也；而孝又为百行之源。孝则未有不忠，未有不恭、敬、信、诚者也。古人又云：'孝衰于妻子'。此世俗阅历之言，而非上哲之所虑也。"⑤

---

① （明）朱舜水著，朱谦之整理：《朱舜水集》，中华书局1981年版，第101页。
② 同上书，第571页。
③ 同上书，第498—499页。
④ 同上书，第499页。
⑤ 同上书，第369页。

朱舜水把忠孝提高到国家和做人的至高高度：无忠孝则无天下，无江山社稷。"孝之为道大也！孝之为道，治平天下之极则，非止于独善其身而已，君子可不知所务乎？"① 并认为孝为百行之源，强调行孝的实践性，将行孝融入日常生活。在《庄敬》一文中指出："居处不庄，非孝也。"② 意思是说，孝敬存在于平常生活言行之中，否则不能称为孝。如果行孝，就会没有不忠、不恭敬和不诚信之人。那些所谓"孝衰于妻子"之论，只是一些世俗之词罢了，并不是主流正统礼教的思想。不过，行孝贵在践履。若停留于文字语言层面，则"游、夏、赐、予远过于颜子"了。所以，朱舜水引用程颐的话说："未读论语时是这般人，读了后依旧是这般人，如未读论语一般。"③ 朱舜水强调的是言孝和行孝统一，更加侧重于行孝的实践。如他常言，学问之道，贵在实行。行孝源于圣贤之道，源于父母的教导。孔子对于孝是如是解释："生事之以礼，死葬之以礼，祭之以礼。"意思是说，在世时、死葬时、祭祀时都要以礼相待。孝经也有类似的说法，"养则致其乐，丧则致其哀，祭则致其严"。朱舜水对孝和行孝的理解更加接近于生活实际，他认为孝与父母的教导紧密相连。"人之所以敢于不孝，敢于为非者，只是忘却父母耳。"如果存念父母的教导，"自然一举足而不敢忘父母，一出言而不敢忘父母。以孝事君则忠，以敬事长则顺，忠顺不失，自能保其禄位宗庙。孝敬之心，日加纯谨，圣贤之道，不在他求，刚而不挠，精而不浮，莫过于是，何多自逊也"。④ 不仅接受来自父母的教诲，还要爱父母，尊兄长。朱舜水在回答加藤明友时说："惟知父母为当爱，兄长为当敬而已。"⑤

朱舜水在《忠孝辨》一文中认为："生子皆欲岂其孝，求臣咸欲冀其忠，乃君亲之至情也。"⑥ 意思是说，君臣、亲人之间最本真的

---

① （明）朱舜水著，朱谦之整理：《朱舜水集》，中华书局1981年版，第439页。
② 同上书，第495页。
③ 同上书，第368页。
④ 同上书，第376页。
⑤ 同上书，第382页。
⑥ 同上书，第435页。

思想情感是子孝臣忠。即便父母有偏心而不能做到公平公正，虽有怨言也不要怨恨，依然要孝敬父母。朱舜水引用《礼记》之语："父母爱之，喜而弗忘；父母恶之，惧而无怨。"在朱舜水看来，所谓孝之道，"始于昏定晨省，冬温夏凊矣；进而求之，瀡瀡甘旨，必诚必敬，乐其耳目，安其寝处矣；进而求之，深爱和气，愉色婉容，洞洞属属，如恐弗胜矣；又进而求之，乐其心，不违其志，竭诚致死，慎终追远，出言举足，不敢忘父母矣；又进而求之，立身行道，扬名于后世，以显父母矣。夫至立身行道，扬名于后世，以显父母，而孝子之道，无以复加矣。"①总的意思是说，要勤于侍奉父母，诚心诚意尊重父母。让父母安心、称心、悦心。敬听父母教诲，奋发图强，事业有成，光宗耀祖，此为孝子之道。朱舜水在《孝说》中还说："盖以孝之道，大而能周，约而能博，微而能著，积厚而生生不息，足以与天地而无敝也。"②孝不仅是要孝顺自己的父母，还要推而广之，孝悌天下，上通神明，下通四海，无所不通。在《天地君亲师说》一文中还说："虽然柔顺直方，坤之德也，卑牧定倾，地之道也，因地之利而君子则之，亦所以为孝矣。"③意思是说，大地有温柔和顺、真诚方正、谦卑自守的品德和秉性，作为君子要向大地学习，某种意义上说，这也是一种孝。总之，臣忠子孝之道，是至诚至德，诚为关键。

由孝而敬，敬为德之聚。敬是孝的具体行为方式，是持守谦恭、诚笃虔诚的精神和态度，敬是仁、孝、慈、信的归一。朱舜水认为："人之为德，莫大于敬。……夫敬为德之聚，则百尔德行皆萃于敬矣。敬为礼之舆，则三百三千皆一敬载之而行矣。顾不重乎！……敬之道不一，其用敬之为道，亦不一名。……'为人臣，则止于敬，为人子，则止于孝。为人父，则止于慈，与国人交，则止于信'。仁也，敬也，孝也，慈也，信也，无非一敬之所为也。由是推之，无德不

---

① （明）朱舜水著，朱谦之整理：《朱舜水集》，中华书局1981年版，第436页。
② 同上书，第438页。
③ 同上书，第440页。

备，无一非敬，安所往而不善哉！"①

关于德。朱舜水特别重视德的修养和修炼，他在很多场合和文章中，都谈到德行问题。在他看来，德行应建立在"如何为人"和"如何为国"的首要位置。国家首先应考虑是否实行仁德之政。个人，首先应考虑是否有仁德之心。朱舜水在《立庵记》和《德始堂记》中都谈道："太上有立德。""德厚者流光，德薄者流卑，贤其勉而进于其厚者乎？世间凡物，皆如逝波，惟此其不可诬，不可泯灭者也。"②朱舜水认为德川光国道德品质高尚，给新建的别馆题字为"高枕亭"，寓意为高枕无忧；在《三镜》一文中说道："镜惟三，则德唯一。"他认为，粉饰涂泽不是修德。可见，朱舜水对德行的要求和认识较一般而言，更突出强调德为先，看重的是德的实践性，和春秋时鲁国大夫叔孙豹提出的"三不朽"：立德、立功、立言有异曲同工之妙。

二 朱舜水的"实理实学"思想理论

朱舜水关于实理实学思想在实际生活中的运用，可谓覆盖日常生活中的衣食住行等诸多方面。上到国家层面如政治、经济、文化、艺术、教育、礼仪等，下到平民百姓的日常生活及其规范，他都用具体数据说明并详细描述，如防备饥荒的备荒储藏法、养蚕制丝技术、医药种痘处方、农田水利规划、道服纱帽裁剪。他还教授日本民众如何破除封建迷信、遗风异俗等旧的糟粕思想意识。朱舜水的实学思想既包含政治经济学的统治阶级利益的成分，也包含有日常科技和生活技能的实用主义的成分。朱舜水所著的《学宫图说》详细说明了明式建筑的具体建筑方法，给出了详细的数据，他还制作了大成殿、两庑和门等的建筑模型。《学宫图说》对日本的传统建筑产生较多的积极

---

① （明）朱舜水著，朱谦之整理：《朱舜水集》，中华书局1981年版，第575—576页。

② 同上书，第487页。

影响。"朱舜水还根据日本多地震的特点,发明了专用于防震的'平震枋'。其制作方法是'穿脐入迕'。即'防震枋'在安装时,在建筑的柱子中间从左右两方穿入防震枋,以起到防震作用。"①

学者对朱舜水的实理实学思想研究颇多,如李甦平教授在《朱舜水》一书中详细论述朱舜水学术思想的实践性。他认为:舜水学以强调实践为主旨,以批判宋明理学为主脉。以"实"字标宗,"实"像一条红线贯穿于舜水学的各个方面,如政治方面的"革新论",经济方面的"致用论",哲学方面的"实践论",史学方面的"尊史论"等。② 所以笔者在此不再重复阐述朱舜水的实理实学思想,仅就一些具体领域及相关数据作举例性说明,来体现朱舜水在诸多领域将所掌握的信息数据用于实践,以说明朱舜水所倡导的实理实学思想在现实生活中如何具体践行的。

关于礼服。朱舜水详细分析了衣冠和褻衣的区别。详细说明了明朝官方的朝服。官员的等级、类别不同,衣服的款式、色彩以及衣服上的装饰图案也不尽相同。"大明衣冠之制,以文官言之,有朝冠,冠有簪,冠中有梁,有金线,分别官职高下。武官以缨,缨有曲。有朝衣,不论大小,韍韐佩玉俱全。有圭,有笏,拜则搢之。笏有牙,有板,五品以上有牙,谓之象简。圭有五等,公、侯、伯、子、男,有桓圭、躬圭、信圭、蒲璧、穀璧之别,有幞头,着公服用之。有纱帽,着圆领用之。公服有红有青。五品以上红公服,五品以下青公服。有软带,文武有别。圆领有红、有青、有油绿、有绿、有蓝、有白、有玄色。有蟒衣,有麒麟,有斗牛,有绯鱼,有坐龙。以上五种,惟一品二品得赐,以下官不敢服,不赐不敢服。补服;一品仙鹤,二品锦鸡,三品孔雀,四品云雁,五品白鹇,六品鹭鸶,七品鸂鶒,八品鹌鹑,九品练雀。杂职官黄鹂。武官不同,带有玉有犀。三品花金,四品光金,五品雕花影金,六品花银,七品光银,八九并杂

---

① (明)朱舜水著,林晓明译注:《学宫图说译注》,上海古籍出版社2015年版,第2页。
② 李甦平:《朱舜水》,云南教育出版社2009年版,第19页。

职用黑角带。武官稍异,有朝履,写有皂靴,有忠靖冠,有忠靖衣,有截衣褶,有巾,不同,随品质服之。帽有直裰道袍,长衣海青。有裳,有蔽膝。有行滕。其它弁冕靴纩(toukuang)之类更烦。"① 所谓亵衣,一般指的是女子内衣,在明朝指的是巾和道袍等。穿此类衣服不得在厅堂和朝堂之上,不经允许也不能穿此服见达官贵人。从以上内容的介绍来看,明朝制度完善,官员等级森严,类别区分清晰,朝廷礼节设计精致完备;官服的鸟兽装饰图案显示出天人合一的传统哲学观。

朱舜水对明朝服饰衰衣的制作方法了如指掌,相关数据清晰可查。他在给安东守约的书信中谈到衰衣的制作方法和造型。"明朝衰衣之制,有袂而无袪,无所谓缝合一尺二寸者,下亦无裳。盖内有麻衣,加衰袭之。有麻衣之袪,故衰不为袪。麻衣长与身齐,故不为裳。后阔中裁与折共一尺六寸,更为布一片,长一尺八寸,缀于领下,名为负版。"② 德川光国邀请朱舜水制作明代衣帽,如朝服、角带、野服、道服、明道巾、纱帽、幞头等,朱舜水都一一完成。

关于碑亭修建。朱舜水说明了碑亭建在坟墓的位置、大小、高度、作用以及所建费用等。他在《答吉弘元常书九首》一文中谈道:"墓前左方十丈内外俱可建,惟当相其宜耳。碑多亦有竖于墓右者,谕祭谕葬坛数多,玉音叠降,未有多建碑者,亦缘坟墓不喜多石也。前所云石柱,恐此间难得,古止云一仗伍尺,然出土止九尺、一仗。上顶仍须以建材接之。若神道碑,则立于入山路口之左。碑制短小,碑亭仅蔽风雨矣。下亦有不用赑屃作跗者,四柱可也。"③ 在具体的碑亭建造时,朱舜水建议,要根据实际财力、物力等情况决定碑亭的规模。可以是八柱的、十柱的,也可以是十二柱的。建碑亭的费用较高,耗资巨大,民力无数。建碑亭,需要大臣商议为好。建制原则是百姓欢心,礼孝祖先即可。

---

① (明)朱舜水著,朱谦之整理:《朱舜水集》,中华书局1981年版,第374页。
② 同上书,第182页。
③ 同上书,第294页。

关于坟墓修建。朱舜水对坟墓的地址选择、土质要求、水文气象、造型以及材料使用等都有详细介绍。"大凡葬坟而求吉地，乃堪舆家之谬妄，至于安稳不犯凶煞，则理之所有，亦须稍稍究心。藏风纳气，土色滋润，开下无石屑，无蝼蚁及暗黑之色，则可矣。穴中无土球，色烂而气暖，更为善地。圹不宜太深，不宜太浅。作圹宜砖不宜石，三和土外筑炭屑则自坚固。一二年后，牢不可动，何患砖瓦腐朽。左右后三方用石，不宜太多。围墙宜紧凑，不宜旷荡。……葬于来脉之上，谓之骑龙。斩关已为凶险；未闻有葬于山顶者。但要界水清则圹中自然无水，不在高不高也。"①

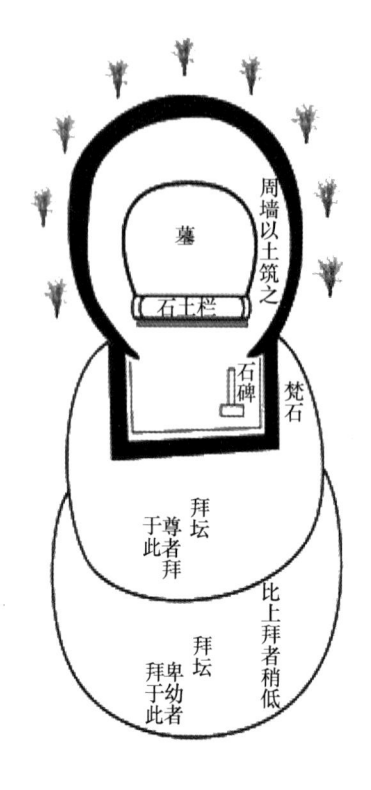

图 5-1 坟墓构造图

坟高四尺，呈圆形，三面环植楸、桧、柏，以荫其坟，坟前呈开敞状，有两层拜坛，一层高，为尊者拜，一层低，为卑幼者拜（如图 5-1 所示）。②

关于吟诗作赋。朱舜水认为吟诗作赋，并非学问，而是浪费时日，虚度光阴；是无病呻吟，与世道人心无益，并不可取。朱舜水态度鲜明地指出："吟诗作赋，非学也，而弃日废时，必不可者也。'空梁落燕泥'，工则工矣，曾何益于治理？'僧推月下门'，核则核矣，曾何补于民事？'鸡声茅店月，人迹板桥霜'，新则新矣，曾何当于事机？而且捻髭呕心，倘或不能工致，徒足供人指摘，又何

---

① （明）朱舜水著，朱谦之整理：《朱舜水集》，中华书局 1981 年版，第 289—290 页。
② 李甦平：《朱舜水》，云南教育出版社 2009 年版，第 57 页。

益于诗名？"① 他还认为，诗词歌赋，无益于江山社稷，无益于民风世道，只是学者沽名钓誉而已，尤其是当时的诗词，如同水上浮萍乃无根之诗。"今诗比古诗，无根之华藻，无益于民风世教，而学者汲汲为之，不过取名干誉而已。即此一念，已不可入于圣贤大学之道。故程子曰：'为之大足丧志。'"② 朱舜水在回答加藤明友提问时也谈道："今之诗词，与古人之诗远矣，诚能如杜子美、元次山，固自佳耳。"③ 他还认为，诗词对于道义没有什么害处，对于身心也没什么好处。

朱舜水还认为，作为学者、国家栋梁，不能将时间浪费于无意义的诗词歌赋之中，这是祸国殃民之举。不过，今天看来，朱舜水此种思想有偏激之嫌疑，不能说吟诗作赋不利于世道人心。诗词歌赋在明朝当时的情况下可能无法发挥直接作用，但不能说它没有作用。如庄子所言："此树因不材而得以终其天年，岂不是无用之用，无为而于己有为？"（《庄子·人间世篇》）从这种言论来看，朱舜水的观点似乎有些狭隘的实用主义。诗词歌赋"无益于民风世教"的观点有待商榷。孔子说："小子何莫学夫诗？诗可以兴，可以观，可以群，可以怨。迩之事父，远之事君，多识于鸟兽草木之名。"不过，朱舜水在《答古市务本书七首》中并没有完全否定诗的作用。他说："为诗岂尽无益哉？能如三百篇，风者足以劝，刺者足以惩，善心发而逸志创，于世道人心，未尝无补也。"④ 这句话非常肯定诗的作用，只不过他也认为诗是随着"王迹熄而诗亡"罢了，大概宋中叶以后"诗之用亡也"。所以，朱舜水认为："今之诗益无用矣，高者宣淫导豫，下者学步效颦。掇取诗文类聚及诗学大成等书，节令名物，敷衍数字，杂合成章，此不过欲虚张名誉，巧取世资，何尝发而性灵？甚至

---

① （明）朱舜水著，朱谦之整理：《朱舜水集》，中华书局1981年版，第157页。
② 同上书，第395页。
③ 同上书，第382页。
④ 同上书，第334页。

公侯卿相不能禁饬，反舍其政治，习效成风。……故曰：诗不可为也。"①

关于帏裳。"帏裳"一词共有 4 种解释：一是古代朝祭的服装。用整幅布制成，不加裁剪。自冕服弁服至元端皆为帷裳，前三后四不削幅。二是泛指下裳、裙子。三是车旁的帷幔。四是犹帷墙。朱舜水对"帏裳"的造型结构、尺寸，带的色彩、材料及尺寸都作了具体的说明。在《答野传问三条》一文中他详细记述道："帏裳用全幅如帏，故谓之帏裳。前用六幅，后亦如之，所谓要有襞积也。不斜裂也。故旁无缝，左右两旁，各有小小两幅子。此裳系于两腋下，前当胸，故宜长，带与裳齐。诸侯带博四寸，杂带不宜太阔，二寸以上俱可。缘用朱绿，上朱下绿。带用素熟绢。裳用六幅。每幅二尺，一边共六尺；亦有用八幅者。大约须看绸段广狭何如耳。下襈阔一寸，向内。"② 朱舜水进一步解释道："帏裳的基本尺寸、形制规范基本如此，至于具体尺寸大小视人的身材高矮、肥瘦决定。躯干大者，从幅子上放开，以后边两马面重叠沓度为度。"③

关于棺材。朱舜水对棺材的大小尺寸、所用材料及制作方法及其程序作了具体详细的说明。"棺厚约四寸以上，太厚恐重而难运。不必高大，量体而作之。大约内净一尺八寸，后约一尺六寸，须比身躯稍长，人死则长于在生时也。不然，则短而不可殓矣。"④ 他在《答或问棺制》一文中作了进一步的解释："一盖一底，两墙两和，凡用板六块，板取坚致不烂不蠹者为佳，不必定取油杉油松也。惟梓与黄肠，法之所禁，非士大夫之所得用者。铁环防便事，四索备而不用，非谓丧舆中用环与索也。四墨点为大铁钉，所以钉棺盖者。又一点为柏木钉，谓之长命钉。下垂者为五色绢条。底比盖似稍狭，两墙之下足稍收。两墙中桥而上下皆敛，形如皷磔，合之有氏。若照板为之，

---

① （明）朱舜水著，朱谦之整理：《朱舜水集》，中华书局 1981 年版，第 335 页。
② 同上书，第 360 页。
③ 同上书，第 471 页。
④ 同上书，第 362 页。

则直而无样也。上下所出寸余为子口,即笋也。上者入于盖,下者入于底,两墙中窒而上下皆翘。四围之所出者为笋,合之上者为子口,三面皆为笋头,上下用直笋,两旁入墙者,用马蹄笋。头张而颈细。两和俱中高而四边低,合之有氏。若照板坦平,则无样矣。上下两子口及两墙两头之槽,俱用净生漆加细瓦灰以合之,其次用桐油石灰。内底缝一周,亦生漆夏布以牵合之,其次用桐油石灰。棺内,家礼用沥青,近古亦有用之者,今人多不肯用,其必有所试矣。"[1]

关于裱画,朱舜水谈道:"裱画用缥绀绫,或绢或纸,间亦用之。镶嵌用锦,亦用金黄酱色等绫。然用素锦,不用织锦,大名金等物,贵雅素而庄重也。"[2]

关于鞍绊的制作及作用。朱舜水说明了鞍绊具体的制作方法、作用及所使用的材料。"绊鞍者,用牛皮作大带,中阔,两头稍狭,以薄熟皮缘边而漆之。取其坚韧耐于栓束。两头用半月样铁圈,别用狭皮条收紧,上以固鞍鞯,下以兜马腹,与牡带通用。岂得用纤纤色韦,以取其久。且带不周于上下,骋之则鞍裂,细人之无知也如此。不便再为所宵。"[3] 朱舜水认为,鞍绊制作相对简单容易,无须详细说明。至于辔勒、条革、樊缨、镰秋等物件,因无明朝命令而没有制作。马的缰辔各有作用,缰用于放牧,辔用于驾乘。控制马的行动是缰绳而不是辔,缰绳可长可短,可松可紧。

关于木板上使用的部件——铁羊眼。朱舜水对其造型、材料质地要求、使用要求、使用数量及形式美感都做了具体说明。"铁羊眼,须粗壮坚韧,先钉入直档中,转角于两边,敲没铁角。若转角在上下,恐有差池。订好,然后入于板槽内,大约在木档三四寸处。钉羊眼亦须酌量为之。其额前面宜略俯,直则不好看,要对面看不见。铁钩擎钩,或凤或鹊,嵌金嵌银俱可。其擎处亦要粗壮牢实。"[4]

---

[1] (明)朱舜水著,朱谦之整理:《朱舜水集》,中华书局1981年版,第366页。
[2] 同上书,第229页。
[3] 同上书,第262页。
[4] (明)朱舜水著,朱谦之整理:《朱舜水集》,中华书局1981年版,第338页。

关于餐饮。据传，日本的拉面（ラーメン）原是由朱舜水由中国带到日本的。现在的日本拉面是日本典型的主食之一，深受日本民众的喜爱。除此之外，他对制蚶也有一定的研究。他说："制蚶，将蚶洗净，沥去水与涎沫，去腥秽□。先取无节竹一段，插入□中，上出□口半寸许。每蚶一□，不论大小，用竹一段，插入到底，然后将蚶入□内，令满，轻轻安置平稳处所，半日许，则渴而口开。用有壶贮酒，轻轻瀉（xì）入竹管内，勿令有声，则酒从上而下，蚶口渴而喜饮，逐至满腹，然后口合，酒平蚶即止。复过半日，方下川椒、盐、酱油、十日半月，擘取为宜，即熟矣。若不用竹，则酒从上而下，则蚶口闭，注之有声，及摇动则口亦闭，口闭则酒不能入而臭矣！"①

关于信封书写和对象称谓。朱舜水在教授日本人书写信封和对象称谓时说，对象不同称呼不同，尤其是对象的等级不同，称呼也不尽相同，并在此问题上说明得非常详细。朱舜水说："先生曰大台柱，即宰衡，推官至县皆可用，监察御史亦可用。非上宰相者，即宰衡，即揆端、詹事府、正詹、少詹。翰林院，谕德春坊以上吏礼部侍郎可用，非宰相称呼。……又称国老，曰大均衡、大柱国、大台辅、大保衡，皆可用。"②

另外，朱舜水还对信封的颜色和形式做了具体的说明。如红色信封表示庆贺之意，多用于婚娶之类的红喜事，尺寸一般是长八寸五分、宽一寸九分。蓝色信封表示吊唁之意，多用于吊丧之类事宜。尺寸一般是长八寸五分、宽一寸九分。还有红色礼帖，尺寸一般是长八寸七分，宽三寸七分；红色谢帖，尺寸一般是长八寸七分，宽三寸七分；儒生用的信封则长一尺，宽四寸三分，封面画有花木鱼身（官员不可用）。

关于明朝俗礼。朱舜水主要说明了"飨礼式""迎岁式"和"祭灶式"。"飨礼式"主要是招待尊贵客人，其礼式如图5-2所示。③

---

① 徐兴庆编著：《新订朱舜水集补遗》，台北：台大出版中心2004年版，第205页。
② 李甦平：《朱舜水》，云南教育出版社2009年版，第53页。
③ 李甦平：《朱舜水》，云南教育出版社2009年版，第58—61页。

第五章　朱舜水思想在日本的建构与传播

飨礼式	
盆景五色	
黏果五色	
水果五色	
米食五色	
腊味五色	
海味五色	
汤五道	
饼饵五道	
热菜五色	
盐酱五色	
尝食	渣斗
摺盆十五色	
台盘	箸

黏果五色				
龙眼	银杏	榛子	核桃	棐子

水果五色				
慈姑	藕	栗子	蜜柑	九年母

腊味五色				
风雨	火腿	辣鸡	腊鸭	鹿肉

海味五色				
万事尽理	来牟厥明	鳌驾山来	鸢飞鱼跃	彻者彻也

盐酱五色				
蒜	山椒盐	醋	肉桂胡椒	酱油

| 尝食 | | 渣斗 | | |

摺盆十五色				
海竹柿饼	燕窝蜜饯	火腿牛皮糖	辣鸡橘饯心腰舌	鱼翅蜜饯炖掌
				腹鱼虾海蜥

| | | | | 箸 |

汤五道				
鱼酸汤	肉丸汤	象牙汤	粉汤	面

饼饵五道				
软落干	鹌鹑饼	豆沙糕	春饼	馒头

热菜五色				
鱼	肚肺	鳖	鹿筋	春盘

图 5-2　"飨礼式"

"迎岁式"用于大年初一拂晓时，先洒酒半小时，然后四面拜，再祝泼净水、顿首、礼毕。"祭灶式"用于除夕，行洒酒满盅，然后四面拜、祝泼水、顿首和礼毕。其礼式如图 5-3 所示。①

---

① 李甦平：《朱舜水》，云南教育出版社 2009 年版，第 62—63 页。

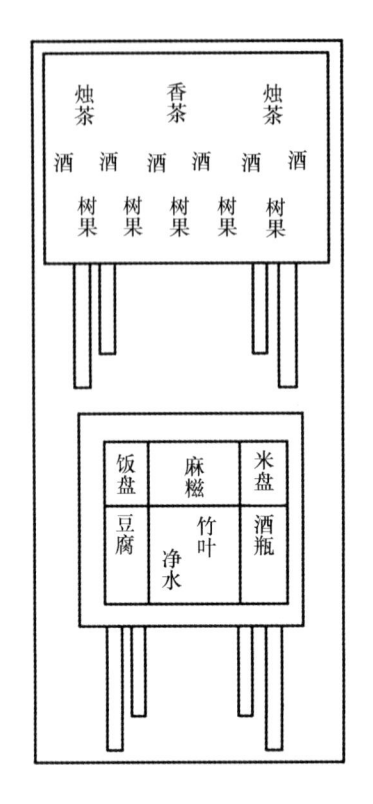

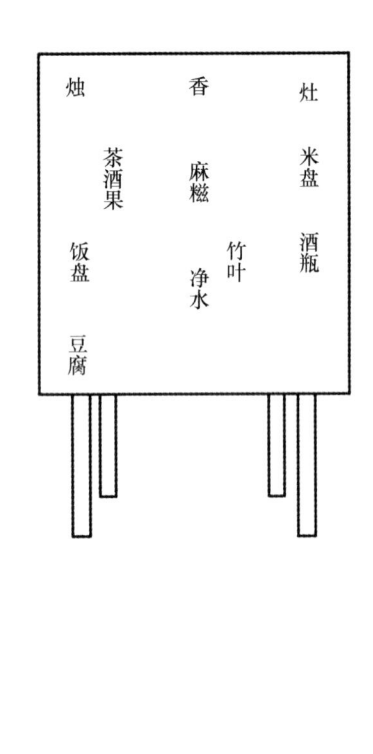

图 5-3 "迎岁式"和"祭灶式"

三 做人为本的教育传播思想

朱舜水对教育有着系统而深入的研究和思考，从教育理论到教育实践，从教育传播思想到教育的基础建设再到读书学习的方法都有系统的认知和体悟，他详细论述了教育的实践性作用以及读书学习的重要性。朱舜水在《劝兴》中说："敬教劝学，建国之大本；兴贤育才，为政之先务。宁有舍此而遑他事者乎？舍此而营他事，则僻邪诞慢之说，竞进而杂揉之矣。欲求政教休明，风俗淳美，何可得哉！"①并在《书〈读书乐〉卷后》一文中也谈道："读书之道，理乎心性，

---

① （明）朱舜水著，朱谦之整理：《朱舜水集》，中华书局1981年版，第501页。

通乎神明；不独元士庶士日于此孜孜焉，而天子公侯卿大夫，有治国平天下之贵者，于此为尤亟矣。……知不读书之为可尤，则知读书之洵可乐也已。"① 朱舜水十分重视教育，认为教育是万年圣政，是恩惠子孙、永载史册之事。教育成功与否直接关乎国家的兴亡。在《答安东守约书》中他说道："近者，中国之所以亡，亡于圣教之隳废。圣教隳废。则奔竞功利之路开，而礼义廉耻之风息。欲不亡得乎！知中国之所以亡，则知圣教之所以兴矣。"②

（一）教育传播思想

关于教育传播思想，朱舜水强调的是经世济民。教育的目的是振兴道德，移风易俗，使国家安定清平。应做到德足以为世仪，言足以为世法。朱舜水在《答木下贞干书六首》中说："建国君民，教学为先，非欲其文辞遒畅，黼黻皇猷而已，诚欲兴道致治，移风而易俗也。自非然者，经纶草昧之初，日给不遑，何贤圣之君必以学校为先务哉？礼曰：'学则善人多，而不善人少。'夫善人多所以兴道，不善人少所以致治。"③ 这反映了朱舜水朴素的唯物主义教育传播思想。在朱舜水看来，教育教学可以使更多人为善，善人多，则社会好，并指出国家兴衰，关键是人才培育。固兴教倡学，使国人知礼节，明仁义，民风淳茂而国运长久。朱舜水在给加藤明友的书信中说道："建学立师乃所以习长幼上下之礼，申孝弟之义，忠君爱国而移风易俗也。"④ 他还倡导圣人之学，认为这是国家民族的福祉，也是重要的典范。"若果士大夫专意兴圣人之学，此诚天下国家莫大之福，莫重之典，莫良之务！惟台台共相敦勉焉。"⑤

而对于小宅生顺所提的"尚武，何必读书"的问题，朱舜水给予

---

① 许啸天整理：《清初五大师集（卷四）·朱舜水集》，知识产权出版社2012年版，第28页。
② （明）朱舜水著，朱谦之整理：《朱舜水集》，中华书局1981年版，第183页。
③ 同上书，第201—202页。
④ （明）朱舜水著，朱谦之整理：《朱舜水集》，中华书局1981年版，第74页。
⑤ 同上书，第311—312页。

了读书与否的利弊分析。朱舜水说:"谓贵国'尚武,何必读书',是未知古来名将读书者之多也。为将而不读书,则恃勇力而干礼义;能读书,则广才智而善功名,彼恶知之?"①"学问之道,与将略通,均有克敌致胜之功焉。"②"文武之道,无所分也。君子之德,钦明者为文,刚建者为武,无从得而分别之也。出则攘除寇贼,入则镇抚国家;是故非文无以附众,非武无以威敌。"③读书使人明智,知礼节,而成为文明之人。何况自古以来,读书的尚武人士颇多。在朱舜水看来,尚武而不用读书是孤陋寡闻的浅显认识。

朱舜水教育传播思想的另一个特点,就是他传播效忠封建帝王的思想。发奋图强是为了报主龙恩,读书应为帝王而读书。他对弟子下川三省说:"人之一生,十五六岁之时有几年?一年之中,有几个两春光?贵国主如天之恩,有几次遭际?汝不思于此千载难遇之时,发愤以报主恩。乃志得意满,骄矜乡里,悠悠泄泄,汝尚复有人心耶?"④朱舜水的教育传播思想与德川光国有相似之处,德川光国认为:"邦设学校,三代之遗法,而王道之本也。讲书弘道,训蒙化俗,莫善于斯。"⑤此为侍奉帝王代表性的奴化教育传播思想,正如马克斯·韦伯所说的"卡理斯玛"支配型的政治思想。这种思想是中国几千年来的政治统治思想,是忠君思想的代表性言论,正所谓"贵当天子,富有天下"。自由主义者胡适接到被废的宣统的电话,受宠若惊地忙忙应答"皇上",以致后来反对冯玉祥发动驱逐溥仪离开皇宫的"北京政变"。可想而知,效忠帝王的教育传播思想深入人心的程度。当然,这种思想观念如今看来值得批判。

朱舜水教育传播思想的第三个特点是他认为教育能使人辨善恶、知礼仪。朱舜水既不赞同孟子的"性本善",也不赞同荀子的"性本

---

① (明)朱舜水著,朱谦之整理:《朱舜水集》,中华书局1981年版,第312页。
② 同上书,第501页。
③ 同上书,第437页。
④ 同上书,第324页。
⑤ 水户彰考馆员:《义公行实附年谱》,载于《朱舜水记事纂录》别卷,东京:吉川弘文馆1961年版,第21页。

恶",而认为人性既不善也不恶,习善则善,习恶则恶,善恶之辨全在于学习之道。"学之则为善人,为信人;又进而学之,则为君子;又进而学之不已,则为圣人。……既能学,自能人欲之非,自不受其弊;既能学,自知王者圣贤之道之为美,自知老佛之徒之邪之伪,不待辨而自明矣。"① 具有学习能力,能够辨别善恶、是非,能够不忘邪念的危害,能够克服邪念的纵容,人就会向善,这是学习的作用。《尚书》有言:"惟圣人无念于善则为狂人,惟狂人能念于善则为圣人。言桀纣非实狂愚,以不念善,故灭亡。"还认为读书学习需要理论联系实际,致知力行。否则,"若空空去学,学个甚底?习,又习个甚底?"② 如果学习没有想法,没有目的,没有带着实际问题去学习,那能学到什么东西呢?所以要"慎思明辨,即是此中事"。也即知行统一,"行"中有"知","知"中有"行。"朱舜水还认为:"家有母,学为孝;家有弟,学为友;家有妇,学为和;出而有君上,为学忠慎;有朋友,学为信:无往而非学矣。其不得其意者,时取古人之书,以印之证之,扩之充之,即其是学矣。"③ 意思是说,对待父母要孝顺,对待兄弟姐妹要友好,对待爱人要亲和,对待国家要忠贞,对待朋友要诚信。如有不解之意,可向古人学习,明晓其中之要意。反之,则不知礼仪、不知善恶。朱舜水在给安东守约的书信中说道:"不学则执非礼以为礼,袭不义以充义,虽上智容有过差,况其下焉者哉?其为弊有三端:岸然自高、枵然自是,而耻于下人,一也;在日本者不自安其分,在中国者尝欲求其疵,斗捷于口颊,二也;愚蔽于他端,而希必不然之获,老死而不悔,三也。三者横于中,其何以进于学哉!"④

朱舜水教育传播思想的第四个特点是以礼教为主,而礼教又以"孝悌"为核心思想。朱舜水认为:"圣贤千言万语,无非教人以孝

---

① (明)朱舜水著,朱谦之整理:《朱舜水集》,中华书局1981年版,第378页。
② 同上书,第387页。
③ 同上书,第297—298页。
④ 同上书,第169—170页。

而已。夫岂无他道以言哉？盖以孝之道，大而能周，约而能博，微而能著，积厚而生生不息，足以与天地而无敝也。譬诸树木之有根本，黍稷之有嘉种，枝干饰节叶华实，无不具备于此。……故曰：'君子务本，本立而道生。孝悌也者，其为仁之本欤。'岂为仁哉？人心之德，尽于仁义礼乐智信。仁之实为事亲；义之实为从兄，而智为知斯二者，礼为节文斯二者，乐为乐似二者。又曰：'事亲弗悦，弗信乎朋友。'然则千变万化，皆所以发明此孝悌，而悌又以广其孝也。若舍亲亲而侈言仁民爱物，是之为悖德，是之谓不知务，况敢言仁哉？然则孝者止于事其亲而已乎？曾子曰：'居处不庄非孝，事君不忠非孝也；莅官不敬非孝也；朋友不笃非孝也；战陈无勇非孝也。五者不遂，灾及其亲，敢不敬乎！'故'孝始于事亲，中于事君，终于立身，'诚以'立身行道，扬名于后世，以显父母。'足以为孝之终也。……孝之为道大也！孝之为道，治平天下之极则，非止于独善其身而已，君子可不知所务乎？"① 在给德川光国的拜年信中他也说道："伏以治道有二：教与养而已。养处于先，而教居其大。盖非养则教无所施，此奚暇治礼义之说也；非教则养无所终，此饱食暖衣，逸居无教之说也。故教者，所以亲父子，正君臣，定名分，和上下，安富尊荣，定倾除乱，其效未可一言而喻也。"② 弟子安积觉在《朱舜水先生文集后序》中说道："其教人，未尝高谈性命，凭虚骛究，惟以孝悌忠信，诱掖奖励。其所雅言，不离乎民生日用彝伦之间。本乎诚而主乎敬，发于言而征于行。涵育熏陶，孜孜不倦，务欲成就人才，以为邦家之用。"③

另外，上海大学教授陈增辉研究朱舜水的教育教学时认为："朱舜水在教学中的一大特点是视中外为一体。"④ 理由是朱舜水所说的

---

① （明）朱舜水著，朱谦之整理：《朱舜水集》，中华书局1981年版，第438—439页。
② 同上书，第115—116页。
③ （明）朱舜水著，朱谦之整理：《朱舜水集》，中华书局1981年版，第786页。
④ 陈增辉：《朱舜水教育思想简论》，载于《朱舜水与日本文化》，人民出版社2003年版，第197页。

"仆之视贵国同为一体""中夏四国,本来一体为亲""与中国世世通好,若汉赵交""动关中国、日本千年之好"体现出朱舜水的世界观和价值观没有局限于"小我"的民族国家主义,而是超越了民族国家范畴,是将世界大同的思想植入教育教学之中。

(二)学校是国家教育之命脉

朱舜水十分重视学校教育的重要性。他认为学校兴则教育兴,学校是国家命脉。朱舜水在《学校议》一文中开头便指出,"庠序学校诚为天下国家之命脉,不可一日废也。非庠序之足重,庠序立而庠序之教兴焉,斯足重尔。虞、夏、商、周以至于今,未之有改也。是故兴道致治之世,君相贤明,其学校之制,必厘然具举,焕乎可观"。①几千年来,学校及学校教育的重要性都没有改变,国家兴旺发达,是学校及学校教育发挥着重要作用。因为教育可以兴道治世、使君相贤明。于是,社会上"人材辈出,民风淳茂,而运祚亦以灵长;至若衰世末俗,不念经国大猷,事事废弛,以致贤才抑湮,民风偷薄,弱肉强食,奸宄沸腾,而国运亦以随之矣"。②朱舜水还向德川光国介绍了何谓学校:"圣庙,即学校也。中为圣庙,西为明伦堂,北为尊经阁,东北为启圣宫,或西或东为射圃,以较射为义,故曰校也。每府每县,必建学立师。卫城建学者少,故通计止千余所。"③

朱舜水把学校建设和圣庙建设置于同等地位看待。所谓圣庙是古时祭祀孔子的庙,无论是官方还是民间对孔子都十分敬重和敬仰,祭祀活动络绎不绝,规模不断提升。孔子被认为是为学之祖。清代阮元《小沧浪笔谈》卷一所记:"至圣庙,春夏秋冬以四孟上丁为祭,衍圣公主之。"人们对孔庙的重视程度可见一斑。朱舜水在回答小宅生顺关于建圣庙的问题时,说:"古者建学必于国都,大事于此焉出,其后饮至策勋,行至太庙,而献馘献囚,必于泮宫,所以圣庙与学校

---

① (明)朱舜水著,朱谦之整理:《朱舜水集》,中华书局1981年版,第462页。
② 同上。
③ 同上书,第349页。

不宜相去也。……而厉世磨钝之大者，莫过于学宫。……国籍成德达材之用，而家裕温恭孝弟之规，法至善也。所以圣庙不宜与学校悬隔也。"① 朱舜水这里所谈的是圣庙建设的必要性以及圣庙对江山社稷所起的作用，实际上，他也是在谈建学的重要性。可见朱舜水对教育的重视程度，深深知晓学校建设对人的教育意义。

朱舜水把学校设置为六个等级，第一等级是孔子故里曲阜即孔庙。历代王朝尊崇，无可取代之地；第二等级是两京的天子辟雍即应天府学和顺天府学。都是建在都城之地，规模大，品格高。第三等级是省会城市所建的学校。地方官员、贤豪、名卿对其尤为重视。第四等级是为府州所建的学校。此等学校一般视为差等。第五等级是类似于绍兴府学和松江政学的学校。此类学校一是离京城较远，学校规模小，二是学术地位偏低。第六等级的学校位于荒僻、地广人稀之地，学校教育也似乎处于荒芜状态。根据朱舜水对学校等级的划分来看，今天的学校等级和明朝相比，并无太大区别。学校等级是建立在政治基础上的，一流学校基本建制在京城，集中优质资源。有所不同的是孔子故乡曲阜的孔庙——教育地位已不及明朝时期的高度，今天只是举办儒家文化仪式的场所而已。

德川光国曾建议，将学校建在郊外，便可垂之久远，悠悠绵绵。原因是：如国都有所变动，也不会伤及学校。而朱舜水明确表示反对，致信小宅生顺和人见竹洞，让他们代为劝说：学校应该建在国都，便于举行行香和祭祀等仪式。不久后，人见竹洞致信朱舜水也谈到此事："建学一事，前所择不便，以翁言其便别占一地，如前日所言东方阳和之所起，以上公之仁风，翁之和气，则虽为东周岂不得乎？三年有成者，可以斯俟焉。"② 从他们关于建校问题的交流来看，朱舜水有明确的建校理念，努力推动日本教育事业的发展，扩大中国儒学文化在日本的传播。

---

① （明）朱舜水著，朱谦之整理：《朱舜水集》，中华书局1981年版，第322页。
② 徐兴庆编著：《新订朱舜水集补遗》，台北：台大出版中心2004年版，第114页。

（三）教无定法的教育方法

在朱舜水看来，教无定法，如果真要说其教育方法，一是因材而笃，也就是因材施教。对于不同弟子，教育教学的方法、内容及其要求也不尽相同，"教人之道，有一定不易者，有因人而施者，俗儒执一不通，其误人也多矣"。① 奥村庸礼是德川幕府的政治高官，由于其身份和地位不一般，朱舜水对其教育的方法与其他弟子相比有所区别，时常是以江山社稷，或辅助君王之言告诫奥村庸礼应以古代的大臣、贤臣、豪杰为学习典范，对内示范家人和国人，对外作为国家义理标准。要勤勤恳恳，清正廉洁，毫不松懈地侍奉君王。朱舜水说道："惟期贤契以古大臣、古豪杰，内为家范，外为国仪。此心勤勤，未尝一刻稍驰。"② 朱舜水希望奥村庸礼多看看《资治通鉴》等书，以便于辅助君王恩泽社会。朱舜水还为奥村庸礼特意撰文《司马温公像赞》，盛赞司马光辅助君王治国有方，廉洁爱民，深受人民爱戴，勉励奥村庸礼向司马光诸贤学习，远小人近贤臣。文中说道："元祐之治，至今称美……然妇人女子，皆知其为司马君实；及丧归洛阳，巷哭以过车，生荣死哀，岂人力所能掩饰耶？使天下有平治之福，则先生有期颐之寿，其治理之所至，宁止于是而已哉！……吾之所以肯肯言之者，盖以著君子小人治乱之效，为万世人君亲贤臣远佞人之戒。"③ 要求奥村庸礼求真求善，扬长避短。"贤契惟取其真而弃其短，斯为择执之善者矣。"④ 还要他盛德虚心，虚怀若谷。治国安邦即便粗茶淡饭也不后悔，简衣陋室也不可耻。并举安东守约为例说明何为尚德之道。他说："省庵虽一介寒士，然其高才卓识，盛德虚心，则有不可及者矣。亲疏戚友之间，摇之者万方而终不惑，蔽衣陋室而不耻，粝饭瓢饮而不悔，使大邦能振兴圣贤之道，则若人诚君子而尚

---

① （明）朱舜水著，朱谦之整理：《朱舜水集》，中华书局1981年版，第332页。
② 同上书，第267页。
③ 同上。
④ 同上。

德者矣。使贤之志意能如省庵，则不佞又何有世俗之虑哉？"① 朱舜水希望奥村庸礼能向省庵学习，这也反映出朱舜水对奥村庸礼的器重程度和殷切的期望。弟子服部其衷，自幼聪慧，但好动贪玩，年幼无知，时常装病不学。朱舜水对其行为"不理不睬"、不急不火，也不落其"圈套"。后来，服部其衷无计可施，只好认真学习，成绩猛进。朱舜水在《答奥村庸礼书》中说道："服部其衷前者诈病，意图遣归。不佞既不急促，亦不落渠縠中。今计穷而后读书，已将一月矣。尽能记诵，音声亦不异唐人之子，甚清亮。近日学语，譬如雏鹰，亦间关可听。但要贤弟不为姑恤，则不俊之严厉可施。彼若稍有退步，便不思进步矣。向日不佞以贤弟宽和，且又远去，此子来，故不肯受。不然何以至此？今幸稍有一线之路，其所以立身者，年幼且生蓬中，未可知也。"② 这段话表明，在教育教学过程中，朱舜水善于察言观色，能够掌握学生心理活动和动态，并严格要求学生，要他们对所学内容能够记忆和背诵。而且，朱舜水强调学习知识的实用性，要求学生活学活用。另外，朱舜水还要求学生的监护人积极配合，保持与老师的联系，严格监管学生，督促鞭策学生勤奋学习。

朱舜水在给弟子及友人作"记"时，根据其不同特点作不同的"记"，这也体现了他因材施教的理念。如为加藤明友作"勿斋记"，希冀其追求圣人之道，要做到"非礼勿视，非礼勿听，非礼勿言，非礼勿动"；为白井伊信作"子中记"，希冀其灵活把握权衡之计，切不可"执中无权，犹执一也"；在为奥村庸礼作"德始堂记"时，希冀其保持德行；在为古市务本作"典学斋记"时，希冀其多多学习古圣贤之道；在为辻达作"端亭记"时，希冀其修炼内心，规范言行，如《周易·系辞》所言："敬以直内，义以方外。"希冀古市主计"存心贵实，善性欲灵"等。

二是学习的持续性。学习，持之以恒较为关键。俗话说："师傅

---

① （明）朱舜水著，朱谦之整理：《朱舜水集》，中华书局1981年版，第268页。
② 同上书，第273页。

引进门，修行在个人。"意思是说，师傅将知识、技能、方法传授给学生，效果如何或者起到多大作用则取决于学生自己的修为和用功程度。进一步说，能不能按照师傅合理的要求长期坚持下去而不改变，就要看学生的内心修为和毅力。如孔子所言："父在，观其志；父没，观其行；三年无改于父之道，可谓孝矣。"孔子在这里所说的意思可以理解为要有持之以恒的敬孝毅力。如果从学习方法的角度去理解，可认为学习要持之以恒。朱舜水认为，对弟子的教育以及对弟子的弟子（子女）的教育，关键是看其有无用心去学习，有无坚持师傅指导的路径不断向前发展，至于教导言语多寡对教育的效果起不到关键性作用。朱舜水对弟子下川三省说："望其子为圣为贤者父之道，肖与不肖者，一任其子之心；爱汝教汝者师之道，率教与不率教者，一任乎汝之心。若教之有益耶，前者之言，非不足也；教之无益耶，今日虽更益千万言，有何益哉？我于汝费多少委曲，多少苦心，汝非木石，宁有不知之者！在汝自为之。"①

（四）读书学习是为了明事理

朱舜水突出读书的重要性和益处。告诫弟子要多读书："是欲为大将名将，必当读书。"世间最大益人智慧莫过于读书，如古人所言，"世间何物最益人神智？曰：无如读书"。②当然，读书不可邯郸学步，亦不可为加封爵位而读书。"读书则理明，理明则不期智而自智。理明则无左右瞻顾。担当自力，则不期勇而勇。"③读书可以修身养性、端正品行、正本清源、激励世俗、增强人的聪明才智，等等。不读书的人则易高傲自大，空虚无聊，黑白颠倒，不通事理等。梁启超所撰《朱舜水先生年谱》有如是说："不学，则执非礼以为礼、袭不义以充义；虽上智容有过差，况其下焉者哉！其为弊亦有三端：岸然自高、桀然自大，而耻于下人，一也；在日本者不自安其分、在中国

---

① （明）朱舜水著，朱谦之整理：《朱舜水集》，中华书局1981年版，第325页。
② 同上书，第256页。
③ 同上书，第504页。

者尝欲求其疵，斗捷于口颊，二也；愚蔽于他端，而希必不然之获，老死而不悟，三也。"① 朱舜水对那种读书无用论或者"读书则风气柔弱"之言论给予了批判，认为其是"倒行逆施"之谬论，并严厉批评道："张睢阳过目成诵，至于罗雀掘鼠，犹然眦裂齿缺，是可谓之柔靡乎？彼不读书而言勇，不过粗暴而已，何能至于刚大也？"② 尤其作为栋梁之材如君主的属臣，定要读书万卷，方可成为治国安邦之才。朱舜水还举孙权重臣吕蒙折节读书一事为例来说明读书的重要性，吴主孙权对吕蒙说：你如今已是重权在握，应当多读些书。而吕蒙以军中事务繁忙为由拒绝读书。孙权回答说：你的事务和我相比，谁更多？我一有空暇便读书，自知开卷有益。我并不是要求你成为学富五车而去应试举人之人，但凡不学习而处理公务，恐怕犹如面墙，义理违错，如何决断？于是吕蒙便去读书。后来鲁肃见之，大为惊讶，似乎认不出吕蒙来，并说道："士君子三日不见，便当刮目相待，君何见之晚也！"③ 其后吕蒙成为吴国大帅。朱舜水利用中国的历史典故告诫学生读书的重要性。他对弟子说："读书有三到，曰心到、口到、眼到。"④

因此，朱舜水劝诫弟子多读书，多向古人学习。"因以循古先圣贤之道而为之，斯为学。"⑤ 师古圣贤之道，可以明事理，为人处事，待人接物不流于世俗，也不会愧对古人。"夫人之处世也，出入不立异于时俗，而行己不负愧于古人，斯可矣。欲不负愧于古人，非读书明道无由也。"⑥ 多多读书学习，做真正的英雄豪杰，无须等待时机，豪杰之士可以创造机会，可以创造时势。用孟子的话说："待文王而后兴者，凡民也。若夫豪杰之士，虽无文王犹兴。"朱舜水鼓励弟子无论时事如何，都要刻苦读书学习，否则，易成为世俗凡庸之人。告

---

① （明）朱舜水著，朱谦之整理：《朱舜水集》，中华书局1981年版，第676页。
② 同上书，第502页。
③ 同上书，第256页。
④ 同上书，第626页。
⑤ 同上书，第487—488页。
⑥ 同上书，第281页。

诫弟子奥村德辉："足下今将有为人父之责，若失今不学，不过一时俗庸人已耳。……其能有出类之望乎？惟在足下勉之矣。"① 多读书，熟读书，自然文思滔滔，"笔机过纵而难收"（清·李渔，《闲情偶寄·种植·草本》）。朱舜水对安东守约说："书读得多，读得熟，自然笔机纯熟。不见夫蚕乎？功候既足，丝绪抽之不穷，自然之理也。"② 朱舜水还举苏轼之例详细说明勤奋读书的重要性，指出读书功夫的纯熟是要常存在于"心口中、笔头上"。"苏子瞻聪明绝世，读书每百过，或数百过，今人聪明不及子瞻十分之一，乃欲以涉猎游戏，读书如何得工夫纯熟？工夫纯熟，则古人精意皆在心口中、笔头上，挥洒立就。"③ 读书还可以亲近古人，远离匪人，可以修身，提高修养，减少祸患和浪费，使前途开阔。《答古市务本书七首》中详细记载了读书的益处："足下公余之暇，惟在读书。一则日亲古人，一则日源损友。古人日益亲，则路境日益熟；匪人日益污，斯善之善者也。"④

不过，读书也需量力而行，不可求多，否则，与不读书并无区别。当然，读书如果过目不忘，效果俱佳，确可博览群书。他在给安东守约书信时说："读书如酒量，有能饮一石者，有不胜一勺者，各当自量其力。若骛多而不精熟，与不读一般，不如简约为妙。倘过目成诵，自当博极群书。"⑤

读书要勤奋竭力，咀嚼其中的意味，领会其中的真实内涵和要旨。知其大者，则功无作辍，德不逾闲。朱舜水在同奥村德辉的书信中说道："孔子常言，不愤者不启，不悱者不发矣，慨焉激励者，其愤悱者也。慨然者，志也；激励而竭力者，气也。志气感奋，其学有不成者乎！竭力二字，受用无穷。竭力以事君必忠，竭力以事亲必

---

① （明）朱舜水著，朱谦之整理：《朱舜水集》，中华书局1981年版，第281页。
② 同上书，第401页。
③ 同上。
④ 同上书，第334页。
⑤ 同上书，第401页。

孝，竭力以读书修己，则必为贤为圣。人之所以不肖者，皆不能竭其力者也；或竭其力于无用之地耳。"① 对弟子古市务本说："贤者讲贯情文，修明礼教，知其大者，则其小者举而措之耳，不足深嗟也。"② 古市务本为国家公务人员，相对而言，公务较为繁忙，朱舜水针对其实际情况，介绍适合他的学习方法，以正面鼓励为主，躬行心得，竭力精勤："足下为学未几，乃能如此笔画清真，语言条达，是皆用心所到。知能竭力甘旨，意在承欢。又能知前寄诫辞，服膺弗失，则不佞之所愿望于足下者也足矣。用力精勤，必将月异而岁不同。后来至此，又当刮目相待也。然须知学者以躬行心得为主，而润色之以文采；不可以文字为主，而润色之以德行。能知其本末先后，则庶几矣，勉之哉！"③"读书励行"是为学之事。朱舜水告诫其弟子："呫哔非他，呫哔而咀其味，得其真，则皆励行之资也。"④ 如果不能嚼其味，不能得其真，书只是空泛的条文而已，那么读书有何用呢？所以要勤学，学而不厌，勤学使人智慧、使人有立锥之地，目光炯神而前途明朗。不学，则前途渺茫，如失去航向的远帆。朱舜水说："勤学则不患资质钝，勤学则不患无立。两目如灯光水晶，焉用彼相？将乘长风破万里巨浪，岂虞无舵！若夫今不学，则涉大川而无橹楫，罔水而行舟，何所依而定乎？"⑤《谕五十川刚伯规》明确说道："读书全要精勤，懒惰游戏作辍，必无有成之理。"⑥ 除了精勤之外，朱舜水还告诫弟子，要有诚实、谦虚、坚毅等品质。当然，读书不能唯书，不能持教条主义态度，不能刻舟求剑，如孟子所言"尽信书不如无书"。朱舜水认为："书如人之杖，老者、力不足者倚此而行，若

---

① （明）朱舜水著，朱谦之整理：《朱舜水集》，中华书局1981年版，第280页。
② 同上书，第335页。
③ 陈波洪：《浅析朱舜水教育思想的现代价值》，载于《舜水学探微——中日舜水学研讨会文集》，浙江古籍出版社2009年版，第304页。
④ （明）朱舜水著，朱谦之整理：《朱舜水集》，中华书局1981年版，第284页。
⑤ 同上书，第335页。
⑥ 同上书，第579页。

两足不能步履，而竟以杖行，此必无之理也。"① 朱舜水还举出一实例，说明唯书是瞻会误导读书人。据陶氏《辍耕录》记载："蒙古入中国，中国方有木棉。"而实际上，木棉早在元以前的中国就有了。杜诗有云："布衾多年冷如铁，娇儿恶卧踏里裂。"这里的"布衾"指的是木棉。如果盲信陶氏所撰的《辍耕录》，那对木棉的了解就有失偏颇。读书，须有独立思考和辨别是非的能力。因读书而毁坏人的心志，扰乱认识事物的方法和途径，岂不是笑话？"先贤谓战国策不可读，读之坏人心术。不佞谓此为初学及下愚言之耳。若真能学者，如明镜在悬，凡物之来，妍媸立辨，岂为彼物所移，何能坏我心术？不见夫海乎？河、汉、江、淮，无一不内，潢污行潦，并无去取，所以能为百谷王也。"②

所谓"慨焉激励""竭其力"，说的是读书学习需情绪饱满，竭尽全力。孔子学生子夏进一步说："贤贤易色，事父母能竭其力，事君能致其身，与朋友交，言而有信。虽曰未学，吾必谓之学矣。"意思是说，尊贤轻色，孝敬父母，侍奉君主，要尽心尽力，与朋友交往要言而有信。朱舜水这里所言"竭其力"不仅指的是学习本身，更是指读书学习要致力于实践，将理论与实践结合起来，强调实践学习的重要性。实际上，朱舜水在教育传播思想上，一是强调学习方法，二是强调学以致用，也即是其实理实学思想在教育中的运用。读书学习要有独立思考的能力，须"明其大意，质其疑难"。学习要"学而习，习而察。"

朱舜水告诫弟子，读书学习要持之以恒，终身学习，毅力坚定，方可成才。"夫学者，所以学为人而。子臣弟友，皆为学之地，忠孝谨信，皆为学之方，出入定省，皆为学之时，读书执礼，皆为学之具。终身处于学之中。"③ 他在《答矢野保庵书》中说："为学非难，立志为难。志既坚定，则寒暑晦明，贫富夷险，升沈通塞，均不足以

---

① （明）朱舜水著，朱谦之整理：《朱舜水集》，中华书局1981年版，第360页。
② 同上书，第369页。
③ 同上书，第488页。

夺之矣。如此而学有不成者乎?"① 还说,"一息尚存,此志不容少懈,终之于典学也。终始典于学,而学有不成者乎?"② 子夏有云:"百工肆以成其事,君子学以致其道。" 意思是说,各个行业的工匠要在作坊中完成各自的工作,而学习之人则需要终身学习实现自己的追求和目标。学习习惯要从小培养并逐渐趋于稳定。人要有自己独立的思想体系,要修行实践、提高修养,当然也要休养生息,融入自然和社会,懂得生活的美好和现世的安稳。朱舜水认为:"大学之法,藏休息游,亦必于学宫,乃所以习焉安焉,不见异物而迁焉也。"③ 学习需要观摩,观摩其规则,用耳目心仔细揣摩所认知的对象,然后详细分析并获取知识。倘若失去一耳,或眯眼式的不屑一顾的态度对待所观摩对象,无法获得真正有价值的东西。"观摩之道,用耳,用目,用心于有意无意,所慎所忽,大庭独居之际,而后得之。兹者,耳之一官既全聋矣,惟凭目力而心领神会,焉其可也?若又眯其目矣,将何以得于师?"④ 所以,朱舜水说:"士大夫三日不读书,便觉语言无味,面目可憎。知不读书之为可尤,则知读书之洵可乐也已。"⑤ 朱舜水还告诫弟子,读书要珍惜分分秒秒,要持之以恒,万不可一暴十寒,也不可急于求成。朱舜水在《题安积觉逐日功课自实簿》中亲笔题词明确指出:"学者用功,须是渐进而不已,日计则不足,岁计则有余,若一暴十寒,进锐速退,皆非学也。子夏曰:'日知其所,六月无忘,其所能是亦可乎。骐骥一日千里,驽马十驾,则亦及之。倘自矜捷足而弗驰弗驱,则驽马先之矣。'今为尔严立课程,自非疾病及不得已礼际应酬之外,须逐日登记,朔望则温习前书,为令成诵,若其中无故旷废亦于朔望之次日稽考答责,名曰逐日功课自实簿。每晚送簿填注,毋违毋忘。"⑥ 所以,学习应如子夏所说:"日

---

① (明)朱舜水著,朱谦之整理:《朱舜水集》,中华书局1981年版,第86页。
② 同上书,第488页。
③ 同上书,第272页。
④ 同上。
⑤ 同上书,第513页。
⑥ 同上书,第514页。

知其所亡,月无忘其所能。"

"学者立志当如山,求师当如海。"以此毅力学习,则可水滴石穿,甚至拜"一字之师",以此思考学习,没有学不好的。能学之人,会向有识之士拜师求艺,获取更多知识,增加知识面;做能学之人,做忙里偷闲学习之人,即便是纷繁杂乱之时,也要学习。"能学,则稠人群聚之时,必有我师;事务纷错之际,皆有其学。人人所能而我不能,则不劣而不得不学;人所不能而我独能,能则不广而益奋于为学,则无地不学也。"① 学习,不分贫富贵贱,也不分有无时间,关键是看要不要学习。朱舜水认为:"古来为学,不问其贫富贵贱,不问其事冗事简,惟问其好不好耳。好则最烦最不足者,偏有余力余功。不好则千金之子,贵介之胄,祇以嗜酒渔色,求田问舍,何复有一念及于学问!且学问者亦何必废时慌业,负笈千里,而后为学哉?"② 意思是说,学习不分贵贱富贫,不分事务多寡,只求学问做得好不好。做好学问需要用心、用力、用功,那些沉迷酒色,没有远大目标之人如何做好学问?真正做学问之人也不会废时慌业。学者大儒也会持续学习,读经阅史,再繁忙也会挤出时间学习。用鲁迅的话说,时间如海绵里的水,要是挤总会有的。坚持学习的人,日积月累,就会成为善良诚实有学问的人。且学习要付诸实践,同日常生活相联系。

学习如逆水行舟不进则退,不思进取则逐渐会荒废学业。朱舜水认为,荒废学业大致有五种情况:"废学之端有五,而性昏不与焉。一曰耽嗜麴糵,恒舞酣歌,二曰娆童艳妾。驰骋渔猎。三曰志存干没,贪得无厌。四曰营营官图,苟求尊贤,攀附奥援,趋骛容悦。五曰朋比匪人,巧中所欲,诱入慌迷,流连丧志。五者皆害学者也。"③ 沉溺于这五种情况,长此以往,则性昏不与,终生废弃。假使日日读书,终身学习,孜孜以求于知识,则性自开明,洞彻事理,处理问题

---

① (明)朱舜水著,朱谦之整理:《朱舜水集》,中华书局1981年版,第283页。
② 同上书,第298页。
③ 同上书,第276页。

自然能得心应手，也将会成为国家栋梁之材。假如无恒心，即便聪明有天赋，也会昏朽无能。因而，朱舜水告诫青年学子，一要立志读书，二要持之以恒，俗话说，"绳解木断，水滴石穿"，久而久之，就会学业有成。否则，"光阴若流，不读书行己，则事业必无所就，此即慨然之意已"。① 还要有不甘于流俗凡庸之思想。

朱舜水告诫弟子，确立志向，要努力实现学习目标。至于钱财、房屋、玩偶等物都是身外之物，不可多求。延年益寿、顺意安泰是为天意，也不可强求。控制并追求自己的人生志向和理想，三军之师不可夺其志，才更为重要。孟子言："求则得之，舍则失之。是求有益于得也，求在我者也。求之有道，得之有命，是求无益于得也，求在外者也。"朱舜水告诫弟子："勤学敬修，志立道成，是所望于吾子者也；旧习不脱，屡志难保，非所望于吾子者也。禄位福泽，宫室土田，玩好珍奇，诸凡大小之物，明明现前者，亦不可必得，何也？属之人者者。名寿壮健，通达康宁，顺适亨泰不可必得，何也？属之天者也。若夫志与道、欲立则立，欲成则成。三军之帅不能夺吾之志，孟贲、乌获之勇，不能败吾之道，何也？属之我者也。"② 他还告诫弟子读书要专心致志，不能心浮气躁。他说道："学者志不可杂，顷言专心致志者此也。若今日欲学何事，明日又欲学何事，其人到老不能精一艺。何也？以其志泛而心浮，且欲速也。孔子曰：'欲速则不达'。"③

朱舜水要求弟子说真话，能听逆耳之言。尤其是朝廷命官，要有"良药苦口利于病，忠言逆耳利于行"的胸襟。他告诫弟子要能够抵抗"软熟谐媚者"的谄言，哪怕得罪一些权贵。"宁可言而过，不可自爱而不言也。"既说明朱舜水追求真理的唯真性，也说明朱舜水对弟子品德教育的严谨性。他对弟子奥村德辉说："夫能受尽言，则将

---

① （明）朱舜水著，朱谦之整理：《朱舜水集》，中华书局1981年版，第280页。
② 同上书，第332页。
③ 同上书，第421页。

来成就，不可限量。子路喜闻过，大禹之拜昌言，皆以是心推之也。"① 意思是说，一个人如果能接受别人的直言而不计较，未来前途将不可限量。人与人之间要推心置腹地交流，而不应谄媚奉承于人。直言容易让人生气，好言悦耳容易让人高兴。当时社会谄媚奉承成风，社会上很难找到直言之士。奥村德辉如果能做到"不以为逆耳，而以为药石，则一年于此，尚当倾储而出也"。② 在朱舜水看来，逆耳忠言对人的发展和成功很重要。朱舜水对学生所作诗词的评判也是直言不讳，态度真实、评语细致。他对小宅生顺的所作新诗这样评价道："归读新诗，自当压倒元、白。'带裳'、'童叟'二联，情景逼真。惟'野服上朝堂'句，造语欠简点，'若得公然服'句，意真而出口殊欠冠冕。结句大弱。"③

朱舜水对于弟子的提问，如果一时无法回答，则会一直"耿耿于怀"，到问题解决为止。有一次，弟子辻达问朱舜水"抽"字如何读，而朱舜水一时忘记而回答不了，隔了很长时间朱舜水依然还记得这个问题，在一日休闲散步中突然想起这个字的读法。这件事记载于《与辻达书九首》中："旧年台台以□字来问，仆一时失记，再三搜索，而终不可得。一日偶倚步檐闲玩，忽忆此为古文抽字，木之肄者曰抽。欲以相告，奈不得时见，见时又辄遗忘，终于心有慊慊者，今特书之。"④ 说明朱舜水对教育教学的认真态度和严谨的问题意识，这是一个真学者或教育家应有的基本态度。陶行知先生在谈到教育教学态度时说道："你的教鞭下有瓦特，你的冷眼里有牛顿，你的讥笑中有爱迪生。你别忙着把他们赶跑。你可要等到坐火轮，点电灯，学微积分，才认他们是你当年的小学生。"⑤ 陶先生主要谈的是对小学后进生的教学态度，但两位教育家的教学态度值得教育工作者学习和

---

① （明）朱舜水著，朱谦之整理：《朱舜水集》，中华书局1981年版，第282页。
② 同上。
③ 同上书，第304页。
④ （明）朱舜水著，朱谦之整理：《朱舜水集》，中华书局1981年版，第328页。
⑤ 陶行知：《陶行知文集》（上册），江苏教育出版社2008年版，第398页。

反思。

朱舜水还表达了对"注脚"的看法。读书学习在于领会书本的自然含义,既要有注脚,也不能依靠注脚理解文章。注脚类似于拐杖,需要时便可拿来帮助理解经文,理解后,注脚便可有可无,反倒"经文为我注脚"。朱舜水在回答安东守约提问时说:"书理只在本文、涵泳深思、自然有会。注脚离它不得,靠它不得。如鱼之筌,兔之蹄。筌与蹄却不便是鱼兔。然欲得鱼得兔,亦须稍借筌蹄。太繁太多,到究竟处,止在至约之地,所谓'博学而详说之,将以反说约'也。若义理融会贯通,真有'活泼泼地'之妙,此时六经皆我注脚,又何注脚之有?"[①]读书时难免会读到"传、注",不过,无须习读专门名家"传、注"。获得大意便可将"传、注"放在一边如刍狗筌蹄一般。当然,对于名家传注如朱熹之注,自当服从依遵,诗序之言作为重要参考价值。朱舜水说道:"明朝近来传经,与古先大异,有习读而无专门名家者,特取一时新说,为作文之资耳,非所以为《诗》也,不若《春秋》之必借师传也。至于晦翁之注,自当遵依,《诗序》等但可参考,不敢以古而戾今也。看书贵得其大意,大意既得,传注皆为刍狗筌蹄。岂得泥定某人作何解,某人作何议也?"[②]朱舜水认为,注脚用于理解文章的内涵,而选择注脚则有讲究,不全是"拿来主义",而应选择深刻解释文章的注脚。当然,对名家注脚的理解,也需要能动地接受,时代不同、读者不同、社会环境不同,对注脚的理解也不尽相同。结合原文和注脚以及当下社会现实,阅读名家注脚既是加强对文章本身的理解,也是对名家注脚时心境的理解,这也是一种读书的好方法,似乎也是一举两得的事情。

(五)和善谨慎的师生关系

对于师生关系,朱舜水认为,既要周道,也要谨慎对待。一旦确

[①] (明)朱舜水著,朱谦之整理:《朱舜水集》,中华书局1981年版,第369页。
[②] 同上书,第385页。

定师生关系，就无变化可能，不可草草了之。朱舜水在《谕五十川刚伯规》中说："师弟子事重，不可草草。五伦之中，惟父子兄弟为天亲，而君臣夫妇朋友皆人合。故国君进贤，如不得已，而婚姻之始，各择德焉。朋友则志同道合，然后定交，然朋友尚可徐徐而契合；至于师弟子，今日一拜之后，更无迁变。故须审察明白，然后择吉行礼，万万不可苟且造次。"① 否则，会闹出笑话和徒惹口舌，从而影响国家向学的气氛而危害巨大。他说："盖师弟子之间最宜详慎，万一不妥，事不能终，则腾旁人之笑口，而阻塞贵国向学之机关，为害盛大矣。"② 不能不说朱舜水看问题的独到及深刻之处。冷静思考，现在师生间和善谨慎的关系逐渐遭到冲击和破坏，虽说此种现象形成有社会、教育管理、人才培育模式等较为复杂的原因，但"一日为师，终身为父"的古训现在已是受到极大挑战甚至已被忘却。

师生关系需和气涵养，老师无须像严父对待子女一般，也无须遵从古人做法——"服勤之死，心丧三年"。师生关系不矫饰，不虚伪便可。"日相与有成，或者酌量古今之宜，而处其中可耳。……不必过于简点，即成礼之后，师徒相与之际，亦宜以和气涵育熏陶，循循善诱，非能如严父之于子也。"③

四 言行一致、深耕习作的治学态度

对于治学态度，朱舜水要求言必行，行必果，须实事求是。治学如同农夫种地，需深耕细作。朱舜水对木下贞干说："圣贤之学，行之则必至，为之则必成。譬之农夫然，深耕易耨，则坚好颖栗；卤莽而布之，则灭裂而报之矣。非若他道之荒谬，可望而不可及，可喜而

---

① （明）朱舜水著，朱谦之整理：《朱舜水集》，中华书局1981年版，第578—579页。
② 同上书，第271页。
③ 同上书，第394页。

不可食也。"① 正是在经世致用思想的影响下，木下贞干培养了一批治国理民的经世之才，如新井白石等著名的经世家以及为国生计的政治家、兴办教育的教育家和能言善辩的外交家。

关于学问之道。朱舜水对门人说："学问之道如治裘，遴其粹然者而取之。若曰吾某式学，某氏学，则非所谓博学审问之谓也。"② 意思是说，做学问，要多读经史书籍，博览群书，不是装点门面去读书做学问。而是要实用，实在，不可浪得虚名。朱舜水说道："子贡天资颖悟，不得与圣道之传，无他，华而不实也。岂得以执一卷古书，口为呻唔，即谓之好学乎。既不知古先哲王之可好，又何有于安定先生耶！"③ 在《答奥村庸礼书》中朱舜水也说道："为学之道，在于近里著己，有益天下国家，不在纯弄虚脾，捕风捉影。若夫窃儒之名，乱儒之实，……而为俗子诋排，则罪人矣。"④ 并举孔子弟子子贡之例说明，读书做学问须是实实在在之事，不是花拳绣腿之功。朱舜水的学术精神令人敬佩，他要是讨论学术问题则不知疲倦。"若钜儒硕士来访，论道谈文，则自日午至夜半。觉等惟思困睡，而文恭未尝厌卷也。"⑤

本章小结

本章重点讨论的是朱舜水的核心思想——实理实学在日常生活各个领域中的运用，并选取主要的运用领域进行了详细说明。由于朱舜水的实理实学思想已被后世学者深入透彻研究，笔者在此没有大篇幅地讨论朱舜水实理实学思想，而是根据本书的需要，作了简要的阐述，目的是介绍朱舜水实理实学思想在生活各个领域中是如何运用的，便于理解日本民众如何受到朱舜水思想的影响。在讨论儒家文化

---

① （明）朱舜水著，朱谦之整理：《朱舜水集》，中华书局1981年版，第202页。
② 同上书，第624页。
③ 徐兴庆编著：《新订朱舜水集补遗》，台北：台大出版中心2004年版，第201页。
④ （明）朱舜水著，朱谦之整理：《朱舜水集》，中华书局1981年版，第274—275页。
⑤ 同上书，第625页。

时，朱舜水强调儒家优秀文化在实践中的操作性。比如忠孝，朱舜水根据不同的对象、文化层次、身份、职业等进行了有区别的指导和建议：对待国君要忠诚、对待父母要孝顺、对待兄弟姐妹要关爱等；讨论实理实学思想也是落实在各个实践性环节；治学也是落实在实事求是的态度上。朱舜水是日本教育史上著名的教育家，培养了诸多著名学者，可谓桃李满天下，如培养了日本古学派山鹿素行、伊藤仁斋、狄生徂徕，日本水户学派德川光国、安积觉、小宅生顺，日本朱子学派安东守约、木下顺庵等学者。朱舜水教育传播思想不仅对日本学者及国民的思想意识产生影响，而且对日本的《大日本史》的编纂以及后来的明治维新产生思想性指导及理论意义上的影响。李甦平教授高度评价朱舜水在日本的讲学："朱舜水在日本收徒讲学，历经二十二个春秋，堪为日本教育史上的一位大教育家。他以自己毕生的心血哺育了满园桃李，被日本人民尊称为日本的孔夫子。在日本，朱门弟子，英才辈出。"① 梁容若先生认为："德川时代初，朱子之学，传于日本，空言心性，无补实际。舜水矫其空虚。……其重礼尚实，蒸为风尚，有益于日本国民性者，亦至大。及门人弟子，英俊辈出……"② 覃启勋教授赞许道："朱舜水寓居扶桑的22年期间，不仅在长崎和水户取得过潜心授业的非凡业绩，而且在加贺地区创造过矢志育人的不朽功勋。"③ 朱舜水的教育传播思想是建立在中华优秀儒家文化的基础上，思想核心是倡导教育传播思想理论践行于生活实践中，且保持一致。行为上，诚信守礼；学习上，师古勤奋。

朱舜水实理实学核心思想是建立在当时社会现实基础之上的，这样的思想理念满足了当时日本社会所需，于是在日本社会迅速生根发芽取得了良好的社会效果。

---

① 李甦平：《朱舜水》，云南教育出版社2009年版，第六章"殷殷慈心，东瀛朱子"，第161—162页。
② 梁容若：《中日文化交流史论》，商务印书馆1985年版，第214页。
③ 覃启勋：《朱舜水与前田纲纪关系初探》，载于《江汉论坛》1999年第2期，第40—44页。

第六章

朱舜水思想在日本的传播方式

> 牙齿显而易见是力量的媒介,在许多动物的身上尤其如此。各种语言都有丰富的例证,说明牙齿衔食嚼食的力量和精致的功能。作为攻击性和精确性媒介的字母的力量,竟然会用龙牙的延伸来表现。其实是自然而然、恰如其分的。牙齿的线性排列是非常引人注目的。①
>
> ——埃利亚斯·卡内

在没有现代媒体和网络媒体的情境下,运用讲学、书信和示范等媒介传播文化思想不失为是一种最有影响力的传播方式。马克思说:"人创造环境,同样,环境也创造人"。邵培仁教授认为:"人类每时每刻都在根据自己的需要和个性改造着世界,而环境也按照它所固有的形貌、准则和文化塑造着每一人。"② 朱舜水在这样的环境下、运用这样的媒介,将自己的思想可听化、可视化和可触化传播给日本受众,而日本受众"心甘情愿"地接受他的思想"刺激"。虽然这些媒介较为笨拙、扁平、传播速度慢,处于小环境、小范围之下,但是它的传播效果如"子弹论"所言,具有无法抵抗的力量。施拉姆(W. Shramm)对"子弹论"的分析如是说:"传播被视为魔弹,它可以毫无阻拦地传递

---

① [加]马歇尔·麦克卢汉:《理解媒介:论人的延伸》(增订评注本),何道宽译,译林出版社 2011 年版,第 104 页。
② 邵培仁主编:《教育传播学》,南京大学出版社 1992 年版,第 196 页。

观念、情感、知识和欲望……传播似乎可以把东西注入人的头脑，就像电流使电灯发出光亮一样直截了当。"① 邵培仁教授认为："小环境对传播活动的作用是直接的、显性的，释放出来的能量较大；而大环境对活动主体的作用是间接的、隐性的，影响力不是很大。"② 由于是面对面的交流沟通，充满着情感的交融和感悟，一个眼神或一个动作都能传递意想不到的信息内容。传播学学者格尔恩、安德森、特罗斯特指出：在人类传播的"节目单"中，情感是重要的一环，但却总是被重视"理性话语"与"思辨话语"的传播学者所忽视，我们应该重新审视传播与情感的相互关系并探究情感对传播的重要作用。③ 由于历史的局限性，传播方式的选择较为有限，但就时代而言，朱舜水最大化地运用了当时最为先进的传播媒介来传播他的实理实学思想。

一　兴办教育讲学

兴办教育在中国已有几千年的历史，而以孔子为首的收徒形式讲学也有两千多年历史。公元前522年，孔子三十而立收徒讲学创办平民教育，以"有教无类"为教育传播思想，改变"礼崩乐坏"的社会现实。从几千年的设坛讲学的历史来看，通过讲学兴办教育是一种较为成熟的、能够培养人才的思想传播形式。

朱舜水对教育非常重视，认为教育乃国家兴亡的关键。只有教育兴，国家才兴。如果教育隳废了，人们就趋向于功利之路，而礼义廉耻尽失，那么，国家就将衰亡。朱舜水闻江户要兴办教育，甚喜。在《答安东守约书》说道，"贵国诸事俱好，只欠此耳。然此事是古今国家第一义，如何可以欠得？今贵国有圣学兴隆之兆，是乃贵国兴隆之兆也。

---

① ［美］威尔伯·施拉姆：《传播学概论》，李启、周立方译，新华出版社1984年版，第155—201页。

② 邵培仁等：《媒介生态学：媒介作为绿色生态的研究》，中国传媒大学出版社2008年版，第143页。

③ 邵培仁、林群：《时间、空间、社会——传播情感地理学研究的三个维度》，载于《中国传媒报告》2011年第1期，第3页。

自古以来，未有圣教兴隆，而国家不昌明平治者。"① 后来，在德川光国的邀请下，朱舜水在日本大力收徒讲学，传授儒家礼乐典章、经史道义，设置四科，为日本教育倾注了后半生心血，日本方始有学。在教育教学方面，请教者不论学问多寡、地位尊卑，朱舜水都有问必答，谆谆教导。当时日本人称朱舜水为朱夫子。邵廷采在《明遗民所知录·朱之瑜传》中记载："自国王以下咸师奉之。为建学，设四科，阐良知之教，日本于是始有学，国人称为朱夫子。"② 黄梨洲所撰《两异人传》记载："日本有国师诸楚宇（邵传谓'楚屿'），余姚人也，教其国中之子弟，称诸夫子而不敢字（邵传谓'国人称为朱夫子'）尝一至补陀，年可六十矣。"③（张如安认为诸士奇另是一人，并非是朱之瑜）弟子安积澹泊说："先生善宾不择贵贱，非有疾病事故未尝不应接。"④ 这反映出朱舜水对教育的热爱和重视，深知教育的教化作用，并且还有兴道致治、移风易俗的作用。他认为："但要万民免于饥寒，亦不必多历年所，若要更化善俗，非积年不可也。"⑤ 在文教方面，朱舜水告诫弟子安东守约说："贤契能笃信而行之，及门必有可观。贵国之文教，其有兴乎？"⑥ 意思是说要笃信，并且切实行之，那么，文教就兴旺发达了。

朱舜水通过兴办教育、四处讲学，将中国自古以来的传统礼仪制度、技术技艺等思想层面、物质层面的有关知识传授给日本儒臣及民众，为日本社会建立起基本的社会规范和标准。

二 书信

书信是人际传播中一种有效的沟通方式，已有两千多年的悠久

---

① （明）朱舜水著，朱谦之整理：《朱舜水集》，中华书局1981年版，第183页。
② 邵廷采：《思复堂文集》（卷三），浙江古籍出版社1987年版，第227页。
③ 黄宗羲：《黄宗羲全集》第11册，浙江古籍出版社1993年版，第54页。
④ 钱明：《传中华之道统 启东瀛之儒流——记明末清初浙籍爱国思想家朱舜水》，载于《今日浙江》2002年第23期，第43页。
⑤ （明）朱舜水著，朱谦之整理：《朱舜水集》，中华书局1981年版，第201页。
⑥ 同上书，第192页。

第六章　朱舜水思想在日本的传播方式

历史，是世界民众都普遍使用的信息传播方式，在人类信息沟通和交流史上发挥着重要的作用。"传递王侯将相的历史抉择，彰显着文人骚客的清雅，诉说黎民百姓的坊间百言、俗世人伦和多味情感。……书信传播的过程带有更多的人文性、认同感，……承担着不可替代的情感、文化信息沟通功能。"① 直到近现代依然有一部分人选择书信进行信息沟通。与新媒体相比，古代书信有其独特之处，书写得抑扬顿挫充分表达传播者的思想情感；书信的格式及其传播形式体现书信的文化特色；一对一的传播方式又体现它的私密性。它的情感性、文化性和私密性特点是现代媒体无法替代的。

朱舜水的思想理念主要是同弟子、友人等通过书信往来的方式进行传播的。在日本最后的 23 年，朱舜水与人往来书信有几百封。这是当时信息传播技术及其交通的不便所限，虽然传播效率较低，但效果较好。朱舜水思想传播效果第八章将会详细论述。

朱舜水和安东守约的书信往来颇多且频繁，除了内容上有不同之外，书写形式上也有楷书和草书的字体变化。从《安东家史料目录》记载来看，舜水给省庵的书信有六十三封，笔语七十二条。在六十三封②书信中，有八封是用楷书撰写的，保存也完好无缺，另外五十六封是用草书撰写，且破损严重，大部分难以解读。③ 为何信件字体不同，虽然我们现在不得而知，但可以从字体的特征大致分析出，楷书字正方圆、庄重严肃，草书抑扬顿挫、自由洒脱。字体不同，作者的内心世界情感也不尽相同。清代著名文学家刘熙载在《书概》中说："书也者，心学也"；"写字者，写志也"；"书，如也，如其学，如其才，如其志，总之曰：如其人而已"。所以，

---

① 《书信媒体：举起文化传播的旗》，2009 年 2 月 24 日，http://blog.sina.com.cn/s/blog_5ed0a5dd0100cawy.html.
② 据日本学者抗口治先生考证，在这六十三封书信中，与已刊的书信重复或部分重复的有十一封。
③ 钱明：《朱舜水与安东省庵》，载于《浙江学刊》1994 年第 6 期，第 126 页。

字体使用的不同反映出朱舜水不同的内心世界,以及对安东守约不同的思想情感和期望。

三 问答

问答也是人际传播中一种有效的沟通传播方式。所谓问答是提问和回答。一般是受传者提问,传播者回答。它的基本形式可以是两人之间面对面的直接对话,也可以是以媒介为中介的间接传播。传播特点是点对点、一对一,传播效果明显。前者是以视听语言传递信息,伴有表情、肢体语言来强化修缮语言表达的不足。由于直接面对面沟通,及时反馈信息,并共存于同一空间近距离交流可以产生亲和力,从而增强了传播的效果。主要形式有口语、类语言、肢体语言的形式。受传双方既是信息的发出者,也是信息的接收者。后者则是运用媒介如固定电话、手机、网络、书信等,使传播者与受传者克服时间和空间的限制而进行有效沟通,从而可以提高传播效率。不过,本节主要谈的是前者即面对面的问答方式。

朱舜水思想在日本的传播过程中,"问答"是重要方式之一,也是有效的传播方式之一。朱舜水第一次同安东守约面对面沟通奠定了师徒关系的基础;同小宅生顺第一次在长崎的长时间测试面谈,奠定了朱舜水"日本孔夫子"地位的基础;一开始不愿同伊藤仁斋进行会面交流,是朱舜水对伊藤仁斋学术思想有异议的表达;同德川光国无数日的促膝长谈奠定了朱舜水思想在日本的地位,也坚定了德川光国拜其为师、编著《大日本史》的坚定决心。这些都是"问答"的媒介传播方式为朱舜水思想在日本的传播打下的基础,使他获得了日本民众的认同。今井弘济、安积觉在《舜水先生行实》一文中记述:"硕儒学生常造其门者,相与讨论讲习,善诱以道。"[1]

---

[1] (明)朱舜水著,朱谦之整理:《朱舜水集》,中华书局1981年版,第624页。

四 以身作则的践行方式

朱舜水认为:"为学之道,外修其名者,无益也。必须身体力行,方为有得。"① 他在教育教学方面,不仅强调思想理论的学习,还注重示范教学模式,给出具体参考数据和实践方法。比如碑石的制作方法,朱舜水说:"碑石须极细腻,以细砂巨石磨砻之。砥平如水,光润如鉴,先上好墨而后书丹。倘稍有低洼,字虽在碑,印摹便不能及,视之则模糊不雅观。"② 他发现东武立碑不是很多,工人制作碑石的水平太低,且镌刻印摹不是很雅观,故敢僭告。他还谦虚地说,恃爱及之,越俎代庖了。这说明朱舜水知识储备颇多,深入生活诸多领域;关注生活细节,追求审美高度;教学践行如孔子般,因地制宜、随时随地进行教育教学活动。在传授殿堂结构之法时,朱舜水知晓日本工匠技艺不精,也不熟悉各种建筑、器物尺寸,于是"亲指授之,及度量分寸,凑离机巧,教喻缜密,经岁而毕。文庙、启圣宫、明伦堂、尊经阁、学舍、进贤楼、廊庑、射圃、门楼、墙垣等,皆极精巧。及上公作石桥于后乐园,先生亦授梓人以制度,梓人自愧其能之不及。又命造祭器之合古典者。先生乃作古升、古尺,揣其称胜;作簠、簋、笾、豆、登、铏之属,古意焕然溢目。如周庙欹器,唐、宋以来图虽存而制莫传;先生依图考古,研核其法,指画精到;授之工师,工师谘受频烦,未能洞达。乃为之揣轻重、定尺寸,关机运动,教之弥年,卒得成之"。③

人见竹洞也描述了关于朱舜水对明伦堂的制作及亲自示范的教学事宜。称其为"不朽之美事""巧模其形""不违纤毫"。据《舜水墨谈》记载:"府县学校各有明伦堂,春秋二时祭先圣先师,其仪太

---

① 李甦平:《朱舜水》,云南教育出版社2009年版,第274页。
② (明)朱舜水著,朱谦之整理:《朱舜水集》,中华书局1981年版,第205—206页。
③ 同上书,第619页。

备。节请问明伦堂之制。翁他日作一图，其制法太详，癸丑之火失之，节叹惜之。然后水户相公命翁使工匠造明伦堂之图形，殿门、楼阁、廊庑、户阶，虽小悉备，固不朽之美事也。又请翁使诸生习释奠之仪，木主及簠、簋、笾、豆、登、俎，皆中国之制也。节亦往观其习礼。翁正立庭中指挥诸生，礼容堂堂，有三代之遗风，国家若大用之，则我本邦可以兴古礼。""余问明伦堂之制，翁详说之，且自作其图以示之。后水户相公命良匠就翁审问堂制，而巧模其形，以分寸准丈尺作明伦堂。其丈尺许，殿寝、门阶、窗户、楼库、两庑各备，不违纤毫，伦奂客观。若乃国学大兴，经始此堂，悉从此形制，则中华之盛无加之乎吁！"①

对于学生的思想品行教育。朱舜水要求学生要忠于君主，力襄至治，要成为国家栋梁，"必期成贵国无前之美，为王者之法"。② 劝慰学生、友人，失意之时不能自疑，要有自信心，要做对国家有用之人。至于贵贱之别，只是自己的选择不同而已。在《答田犀书二首》中朱舜水谈道："台台其亦知斗筲、瑚琏之所以异乎？明粢黍稷，舍其莫登，则为瑚琏；逐而不舒，隘而不能容，则为斗筲矣。器则借人而成，人不因器而限，为贵为贱，皆人之所以自取也。"③ 他还用自身的实际经历同田犀沟通。"桑弧之初志，父母之夙心，岂有故园空老之理？仆异域飘零，亦不戚戚于此。或者重见天日，庶得展其壮犹。不然，荒烟野草，安知埋没何所！"④ 从这点看来，朱舜水格局庞大，高瞻远瞩。

朱舜水对学生教育以鼓励为主，鼓励学生从小要爱好学习，"少而好学，如旭日之光"。他称赞野传"妙龄博学，志广辞华，诚国家之上瑞，当代之名珍，私愿观光，已见其一，乃执谦如此乎！"⑤ 在

---

① 徐兴庆编著：《朱舜水集补遗》，台北：学生书局1992年版，第186页。
② （明）朱舜水著，朱谦之整理：《朱舜水集》，中华书局1981年版，第301页。
③ 同上书，第252页。
④ 同上。
⑤ 同上书，第246页。

《与奥村庸礼书二十二首》书信中也写道："今贤契职亲禄重，大用有日矣，又且年富力强，耳聪目明，而不及今为学，一旦参掌大政，机务填委，轻重狐疑不能晓畅，岂不贻霍子孟、寇莱公之诮乎？"①意思是说，奥村权高位重、俸禄优厚，必将得到重用。而且，他年轻体壮，耳聪目明，一旦参掌大权、重任在身，却因不学习而贻误要务，岂不被霍光、寇准笑话？朱舜水用历史典故来鼓励学生多学习、多读书。从心理学角度解释，鼓励能够激发人的进取精神。美国斯坦福大学发展心理学家卡罗尔·德韦克通过实验发现，鼓励能够使人更加努力和更爱学习。可见，从某种意义上说，朱舜水掌握了现代的教育方法。

最为可贵的是朱舜水结合自己的实际经历，并引经据典、因材施教进行教学。奥村庸礼是政治家，是加贺藩的属臣。在对他的教育的问题上，朱舜水是站在国家的高度，对他的思想及行为方式进行教育，要求他不辱使命。朱舜水引孟子之言"人有不为也，而后可以有为"告诫他。在与朋友关系处理的问题上，朱舜水结合与三好安宅之间的友情，说明朋友之间应是君子之交，应始终如一。"晦明风雨，未之或改。其立身，其存心之可见者如此。若或受知遇之恩，彼必能竭其力，以报称之矣。"② 朱舜水与三好安宅六七年的友好关系一直没有变化过。

本章小结

信息传播的媒介选择一般受时下流行的大众媒介所决定。什么样的时代需要选择什么样的媒介，不同的媒介传播效果不尽相同。与时俱进是每个时代选择媒介的重要思维方式。朱舜水时代的沟通、传播媒介基本是问答、书信、示范等，它们是信息传播的主要载体，是文

---

① （明）朱舜水著，朱谦之整理：《朱舜水集》，中华书局1981年版，第256页。
② 同上书，第255页。

化思想传播的必要方式。朱舜水教学过程中的亲自示范如同麦克卢汉所言的媒介即信息,"示范性"不仅是一种技术性传授,同时也是一种潜移默化的所指意义的浸润,也就是我们常说的:言传身教是传播的内在动力。用麦克卢汉的话说:"铁路的作用,并不是把运动、运输、轮子或道路引入人类社会,而是加速并扩大人们过去的功能,创造新型的城市、新型的工作、新型的闲暇。无论铁路是在热带还是在北方寒冷的环境中运转,都发生了这样的变化。这样的变化与铁路媒介所运输的货物或内容是毫无关系的。"[①] 朱舜水结合当时日本现实环境,并因初期的语言障碍等问题,采用书信即笔谈方式和示范性方式传授他的实理实学思想,从实际效果来看,这种传播方式较为成功有效。

[①] [加] 马歇尔·麦克卢汉:《理解媒介:论人的延伸》(增订评注本),何道宽译,译林出版社2011年版,第19页。

第七章

朱舜水思想在日本的传播对象

> 受众既是社会发展的产物，也是媒介及其内容的产物，人们的需求刺激出更适合他们的内容供给，或者说大众媒介有选择地提供那些能够吸引人们的内容。
>
> ——丹尼斯·麦奎尔

朱舜水思想的直接传承对象是日本的政治家、儒学者以及听其讲学的普通百姓，对他们的思想产生直接或间接的影响，以至于德川幕府时期的日本兴起一阵学习儒学热，朱舜水的思想理念一直影响到日本明治维新前期，对现当下社会还存有余热，甚至可以说，影响了日本文化和历史的发展。朱舜水弟子众多，在日本颇有影响力的弟子有几十人之多。这些受众有三大特点：一是文化素养高，基本是当时日本社会的精英阶层，很有社会影响力；二是中华儒家文化的爱好者，对中华儒家文化颇有研究，著作等身；三是对日本社会有深度了解，对社会所需有准确的把握，他们对信息有选择性地理解和记忆，也能迅速消化并传播到社会各个行业，形成了社会的文化规范。梅尔文·德弗勒在《大众传播理论》（1966）一书中指出："文化规范论的主要内容是大众媒介通过有选择地表现以及突出某种主题，在其受传者中造成一种印象，即有关其突出的命题的一般文化规范是以某种特殊的方式构成或确定的。由于个人涉及某命题或情景的行为通常受着文化规范的指引，这样媒介就间接地影响到了人的行动。"①

这些意见领袖，吸收朱舜水思想，并将朱舜水思想通过办学、交谈等形式传播给自己的弟子，由于他们的特殊身份以及处于社会精英阶层，朱舜水思想如星火燎原般不断拓展于日本社会。笔者在此举出不同领域的代表性弟子做详细说明以飨读者。

一 政治家

（一）德川光国

德川光国受朱舜水"尊王一统""大义名分"史学思想的影响，修正名分、提倡尊王一统、尽心尽力撰修《大日本史》。"德川光国推崇关帝，是受到朱舜水、心越等具有大义名分思想的赴日儒家学者和僧侣的影响。德川光国信奉关帝，……注重的是关公忠君重义的大义名分思想。"② 德川光国大力推行文治和德治政策，礼遇儒学者，发扬儒学，在全国倡导仁学，施仁政，关心百姓疾苦，严禁下属有骄奢淫逸之举，使百姓能安居乐业，德川光国成为日本幕府时期的一代名主。

德川光国开创的水户学派受到朱舜水思想影响。水户学派是在朱舜水思想的指导下，因德川光国编纂《大日本史》而形成。德川光国设置彰考馆，招贤纳士，招募了如木下贞干、今井弘济、田一角、奥村庸礼和人见传等一大批著名的儒学者。水户学派以朱子学为中心，结合国学和神道，兼容并包诸家各派。前期倡导尊王一统和大义名分。后期以"文武两道"为宗旨，除了倡导儒学、国学等学问之外，还将天文学、医学等自然科学纳入其中而成为综合性的学派。水户学总体来看，是维护封建统治制度的大义名分之学，其核心思想是：尊王一统、文武合道、崇史尚经，倡导文明开化、反对巫术迷

---

① 转引自邵培仁《传播学》，高等教育出版社2007年版，第352页。
② 葛继勇、施梦嘉：《关帝信仰的形成、东传日本及其影响》，载于《浙江大学学报》2004年第9期，第78页。

信。其特点是重实行、忠君爱国，贬空言阔论。水户学派的思想宗旨与朱舜水的实理实学思想保持高度统一，实乃受朱舜水思想的启发而成。松本纯郎研究认为："至诚倾注仰之的光国，正是在那个时期，基本完成了国史传记，就国体根本而言，把握了透彻的鉴赏力。即仰仗我国体之根本，是师从朱舜水而立，正因为光国谦虚接受朱舜水教育的态度，才能够看到水户学的真姿。"①

明治时期学者黑板胜美在《朱舜水与凑州碑》一文中写道："舜水先生的功绩，无法等闲视之。所谓水户派的学问，其形成之根本，借力于舜水先生非常之多。"② 高须芳次郎也认为："水户学无疑是由义公所创，但是不可否认的，因为朱舜水的存在，义公的思想、学艺之发展多少得力于他。"③ 李甦平教授说道："朱舜水的思想和学说，演绎成了水户学派的宗旨；朱舜水的德行和学风，嬗变成了水户学派的品节。他与水户学派血肉相依，心心相印。"④ 朱舜水与德川光国的史学价值观高度契合，这为水户学派的发展及其对后世的影响奠定了坚实的基础。日下宽（1852—1926）认为："舜水遇义公而全其节；义公得舜水而用其学。所期忠孝大节，不在辞章记诵之末，以此扶植纲常，养成人材，后世所谓水户学者，未尝不渊源于兹焉。"⑤ 当然，也有一些日本学者如濑谷义彦、岩崎允胤在考察水户学派的发展时认为，水户学的发展与朱舜水并无多少关联。但持这种看法的学者是少数。

德川光国不仅是幕府时期的政治家，而且还是水户学派学者。创建水户学派，编撰《大日本史》，拜朱舜水为师，吸收朱舜水忠君爱国、

---

① 松本纯郎：《水户学的源流》，东京：朝仓书店1945年版，第238—239页。
② 黑板胜美：《朱舜水和凑州碑》，载于《日本及日本人》，明治45年4月15日发行。
③ 高须芳次郎：《水户义公·列公集》，载于《水户学大系》第5卷，东京：岩波书店1941年版。
④ 李甦平：《朱舜水》，云南教育出版社2009年版，第125页。
⑤ 转引自林俊宏《朱舜水在日本的活动及其贡献研究》，台北：秀威咨询科技2004年版，第137页。

大义名分、尊王一统的思想以及重史、尊史、尚史的思想，尤其是吸收并运用朱舜水实理实学的思想。自"执弟子礼"始，德川光国则受益良多，"自天象、地理、济民、行兵之要，至制度、典故、击剑、发铳、医药、算术、鸟兽、草木之微，尽综而贯之，著为学术"。①

（二）奥村庸礼

奥村庸礼，别名充，字师俭、显思，统称一歧，号蒙窝。加贺八家奥村分家第二代户主。天资聪慧，才智过人，笃学力行。磨练节操，志坚如石。起初学习禅理，一日拜谒愚堂禅师请教佛性，似知佛教有很大欺骗性，故决心放弃，而专攻儒教。后师从朱舜水学习朱子学，继承了朱舜水的实理实学思想，以躬行实践为求学之要旨。注重实践之学，也有意宋儒理性之学。朱舜水根据奥村庸礼的身份特点指点其学习之道，先从史书读起如《资治通鉴》，再读《国语》《左传》等。奥村庸礼还命令其子奥村德辉受学于朱舜水，将"舜水学"视为家学。

二 日本儒学者

（一）安东守约

据朱谦之教授编撰的《朱舜水集》记载，朱舜水与安东守约书信往来有近百封：《与安东守约书二十五首》《答安东守约书三十首》《答安东守约问四十二条》以及《祭朱先生文三首》《上朱先生二十二首》。台湾大学徐兴庆教授在日本九州岛历史资料馆分馆柳川古文书馆、九州佐贺县鹿岛市祐德稻荷神社、国立国会图书馆，以及东京大学史料编纂所发掘整理大量朱舜水的亲笔资料，并集结出版《新订朱舜水集补遗》，其中朱舜水寄给安东守约的书信34通、笔语46通，

---

① （明）朱舜水著，朱谦之整理：《朱舜水集》，中华书局1981年版，第805—806页。

中华本部分收录朱舜水寄安东守约书信15通。① 他们探讨学术问题有几十次之多，书信往来所涉及的问题有：政治与文化制度，如大明科举、取士方法、皇族称号、南明政权实情、朱舜水反清复明、"乞师"意识告白等；学术观点交流，师徒关系礼仪，正式书简的书写方法，读书与写作方法，朱子与陆象山的思想异同，王阳明的学问，方孝孺与韩愈的文章比较，六朝、唐宋文章的区别，李白与杜甫诗文优劣等，二人笔谈和问答的范畴较为广泛。还涉及朱舜水思想观的问题和朱舜水在日本生活方面的问题。②《新订朱舜水集补遗》中还谈到朱舜水对安东守约娶妻生子的祝贺、冷热病丧等关怀。③

安东守约从事儒学的启蒙普及工作，在认识朱舜水之前，所读书基本局限在《小学》、四书五经、读书录、性理大全等朱子学范畴。学术思想上倾向程朱，排斥佛教和陆王心学，因而知识结构相对单一，儒学功底相对偏弱而缺乏自信，有人时常诋毁他。而朱舜水审阅批改安东守约的著作，不断地鼓励他、支持他。与朱舜水往来的书信问学为弟子中最多。安东守约所撰的《训蒙集》中写到朱舜水对他支持的言论："诚有益于学者，何谓无益之事！当留意速成之。"④ 安东守约经过不断的努力，渐渐悟到了儒学的道理，在《上朱先生二十二首》的信札中写道："守约无他长，只好圣贤之学，未至者也。然知愚儒可怪，异端可排，伏岂书自上古圣贤至明儒道统图以赐之，岂不后生之幸乎！"⑤

安东守约师从朱舜水学习儒家的"义"与"孝"：拿出半俸薪水供朱舜水在长崎生活之用。当然，此薪水并不是不干不净之财。如安东守约自己所言："守约百事不如人，惟于取与欲尽心以合

---

① 徐兴庆编著：《新订朱舜水集补遗》，台北：台大出版中心2004年版，第xx—xxi页。
② 徐兴庆：《东亚视野的朱舜水研究》，载于《日本汉文学研究2》2007年第3期，第384页。
③ 李甦平：《朱之瑜评传》，南京大学出版社2011年版，第176页。
④ （明）朱舜水著，朱谦之整理：《朱舜水集》，中华书局1981年版，第155页。
⑤ 同上书，第748—749页。

理。……师恩元并君父，如鄙意则以为过之。生而不知道则为禽兽，养而不知道则为逆贼，然则生与养非徒无益，而又害之。若其闻道则生顺死安，师恩岂不重乎！其所在则致死；死且致之，其余何难之有？"① 安东守约认为赡养父母是行孝的表达方式之一。并引用孔子的话说："事亲者，居上不骄，为下不乱，在丑不争。"如果做不到这三点，即便用牛羊猪来款待父母也是不孝。安东守约在言行上敬重朱舜水，用半俸薪水资助朱舜水，还谦虚道："先生真圣贤之徒，成我之德，与所生同。守约守身未至，恐辱先生，菽水之奉，岂德之云乎？……守约奋起欲改过迁善以希万之一，质性愚迷，动有过误，观感先生之德，觉少有得，大造之恩，终不可谖。"② 朱舜水每每回忆此事时便感叹道："此情此德举世无多，中华未见有之，富家大户、亲戚骨肉也难能所为。"③

学习儒家的"信"，即不伪、诚实，合乎诚信之道。安东守约在《上朱先生二十二首》信札中谈道："我侪交接之间，欲强悦人，不觉涉伪者，间亦有之，岂不亏乎心哉！若庸众人，有或昏夜乞哀，骄人白日，或富而叹乏贮。贫而夸多金者，莫言而非伪，莫行而非利，庶闻先生之风，起顽懦矣。"④ 实际上，朱舜水在礼仪行孝方面还潜移默化地影响了安东守约及其家人。朱舜水除了通过书信具体地谈一些学术问题外，在言行方式上，给予安东守约有很大的触动。安东守约在《上朱先生二十二首》中写道："伏读来教，乃知上公以礼待先生，此诚千载之奇遇，斯道之兴隆，可数日而俟也。……素䌷绵如尊谕，与家父。家父三肃拜嘉，不胜感刻！其余如数领纳，惠及小儿，何钟爱至此哉！"⑤ 从安东守约这些回信的言辞中，可以看出安东守约及其家人对朱舜水的馈赠，已是感激涕零。也可反映出行礼义、知

---

① （明）朱舜水著，朱谦之整理：《朱舜水集》，中华书局1981年版，第749页。
② 同上书，第752页。
③ 朱舜水纪念会编：《朱舜水》，东京：朱舜水纪念会事务所1912年版，第101页。
④ （明）朱舜水著，朱谦之整理：《朱舜水集》，中华书局1981年版，第751页。
⑤ 同上书，第754—756页。

恩图报是做人的基本道理之一。

学术思想方面。安东守约的学术思想逐渐从朱子学转向朱舜水思想影响下的实理实学。在其所著《初学心法》的序中，安东守约批判当时朱子学的世俗化，认为其有腐败堕落倾向，只求"名物度数，训诂词章"，严重脱离实际。书中写道："学者先养根本、立趣向，然后可以适道……盖人心至灵至妙，主乎方寸之中，足以管大下之理。理虽散在外，而总乎一心。诗云：'天生烝民，有物有则。'民之秉彝，好是懿德。言有物必有法，是民所秉执之常性也。岂可以心与事判乎内外，遗弃事物，专求诸心乎哉！所以朱子格物之训、居敬穷理之互相发也。世之从事于此者，不知体察诸身心，徒求之于名物度数、训诂词章之末，智识愈广而心愈惑，著述愈多而道愈离。迨于自诳诳人，取谤于世，傲然谢曰：'格物穷理之学如斯。'是岂朱子之训乎！其知挽而回者，好简径、屏念虑，默坐澄心，土苴经术。二者之弊，由于根本不养、趣向不立而已矣。"①据颖川入德寄安东省庵书所言："近儒有安东省庵、向井玄松二公者，斥佛氏之教而行仁义之风，培圣脉之渊源，衍人伦于不朽。可谓窥孔子之门墙而入于室者欤。"② 这说明安东守约在思想上，一是排斥佛教之学，二是践行儒教之仁义。在朱舜水的影响下，安东守约从佛教中摆脱出来提倡正学。写信给朱舜水说道："尝怪生于中国（日本），舍圣贤之教，学释氏之教；慢吾国之神，崇夷狄之神，甚者至以身毒为中国，不知何谓。愚者之惑固然，虽程门高第，陷溺不返，正学不至叛灭者几希！其后或学彼以为博学，或取彼之说以为吾道之助。杂学之徒，翕然附和，是皆以圣教为不备，大可怪也。近世一种阳儒阴佛之辈，涂人之耳目者，不暇枚举，先生慨然以正学为己任，敬想天使先生继斯道之统，故守节不死，……守约无他长，只好圣贤之学，然知愚儒可怪，异端可排，伏乞书自上古圣贤至明儒道统图以辞之，

---

① ［日］町田三郎、潘恩富主编：《朱舜水与日本文化》，人民出版社2003年版，第125页。

② 同上书，第163页。

岂不后生之幸乎！"①

（二）木下贞干

木下贞干（1621—1699），日本平安人。字直夫，小字平之允、号顺庵、锦里、敏慎斋、蔷薇洞等，私谥恭靖。日本江户时代著名的儒学教育家。自小有超强的记忆力，善于读书写字。"年十三，作太平赋，词旨淳正，世以为国瑞。……既而入松永昌三门，勤学励行，日进月修，昌三以大器。"②晚年，喜好王守仁的文章，时常手不释卷，有空就读。"舜水朱子甚敬守仁，得其文必改容称叹。"在自题篁洲肖像中写道："咨尔与我，如阴汝阳。不言不笑，非闲非忙。道存目击，神传毫忙。平生履历，尺寸短长。四十从士，迟暮类杨。六十被征，晚达似唐。古稀既过，来者可惴。北溟奋翻，东海望洋。富贵贫贱，用舍行藏。因遇因运，焉有焉亡。唯学之好，至老不忘。几上笔研，架头缥缃。照萤聚雪，数墨寻行。既无新得，岂率旧章；悔溺博杂，终失苍黄。写真谁也，惟洲之篁。尘埃满幅，面目可伤。卷还之子，何足以藏！"③虽是自述，但无自夸之言，真实表达自己的人生经历和学术水平，实际上，非常内敛地描述自己的学术成就。作为真的学者应有他虚怀若谷之态。

木下贞干被世人仰慕，欲拜其为师者远道而来，络绎不绝。门下人才辈出，有"木门十哲"之称，宇士新称其桃李满门。"盛矣哉！锦里先生门之得人也。参谋大政则源君美在中、室直清诗礼，应对外国则雨森东伯阳、松浦仪帧卿，文章则祇园瑜伯玉、西山顺泰健甫、南部景衡思聪，该博则榊原玄辅希翊，皆瑰奇绝伦之才矣。"④由于他对日本文运作出杰出贡献，朱舜水赞其为："文苑之宗，人伦之

---

① （明）朱舜水著，朱谦之整理：《朱舜水集》，中华书局1981年版，第748—749页。
② 同上书，第807页。
③ 同上书，第808页。
④ 同上书，第807—808页。

冠。"木下贞干对朱舜水十分敬重和仰慕，尤其赞赏朱舜水经世致用的学术思想，虚心求教并令其弟子也投身朱门。他曾在文章中说："恭惟老先生，卓尔风标，醇乎学殖；胸蕴经纶事业，口吐黼黻文章。一生忠肝，拟折汉庭之殿槛，千古道脉，竟极考亭之渊源。"① 朱舜水也清晰明确地向其阐述治学思想："圣贤之学，行之则必至，为之则必成。譬之农夫然，深耕易耨，则坚好颖粟；卤莽而布之，则灭裂而报之矣。非若他道之荒谬，可望而不可即，可喜而不可食也。"② 朱舜水治学思想的核心是实学实用，其大意是圣贤之学必是真学问，真学问必是言必行、行必果，并且要与治国理政的思想实践相结合，远离脱离实际的空疏学风。木下贞干在朱舜水实理实学思想的影响下，为日本社会培养了大批经世致用之才，有为国为民的政治家、能言善辩的外交家和兴学安邦的教育家和学者。木下贞干是日本朱子学主气派的代表人物。主气派的核心理念是讲实际、注实用、重实功、崇经验，这与朱舜水所倡导的经世致用、排佛兴儒的思想一脉相承。

（三）伊藤仁斋

伊藤仁斋在京都从事私塾讲学达40年之久，接受其教育者达3000多人，许多儒学者慕名而来，被称誉为一代儒宗，他将朱舜水思想传播到江户各地。伊藤仁斋青年时期崇信朱子学，中年之后，放弃宋儒理学而倾向具有唯物论性质的古学，遂成为日本古学派的开创者，他将日本的唯气论和无神论思想推向一个新阶段。伊藤仁斋成为"气一元论"的古学派大师，主张气乃天地间生生不息的活物，气之道为万物本原，气之性即气即人之所生，气之造化而人间无鬼神。他的思想主张与朱舜水的实理实学思想有很大关系。最初时，伊藤仁斋"欲抠衣相从于门下"拜师朱舜水，而向来"来者不拒"的朱舜水却将其婉拒于门外。原因是伊藤仁斋所学的"心性之学"与朱舜水倡

---

① 李甦平：《朱舜水》，云南教育出版社2009年版，第110页。
② （明）朱舜水著，朱谦之整理：《朱舜水集》，中华书局1981年版，第202页。

导的实理实学相违背。朱舜水认为"伊藤诚修诚贵国之翘楚，颇有见解。……彼之所为道，自非不佞之道也。不佞之为道，不用则卷而自藏耳。万一世能大用之，自能使子孝臣忠，时和年登，政治还醇，风物归厚，绝不区区争斗于口角之间。……伊藤诚修学识文品，为贵国之白眉，然所学与不佞有异。不佞之学，木豆、瓦登、布、帛、菽、粟而已；伊藤之学，则雕文、刻镂、锦绣、篆组也。未必相合。"①这段话是朱舜水对伊藤仁斋所持学术思想的评判，也表明了他对心性之学的批判态度。从某种意义上说，这也是对伊藤仁斋的轻微批评和规劝。

不过，伊藤仁斋在朱舜水实理实学思想影响下，逐渐脱离"心性之学"而趋向实理之"圣学"，即"气一元论"思想体系。他认为："盖天地之间，一元气而已。或为阴，或为阳，两者只管盈虚消长往来感应于两间，未尝止息，此即天道之全体，自然之气机，万化从此而出，品汇由此而生，圣人之所以论天者，至此而极矣。"②并提出"德本主义"的政治学说，"夫政者，以德为本，以识为辅，要非可以材力智巧致之也。"③他设学堂讲学，挂孔子像，行鞠躬礼，讲经史书。他自己说道："吾圣贤之书，以实语明实理，故言孝、言悌、言礼、言义，而其道自明矣，所谓道不待多言是矣。若二氏之学，专以虚无空寂为道，无形影、无条理，故谓有亦得，谓无亦得，谓虚亦得，谓实亦得，至于纵横捭阖，不可穷诘，正足以见其非正学也。"④行为实践上，伊藤仁斋主张儒家经典之"道"，即人伦日用之"道"，其在所著的《语孟字义》中说道："道，犹路也，人之所以往来也。

---

① （明）朱舜水著，朱谦之整理：《朱舜水集》，中华书局1981年版，第160—162页。
② 《伊藤仁斋·伊藤东涯》，载于《日本思想大系》33，东京：岩波书店1970年版，第187页。
③ 《同志会笔记四十八条》，载于《大日本思想全集》第4册，东京：吉田书店1932年版，第238页。
④ 伊藤仁斋：《同志会笔记》，载于《古学先生文集》，东京：古义堂1717年版，第11页。

大凡圣贤与人说道，多就人事上说。凡圣人所谓道者，皆以人道而言之。道者，人伦日用当行之路。"并且，他在《童子问》一文中进一步解释道："人外无道，道外无人。以人行人之道，何难知难行之有！夫虽以人之灵，然不能若羽者之翔，鳞者之潜者，其性异也。于服尧之服，行尧之行，诵尧之言，则无复甚难者，其道同也。故孟子曰：'夫道一而已矣。'若夫欲外人伦而求道者，犹捕风捉影，必不可得也。天地之间，唯一实理而已矣。"① 朱舜水在看到伊藤仁斋所撰的《私拟策问十五首》后，认为伊藤仁斋能从宋儒理学中解脱出来，甚喜，并给予高度赞扬："伊藤诚修策问甚佳，较之旧年诸作，遂若天渊。倘由此而进之，竟成名笔，岂逊中国人才也？敬服敬服。"② "伊藤诚修诚是学者，闇斋又宾师于井上河内公。贵国文学之兴，指日事也。若使二兄不□自私自利之心，而以力兴重学为主，诚贵国千年奇会矣。然世人□私自利者实多，此道之兴废，未可期也。"③

伊藤仁斋的"气一元论"思想被其子伊藤东涯继承和发展，除此之外，伊藤东涯还间接受到朱舜水和安东守约思想的影响。伊藤东涯所著《霞池省庵手柬叙》一文可以佐证："曩者明氏失驭，神州陆沉，忠臣义士莫之敢支吾。时越中有朱舜水先生名之瑜，字鲁玙，文行著闻。尝被鲁王之征，既而顺治继历，九有沦于胡。先生养不食虏粟，抗仲连之节，来寓吾肥之长崎，流离困顿，百艰备尝。……有安东省庵先生，……闻舜水之抵崎，负担而从之，抠衣执弟子之礼，先生俸岁百，分其半以廪舜水，而馆私塾。……舜水既殁，先生服心丧，辑其遗文曰《心丧集语》。其好善之笃，久而不渝，吁亦难得矣。舜水之乡人有张斐字非文者，号霞池，尝附商舶来于长崎，欲造先生庐而叙谢，拘于禁而不得面，以柬牍词章互相酬答。……呜呼！先生之于予，父之执也，况乎不唯其好善之不可不传，亦风千载之

---

① 伊藤仁斋：《童子问》，载于《近世思想家文库》，东京：岩波书店1966年版，第205页。
② （明）朱舜水著，朱谦之整理：《朱舜水集》，中华书局1981年版，第194页。
③ 徐兴庆编著：《朱舜水集补遗》，台北：学生书局1992年版，第224页。

下，使夫人兴起好善之心，乐为之序云。"①

伊藤仁斋提出"天地一大活物"之观点是受到朱舜水"道在彝伦日用""圣贤之道，止在彝伦日用"思想的启发。伊藤仁斋在《语孟字义》中说道："《易》曰：'天地之大德曰生。'言生生不已，即天地之道也。故天地之道，有生而无死，有聚而无散；死即生之终，散即聚之尽，天地之道一于生故也。"伊藤仁斋提出"性即生"之观点是受到朱舜水"性成于习"思想的影响。朱舜水认为人性取决于后天环境、后天教育等因素影响。伊藤仁斋在《语孟字义》中还说道："性，生也。人之所生而无加损也。"意思是说：性不是与生俱来的，是后天形成的。伊藤仁斋提出的"无鬼神"之说也是受到朱舜水"无神论"思想的影响。台湾学者童长义研究认为，伊藤仁斋学术思想的确受到朱舜水实理实学思想很大影响。② 当然，伊藤仁斋的古学派思想还受到明代唯物论者吴廷翰（1491—1599）《吉斋漫录》的影响。

（四）安积觉

安积觉，字子先，小字觉兵卫，号老圃，又号澹泊斋，晚又号老牛居士。13 岁开始师从朱舜水，在朱舜水的精心培育下，安积觉博学能文，尤其擅长史学。后被招入彰考馆，担任《大日本史》的编修总裁，为《大日本史》的编撰工作立下汗马功劳。安积觉端正诚实、正直坚贞、与人为善、文思缜密，坚其操守。《友人弟子传记资料》记载："觉历事四公，端亮方直，慎密自守，容人之善，而不矫情，久而服其资性自然。"③

安积觉师从朱舜水后，被严格要求，"文恭诱掖提诲，严立课程，

---

① （明）朱舜水著，朱谦之整理：《朱舜水集》，中华书局 1981 年版，第 781—782 页。
② 童长义：《德川大儒伊藤仁斋与明遗臣朱舜水》，载于《中国历史学会史学集刊》第 30 期，台北，1998 年，第 223—225 页。
③ 同上书，第 824 页。

逐日登记，觉遂善通西土之音。"① 《澹泊集》也记载："仆事文恭在童卯时，仅受孝经、论语、小学句读。文恭教授甚严，每日所授不过十五六行或二十行，退而复之，二三百遍，必使讽诵上口而已。……至今不能忘者，唯西音读书一事，此由日课之严耳。"② 这为安积觉奠定了良好的学业基础。《湖亭涉笔》记载："今犬马之齿将颓，而学业不成；其所存者，稍辨华音一事，由其课程严峻，晨读夕诵，故至今不忘耳。"③ 随着安积觉年龄的增长，其学术思想也不断发生变化。幼年时期对史学的懵懂到酷爱史学到《大日本史》编撰的中坚力量，与朱舜水的悉心教导不无关联。安积觉在答荻生徂徕时说道："幼师事朱文恭，徒有其名而无其实，亦如前书所陈也。文恭务为古学，不甚尊信宋儒，议论往往有不合者，载在文集，可征也。当时童蒙，不能知其所谓古学为何等事，至今为憾。"④ 从以上言辞来看，朱舜水对安积觉学术思想的变化产生了直接影响。

松元纯郎研究认为：安积觉继承了朱舜水的衣钵，不但通晓《资治通鉴》，还广泛涉猎中国其他史书，就如"论赞"，在修辞上，频繁出现中国的故事，从而引发了对原来问题的争论，也因此使安积觉通晓中国史学的精神，而灵活运用于他的修史事业上。室鸠巢也说："忽捐馆舍二十载，当时宿儒安积翁。家学亲承舜水传，余姚一派流日东。"⑤ 狄生徂徕也认为："先侯业已即世，一时邹、枚之辈寥落殆尽，而足下独以朱先生高第弟子岿然以存，有如灵光。"⑥

（五）人见传

人见传，字子传，后改为又左卫门，自称懋斋，亦号竹墩云，是野一的外甥。自幼勤勉好学，刻苦独立，手不释卷。性情温醇笃实，

---

① （明）朱舜水著，朱谦之整理：《朱舜水集》，中华书局1981年版，第822页。
② 同上书，第825页。
③ 同上书，第820页。
④ 同上书，第819—820页。
⑤ 同上书，第821页。
⑥ 同上。

悃愊无华。《文苑杂纂》评价人见传是："传为人慎密逊退，游野先生之门，勤苦刻励，亦无等伦。如是等人，实未易得，自后数年于今，惟见其进，未见其退。而其学不在刁虫篆刻之技，欲优游圣贤之域。故观世之夸诞无实者，深以为非。余未尝不叹其不可及焉。"[①]人见传师从林鹅峰先生，学业大有长进，擅于研究四书五经。后师从朱舜水，研习经义，考证制度，商榷文字，非得其要领不可。深得朱舜水经学嫡传，朱舜水称其为纯笃，期以老成。人见传详细记载了从朱舜水处所学到的"简牍素笺之式，深衣幅巾之制，丧祭之礼"等，并与今井弘济的记载合成了《朱氏舜水谈绮》一书。

（六）今井弘济

今井弘济，字将兴，号鲁斋，称松庵，又称松柏，后改小四郎。参与《大日本史》编纂工作。自幼聪颖，悟性高，秉性恬淡隽永，慷慨有奇气，文章气势恢宏，熟知中国文化，擅长史学。幼年便师从朱舜水。朱舜水对其要求严格，时常打骂，"苦不堪言"，但这也使他学术日进。朱舜水写信给其兄弘润说道："令弟弘济稚子无知，然亦似有诖误之者；近知悔过，乃是率德改行之渐。三四日颇有好光景，若如此不衰而加历，则何善之不可臻也。极喜！极喜！且当奖成之，万一旧病复发，则必不可救矣。怡怡之中，少加偲切为望。"[②]

今井弘济师从朱舜水有 18 年之久，直至朱舜水逝世。深得朱舜水实学真传，师生情谊颇深，以至朱舜水去世后他在家中设灵位祭奠。据今井的好友森尚谦（1652—1721）记述："儒臣今井弘济尝被命受先生之学，旦暮及丈眷遇殊特。以其恩义兼备，家设神主事死如生，敬礼厚而至矣。"[③] 这说明今井与朱舜水的师生情义深厚。可想而知，朱舜水学术思想对今井弘济的影响。今井弘济既受到"学问之

[①] （明）朱舜水著，朱谦之整理：《朱舜水集》，中华书局1981年版，第832页。
[②] 同上书，第835页。
[③] 吉田一德：《水户义公德川光国、今井弘济和明末志士》，载于（日本）《历史地理》1959年第89卷，第2号。

方、简牍之式、科试之制、用字之法，皆与有闻焉"① 的治学方式影响，也受到"学问之道如治裘，遴其粹然者而取之"的治学精神影响。徐兴庆教授认为，今井弘济是受朱舜水学风影响最深的弟子之一。

（七）人见竹洞（野节）

人见竹洞（1637—1696），江户前期儒学者，汉诗人。名节，字宜卿，时中，又称又七郎、友元，号竹洞、鹤山。本姓小野氏，又称野节。德川幕府时期日本儒官，幼年到江户师从林罗山，音乐造诣颇深，后求学于东皋心越大师。著有《君臣言行录》九册、《东溪年谱》一卷、《鹤山随笔》四卷、《壬戌琉球拜朝记》一卷、《竹洞先生略谱》和《近世汉学者大事典》《韩使手口录》《日光参诣记》。因获得历代幕府将军的信任，以书记员的身份参与幕府的修史工作。

人见竹洞与德川光国、朱舜水关系密切，同朱舜水书信往来频繁。林俊宏先生研究认为，他们之间的书信、笔谈记录共有179条，这为中日两国的文化交流和切磋学问起到了良好的示范作用。人见竹洞在《祭明征君舜水朱老先生文》中写道："先生初系缆崎津，节既慕芳名之美，及驻辕江府，节先仰盛德之高，或拥篲而迎，或抱经而问，蒙育才之明诲，得博物之异闻。言异志同，耳提面命，洁如对霁月，温如坐春风。闻诗礼而道存，侍笔砚而年久。"②

人见竹洞关于性理之事对朱舜水请问道："前日以来，欲谈性理之事，浅学不免躐等之罪，故不及此。闻昨吉水太守问格物之义。格物者、先儒所说多多、至晦翁、说出穷理来、其所行以居敬为本。穷理、居敬工夫、虽非旦暮容易说出之事、日用之工夫、先生之意如何？"③ 朱舜水认为要随时随地格物致知，如果穷究万事万物之理，还没等事物之理弄明白就会因为生命有限，而使事事无法落地悬置于

---

① （明）朱舜水著，朱谦之整理：《朱舜水集》，中华书局1981年版，第624页。
② 徐兴庆编著：《朱舜水集补遗》，台北：学生书局1992年版，第207页。
③ （明）朱舜水著，朱谦之整理：《朱舜水集》，中华书局1981年版，第386页。

空中，影响社会的发展和治国平天下。对此他说道："前答吉水太守问'格物致知'，粗及朱、王异同耳。太守以临民为业，以平治为功，若欲穷尽事事物物之理，而后致知以及治国平天下，则人寿几何，河清难竢。故不若随时格物致知，犹为近之。至若'居敬'工夫，是君子一生本等，何时何事，可以少得？仆谓治民之官与经生大异，有一分好处，则民受一分之惠，而朝廷享其功、不专在理学研究也。晦翁先生以陈同甫为异端，恐不免过当。"朱舜水的言论，要一分为二地看，在那个特定历史时空也不无道理，亟待解决的实际问题无须先谈明原理缘由。如胡适所言：多研究些问题，少谈些主义。"现在舆论界的大危险，就是偏向纸上的学说，不去实地考察中国今日的社会需要究竟是什么东西。"① 在稳定和平的社会当下，需要反思朱舜水的这一言论。人见竹洞后来在给朱舜水的书信中说道："一夜夜话，胜十年之灯乎！"② 可见朱舜水对其的影响力。

三 爱好儒学的民众

朱舜水在日本的影响力不仅存在于上层社会，对老百姓也有一定影响，朱舜水在民间颇有名望。据《与洗衣老姥》记载："余今年寓日本，衣极垢蔽，欲求一和灰纫针之人，虽倍其值以偿，居停及邻母无有应者。最后得是姥，为余勤勤浣洗，酬之以钱，而辞，诘其故？但欲得余书二幅，亦大异山阴老姥矣。故欣然为书之。"③ 意思是说，朱舜水想要雇请一位洗衣工为自己洗衣服，虽然出高价也没有人愿意应聘，后来一位老太太愿意为朱舜水缝洗衣服。朱舜水好几次付其工钱，可老太太不愿收，问其原因？老太太希望得到朱舜水的两幅书法作品。朱舜水欣然同意。在水户讲学，很多文人雅士和老百姓，甚至很多老人都慕名而来，"水户学者大兴，虽老者白须白发，亦扶仗听

---

① 《每周评论》第三十一号，1918年7月20日。
② 徐兴庆编著：《新订朱舜水集补遗》，台北：台大出版中心2004年版，第111页。
③ （明）朱舜水著，朱谦之整理：《朱舜水集》，中华书局1981年版，第338页。

讲。且赞儒道大美，颇有朝闻夕死而可之意"。① 朱舜水在给安东守约的信中说道："贵国山川降神，才贤秀出，恂恂儒雅，蔼蔼吉士，如此器识而进于学焉，岂孔、颜之独在于巾华，而尧、舜之不生于绝域？"②

本章小结

本章主要讨论朱舜水思想的传播对象即受众。这里的受众主要指的是德川幕府时期朱舜水的弟子及其友人和爱好儒学的日本民众。选取的是朱舜水不同身份的弟子，或是在学术上或政治上取得较大成就、有较大影响力的弟子，同时也论述了朱舜水思想不仅影响日本上层社会的精英人士，还影响到日本的普通民众。因此，对朱舜水弟子的基本身份背景进行了简明扼要的介绍，以便读者基本掌握朱舜水思想在日本政界、学界和经界产生的影响以及影响的深度和广度。再就是，通过对这些受众的介绍，说明朱舜水思想核心——实理实学确实如他自己所言，"不佞之为道，不用则卷而自藏耳。万一世能大用之，自能使子孝臣忠，时和年登，政治还醇，风物归厚，绝不区区争斗于口角之间"，既有社会上层建筑的思想建构，也能指导普通百姓的现实生活。实理实学思想能够在形而上的思想层面和形而下的实践层面之间起到很好的纽带和桥梁作用。

从本章的结构来看，似乎与第四章有类似之处。即"传播者"和"传播对象"有重复。不过，笔者在内容撰写上有所区分并有不同侧重点。第四章主要是对传播者的学术思想进行讨论，而本章主要是对传播对象的身份背景作一介绍，两者各有侧重但又相互关联。特别的是，他们既是朱舜水思想的传播者，同时也是朱舜水思想的受传者，如果将两章合二为一加以讨论也存有可能。但这样的话，依笔者看

---

① （明）朱舜水著，朱谦之整理：《朱舜水集》，中华书局1981年版，第169页。
② 同上。

来，一是文章结构不清晰，二是内容阐述相对来说有点紊乱。为了使拉斯维尔的"5W"传播模式在文章结中趋于完整，便于读者把握文章的逻辑结构，笔者选择在不同章节分开讨论。另外，将两者分开讨论并不会导致文章繁缛或混乱，却能够更清晰地展开问题进行详细说明，可以使文章结构清晰和内容更具体。

第八章

朱舜水思想传播效果

> 文化本身就像一面镜子，它的内容和人们对它的消费互相对应，不能简单地分开来看。文化消费"远不是一项简单的经济活动，它包含梦想与慰藉、交流与对抗、印象与认知。"①
>
> ——Semati and Morrsi

《日本国志》曾这样评价朱舜水："之瑜，字舜水，明余姚贡生，亦鲁王遗臣，尝至安南，又三至长崎，图借外援，终不遂其志。至岁己亥，遂留长崎不归，筑后人安东守约分廪禄之半师事之。德川光国钦其德义，请之幕府，延为宾师。水户文教之兴，与有力焉。是时有僧陈元赟，明进士，辟难削发来居西京。又福建僧隐元，德川家纲遣人迎之，命于宇治创万福寺，名曰黄檗，传衣钵者多汉人。其后有画工沈诠，号南癫，幕府聘之，来长崎，亦留不归。均为日本所重，附识于此。"② 朱舜水的思想无疑对日本社会产生了深远影响，使中华儒学思想在日本深入而广泛传播。尤其是儒学内化的舜水学在日本发扬光大，影响日本两百多年，甚至在一定程度上影响了日本历史的发展，以至今日的日本文化中还有舜水学的影子。据关仪一郎等日本学者的研究，朱舜水的弟子在日本学术界有较大影响力的有 30 人左右。

---

① ［美］萨马迪：《国际传播理论前沿》，吴飞、黄超译，中国传媒大学出版社 2016 年版，第 181 页。

② （清）黄遵宪：《日本国志》，上海古籍出版社 2001 年版，第 71 页。

据《文苑遗谈》记载，日本许多学者如安东守约、山鹿素行、木下顺庵、德川光国、小宅生顺、安积觉等深受朱舜水实理实学思想影响。

梁启超在《中国近三百年学术史》一书中谈道："日本史家通行一句话，说'德川二百余年太平之治。'说到这句话，自然要联想到朱舜水。"①《清初五大师学术梗概》一文也说道："现在我们可以说，日人所以有二百年太平之治，实由舜水教化而成；即中国儒学化能为日本社会道德基础，也可以说由舜水造其端，……舜水人格极高尚严峻，所以日本知识阶层受其感化最深。……前几年，日本人开舜水三百年纪念，非常热闹；可见其感化力之深，历久如一。盖先生之学，专以人格坚强高尚为主；在最近三百年内，能把中国和日本的学术关系密切结合起来，关系当然是多方面的，朱舜水在其中起过很大的作用是对的。"② 安东守约在《朱舜水先生文集序》中写道："顷上公先生之文集为二十八卷，每卷官位尊名之上，题以门人二字。于戏！以公侯之尊，尊师如此，此不特先生之灵感动虎地下，真人生之伟范，百世之美谭也！呜呼，先生雅非常之人，而有非常之事，亦有非常之功。"可见朱舜水思想在日本的影响力。姚明达先生编撰的《中国历史研究法补编》有言："朱舜水与日本近代文化极有关系，当时即已造就人才不少。我们要了解他影响之伟大，须看他的朋友和弟子跟着他活动的情形。……像朱舜水一类的人，专以造就人才为目的，虽然造就是外国人，但与我们仍有相当的关系。"③ 日本学者国府种德认为："对我国儒学影响最大的、毋庸置疑就是光国的宾师、明朝遗臣朱舜水。……舜水将其精华带到日本，着实保佑了日本的文明。儒学完全是经世治民之要道，非空理空论之说，这得益于舜水的恩赐。德川时代的明君贤相以及受之辅助的学者都得到了舜水最大的影响。尊崇明代衣冠之精神恐怕是尊王勤王等的精神之基础，而且，我们相

---

① 梁启超：《中国近三百年学术史》，岳麓书社2009年版，第89页。
② 陈友琴：《朱舜水在日本》，载于《文汇报》1980年11月3日。
③ （明）朱舜水著，朱谦之整理：《朱舜水集》，中华书局1981年版，第729页。

信：构建武士道根本的条理和义理，应该说也是舜水诚恳正直的学术之根基。我们特意举行舜水纪念活动是表示对他恩德的谢意。"①

在实践层面，朱舜水向日本输送的技术技艺涉及圣庙建筑技术、农业、地理、花鸟虫鱼、衣冠裁制等颇多领域。德川光国根据朱舜水的《学宫图说》的介绍，以1/30的比例建造了文庙、启圣宫、明伦堂、尊经阁、学舍、进贤楼、廊庑、射圃、门楼和墙垣等模型。在建造圣堂庙宇方面，"其规划一效明制、杂以时宜、凡自殿室廊庑门阶、以至基础、砌砖、患罘之属、皆鼎新规、以革旧制"。② 人见竹洞十分关心明伦堂的制作规制、规模大小，曾向朱舜水请教明伦堂的相关问题："余问明伦堂之制，翁祥说之，且自作其图以示之。后水户相公命良匠就翁审问堂制，而巧模其形，以分寸准丈尺作明伦堂。其丈尺许，殿寝、门阶、窗户、楼库、两庑各备，不违纤毫，伦奂可观。若乃国学大兴经始斯堂，悉从此形制，则中华之盛无加之乎吁！国学未兴，吾侪霓望俟之。"③ 日本东京大学杨际开博士认为："舜水的难能可贵之处在于身体力行，把德川日本与东亚文明的整体命运联系起来，向日本传达了东亚文明整体安全的观念。"④

另外，朱舜水提高了日本儒学者的汉学研读能力和表达能力。朱舜水刚到日本时不懂日语，只能用笔谈的方式同日本儒学者交流，并且用汉语讲学，这促使日本儒学者努力学习汉语，某种意义上，改革了日本儒学者研究中国汉学文化的方式。朱舜水称赞服部其衷道："佟能记诵，音声亦不异唐人之子，甚清亮。近日学语，譬如雏莺，亦间关可德，渐能作译人。"⑤ 安积觉人到中年回忆年幼时学习汉语

---

① 朱舜水纪念会编：《朱舜水》，东京：朱舜水纪念会事务所1912年版，第17—33页。
② 转引自徐兴庆《东亚视野的朱舜水研究》，载于《日本汉文学研究2》2007年第3期，第389页。
③ 徐兴庆编著：《朱舜水集补遗》，台北：学生书局1992年版，第195页。
④ 钱明、叶树望主编：《舜水学探微——中日舜水学研讨会文集》，浙江古籍出版社2009年版，第335页。
⑤ （明）朱舜水著，朱谦之整理：《朱舜水集》，中华书局1981年版，第273页。

的情形，叹道："觉自十三岁春，师事文恭，不限岁月。而至十五岁春，病痘还乡，遂不得侍函丈。执弟子职不满三年，而敛枕罩，备洒扫，日夜供给，仅受《孝经》《小学》《大学》《论语》句读。……还乡之后，玩岁愒日，放浪自恣。今犬马之齿将颓，而学业不成。其所存者，稍辨华音一事，由其课程严峻，晨读夕诵，故至今不忘耳。"① 日本著名汉学家吉川幸次郎认为朱舜水增进了日本儒学者的汉语能力，他说道："当时的日本人，愈来愈想广泛地阅读中国书，但因其很难了解，常有读不懂的地方。就是博学的林罗山都曾向朝鲜的使者问过基本的问题。朱舜水的来日，这些不便想来都消除了。"② 中村新太郎也认为："朱舜水所学的是介于朱熹和王阳明之间的一种学问，同时对于实用的学问也有很深的造诣。朱舜水帮助了当时如木下桢干、山鹿素行等有名的学者阅读著作，研究问题。"③

当然，尽管朱舜水"固执"地坚持皇权至上主义，注重大义名分，但为了在日本继续生活下去，也接受日本高层社会的现实要求，接受日本的政治制度以及武士文化。日本德川幕府时期，皇权受限，平民似乎可以与将军平起平坐，连大名都可以称"殿"。在朱舜水看来，这是让人无法接受的。他在给大名写信时，偏偏注称为"様"。这引起大名的不满而受到严厉批评，后来才无奈改正。朱舜水在给唐通事刘宣义写信时说道："去岁深衣一书，罪甚。此事诚非兵左卫门之罪，乃弟之罪也。弟以书达御奉行所上书'様'字，于体不恭，恐有妨碍，故嘱兵左卫门下作'殿'字，总来粗野不更事，求美反不美，致有此失，心本无他，惟希原谅。"④ 为了讨好德川光国，他也对德川光国说"万寿无疆"。其实，对于在日本生活20多年的朱舜水来说，他是深谙日本高层的礼仪规范和准则的，但他虽入乡随俗，

---

① （明）朱舜水著，朱谦之整理：《朱舜水集》，中华书局1981年版，第625页。
② 吉川幸次郎：《日本汉学小史》，东京：研文出版1981年版，第56页。
③ ［日］中村新太郎：《日中两千年：人物往来与文化交流》，张柏霞译，吉林人民出版社1998年版，第299、222页。
④ 徐兴庆编著：《朱舜水集补遗》，台北：学生书局1992年版，第69页。

皇权至上的理念却不曾改变。在《答小宅生顺书》中朱舜水说道："官家乃天子之称，他无敢称之者。至于朝廷，则非天子之专称。孔子朝，与上下大夫言。又其在宗庙朝廷，孔子虽入周，未尝一登周天王之朝。且书中明系鲁国之朝廷也。今将军之尊，何遽不及鲁侯哉？殿下、公方、御前，此在国俗则可，若欲传久行远，恐有碍也。惟裁之。"①

一 对日本国民思想观念的影响

（一）朱舜水思想影响了日本学者的认识和学术态度

德川幕府时期日本的朱子学、古学派、水户学受到朱舜水儒学思想的影响，并在朱舜水的精心培育下不断发展、壮大、成熟起来。朱舜水的"理事同一"论，被朱子学派安东守约引申为"理气合一论"，且师徒二人的唯物主义思想也一脉相承。"气"是形而下之"器"，"理"是形而上之"道"。道器合一则理至气贯而通之。如《易》之太极，于转折处，看得分明，自然头头皆合。安东守约比较认可罗整庵的哲学观点：理只是气之理。强调"气"为根本，"气"具有实践性。安东守约在《耻斋漫录》中说道："天地之间，唯理与气，以为二不是，以为一亦不是。先儒之论，未能归一，岂管窥之所及哉？罗整庵曰：'理须就气上认取，然认气为理便不是，此处不容间发，最为难言。要之人善观而然认之，只就气认理，与认气为理，两言明白分别，若于此看透，则多说亦无用。理只是气之理，当于气转折之处观之。往而来，来而往，不知其所以然而然，若有一物主宰，其间而使之然，此即所以有理之名。《易》有太极，即谓此。若于转折之处，看得分明，自然头头结合。'"②用哲学家井上哲次郎的话说："省庵的'理气合一论'是'理'随'气'（器）而存在，同

---

① （明）朱舜水著，朱谦之整理：《朱舜水集》，中华书局1981年版，第319页。
② 安东守约著，板仓胜明编：《耻斋漫录》，载于《甘雨亭丛书》，东京：岩波书店1853年版，第136页。

气一元论的见解相当接近。修正朱熹的理一元论是海西朱子学派的特点。"① 安东守约的代表性著作《省庵先生遗迹》（12 卷）的学术思想体现了朱舜水思想的基本精神。朱舜水自由的学风铸就了安东守约博取众家之长的学术特色。朱舜水时常写信给安东守约，告诫他：学术研究要博学多识，不能拘泥于某家某派，"能遴其粹然者而取之，能慕其湛然者而学之"。朱舜水的兴儒排佛思想对弟子安东守约的思想建构影响较大，安东守约在给朱舜水的信中反复强调说："近世一种阳儒阴佛之辈，涂人之耳目者，不暇枚举。先生慨然以正学为己任，敬想天使先生继斯道之统，故守节不死，将及中兴之时也，宁不自爱乎？守约无他长，只好圣贤之学，未至者也。"② 伊藤仁斋在给安东守约的信中间接表述了安东守约的学术取向与朱舜水的实理实学思想的统一。《答安东守约书》写道："倘若先生（朱舜水）之道，得大行于兹土，则虽后来之化，万万于今，实台下（安东守约）之力也，岂不伟哉！岂不伟哉！"③ 此时的日本学术界的思想由排佛逐渐转化为兴儒，这是朱舜水思想对日本思想文化建设的贡献。

德川光国接受了朱舜水的"大同"思想，并将其转化为"尊王一统"思想落实于《大日本史》的编撰中，于是便有了明治维新的指导思想，也就有了后来政治、经济、文化诸方面在亚洲甚至在整个世界强大的日本国。德川光国接受朱舜水仁政治国的建议，在国内行仁义，仁恕御众，严令禁止部下奢侈浪费、仗势欺人。退休之后，德川光国还常巡视疆内，关注民生，体察民意。德川光国接受朱舜水无神论思想。就藩后，在国内颁布命令，严禁"人殉"，毁弃淫祠并废除"以殉死者之众相夸"的陋习。作为学者。德川光国还吸取朱舜水倡导的忠君爱国的思想以及尊重史实的史学思想。德川光国在《梅

---

① 戴瑞坤：《朱子学对中日韩的影响》，载于《逢甲人文社会学报》2000 年第 1 期，第 103—104 页。
② （明）朱舜水著，朱谦之整理：《朱舜水集》，中华书局 1981 年版，第 748 页。
③ 伊藤仁斋：《答安东省庵书》，载于《古学先生诗文集》，东京：ぺんかん社 1985 年版，第 32 页。

里先生碑阴并铭》中写道:"自早有志于编史,然罕书可征,爰搜爰购,求之得之,征遴以稗官小说,据实阙疑。正润皇统,是非人臣,辑成一家之言。"

伊藤仁斋学术思想的变化间接受到朱舜水思想影响。伊藤仁斋有意委托安东守约作桥梁拜师于朱舜水,被婉拒。不过,安东守约是朱舜水与伊藤仁斋间接联系的纽带,仁斋与守约通信频繁,守约与朱舜水多有书信往来,按常理推测,仁斋与守约都会谈到"实理实学"的学术问题。据《送片冈宗纯还柳川序》记载:"柳川片冈宗纯生,以去年春,来游京师,尝舍刺访予庐。予观其为人也,言语有序,进退有度,雍容闲雅,犬非向四方游学之士比,予疑之曰,其性然乎?将由其所学乎?因款其所学,则曰尝学于同邑安东省庵先生者,而又出其诗文十数首而示之,执而阅之,则皆出入经术,根据义理,凿凿有意味。繇叹曰,生之可观者,因此而已矣。又自曰,吾前所欲得而观之者,则此人也,而其师省庵又得中华真儒为之师,则柳川生之蓝田合甫,而非假求之洛市焉者也。"① 伊藤仁斋的学术思想由一开始的"仁斋之学则雕文、刻镂、锦绣、纂组"到对宋儒理学之批判最后转变为"策问甚佳,较之旧年著作,遂若天渊",这一思想变迁过程基本是在朱舜水思想影响下完成的。日本学者石田一良研究认为,伊藤仁斋思想转变和形成过程与朱舜水有密切关系。② 理由是,安东守约是朱舜水和伊藤仁斋的好友,安东守约和朱舜水的书信往来经常谈到仁斋和他的学术问题。另外,在仁斋的许多著作中,时常用一些朱舜水常用的语言词语,表明与朱舜水思想靠近或统一之意,这也可以佐证仁斋有拜师朱舜水之意。伊藤仁斋晚年在京都堀川开设古义堂,向三千学生提倡"古义学",人称堀川派。

不过,日本学者吉川幸次郎认为,仁斋的"古学"是"全无师承,苦心孤诣"。也有学者认为,伊藤仁斋的学术思想受到明大儒吴

---

① 伊藤仁斋:《送片冈宗纯还柳川序》,载于《古学先生诗文集》,东京:ぺりかん社1985年版,第19—20页。
② 石田一良:《伊藤仁斋》,东京:吉川弘文馆1989年版,第63页。

廷翰（1491—1559）的影响。国学派学者多田义俊在《秋斋闲语》一文中指出："古学先生语孟之考，全源自吴氏吉斋漫录及郝京山的时习新智，为何本于此二书，其缘由不知也。"① 尾藤二洲也赞同多田的观点，那波鲁堂在《学问源流》中说道："仁斋父子之学本于明吴廷翰……发明识见，仁斋东涯学问之渊源也。"② 而井上哲次郎通过深入研究，并结合其他学者的研究成果，给予彻底否定。③

朱舜水的忠义思想唤起了青山延于和藤田幽谷（1774—1862）的爱国之心。17世纪后期，日本受到来自北方俄罗斯势力入侵，英国船只也经常在日本近海出现。德川幕府受到外国势力威胁之际，青山延于回忆起亡国遗民朱舜水的忠义正义的精神，唤醒水户学者的危机意识。另外，彰考馆总裁藤田幽谷所倡导的"尊王攘夷"的大义警世说也来自于朱舜水的忠义思想。

安积觉有种菊花的习惯，这一点与朱舜水类似，闲暇之时，走入园地，做些灌畦种菊之事。他种有菊花数百种，一来是对恩师的缅怀，二来是继承恩师的遗志。他在《寄田子爱书》一文中说道："亡师朱文恭有《乞菊于义公贴》，载在《遗文外集》。觉百事不能学文恭，而唯此一事稍存遗风，不亦可羞之甚哉！"④ 他还在《老圃行》诗中写道："千金购求天下籍，始开史局笼英雄。忽捐馆舍二十载，当时宿儒安积翁。家学亲承舜水传，余姚一派流日东。惟昔国史草创年，见君盛壮先着鞭。人道小心似高允，邦庆良史得马迁。材擅三长堪总局，文经百錬成大编。"⑤ 安积觉年幼时，师从朱舜水并与之一同生活，时常见到朱舜水待人接物、教授弟子、勤读《资治通鉴》

---

① 转引自董灏智《朱舜水与伊藤仁斋实学思想的最终定型——兼谈东亚的实学交流》，载于《黄海学术论坛》2015年第1期，第59页。
② 那波鲁堂：《学问源流》，大阪：崇高堂1733年版，第236页。
③ 井上哲次郎：《日本古学派之哲学》第2篇，载于《伊藤仁斋》，东京：富山房1902年版，第197—207页。
④ 安积觉：《寄田子爱书》，载于《澹泊斋文集》卷8，东京：《续续群书类从》完成会1913年版，第419页。
⑤ （明）朱舜水著，朱谦之整理：《朱舜水集》，中华书局1981年版，第821页。

第八章 朱舜水思想传播效果

至深夜。安积觉耳濡目染，印象深刻，为日后勤读钻研《资治通鉴》打下良好基础。他在《与村簧溪、泉竹轩书》一文中谈道："仆读《通鉴》，外总州郡之大体，内政贤豪之系谱，推奖之笃，虽或踰分。而勤苦之习，颇有由焉。幼时尝侍朱文公，昼则游惰，夜则昏睡，惟记先生应接宾客，教授弟子之暇，至夜分所读者，《通鉴》与《陆宣公之奏议》耳。当时不知《通鉴》臭味果何如，虽至中岁颇能好之，而禀性鲁莽，卒难通晓。常患晋八王、十六国，南北纷争，五代割裂，朝君臣而暮仇敌。又患唐以后多赐姓名者，至庄宗尤多，寻复其旧，错杂难睹。故初举系谱，旁注族属，则亲疏新旧，粲然可见，便于检阅。人皆以为迂阔，而仆则恬然不省也。"① 安积觉在朱舜水的教导下，从懵懂无知的孩子发展成为编史大家，并将史书汇编成功。安积觉认同恩师朱舜水的孝道思想。孝道是做人的基本道理，是治国平天下的基本准则。比如，朱舜水认为，孝之为道，治平天下之极则。安积觉说："孝，百行之本也。非孝无以为教，物则民彝不能立，礼乐政刑不能出。"②

而且，朱舜水思想也间接影响了其他日本学者。虽然无直接证据记载朱舜水与狄生徂徕有书信往来，但是狄生徂徕的学术思想有可能受到朱舜水的影响。间接证据是安积觉给狄生徂徕的书信中说道："文恭务为古学，不甚尊信宋儒，议论往往有不合者，载在文集，可征也。当时童蒙，不能知其所谓古学为何等事，至今为憾。"③ 会泽正志斋（1782—1863）是水户学派后期的重要代表人物。虽然与朱舜水没有直接的学脉关系，但是，从朱舜水与水户学派的关系以及会泽正志斋与水户学派的关系（会泽正志斋18岁入彰考馆，23岁后成为德川氏的家庭教师，41岁任彰考馆总裁）便可以推理出朱舜水的

---

① （明）朱舜水著，朱谦之整理：《朱舜水集》，中华书局1981年版，第825—826页。

② 安积觉：《大日本史赞薮》，东京：井田书店1869年版，第302页。

③ （明）朱舜水著，朱谦之整理：《朱舜水集》，中华书局1981年版，第819—820页。

学术思想间接地对会泽正志斋产生了影响。从言行上看，会泽正志斋先后担任彰考馆和弘道馆总裁，积极宣传大义名分，主张"尊王攘夷""允文允武""忠孝合一"。这种思想观念与朱舜水也是一脉相承的。日本著名政治家新井白石①（1657—1725），虽不是朱舜水的亲传弟子，但也深受朱舜水思想的熏陶。对朱舜水"储金复明"一事犹为肯定。在《先哲丛谈》之《朱之瑜》一文有如是记载："舜水冒难而辗转落魄者十数年。其来居此邦，初，穷困不能支。柳河安东省庵师事之，赠禄一半。久之，水户义公聘为宾师，宠待甚厚，岁致饶裕，然俭节自奉，无所费，至人或诟笑其啬也。遂储三千余金，临终尽纳之水户库内。尝谓曰：'中国乏黄金，若用此于彼，一以当百矣。'"②

上文已提到过，德川幕府时期佛教盛行，而无儒术之闻。面对这一现实，释断崖元初写信给朱舜水，询问对此社会现状的看法，朱舜水说："儒教不明，佛不可攻；儒教既明，佛不必攻。"③这说明朱舜水在当时日本民众心目中的地位，人们在乎朱舜水对现状的看法，以及希望他能给出改变现状的方法。

弟子林道荣曾对朱舜水说："居此地而读书，犹奏雅乐于重译，表龙章于裸壤。家贫不能作业，如学资何？"朱舜水慰谕道："谚云：'孳孳力田，必将逢岁'，但患不读书，不患读书无所用也。吾子其勉焉。"④林道荣勤奋读书，自成一家，时常用此言教导自己的弟子。朱舜水成为"给日本精神文化以最大影响的"⑤近世思想家。朱舜水的日本弟子众多，有重大影响的弟子有数十人之多。如屈原在《离骚》中所言，"余既滋兰九畹兮，由树蕙之百亩"。他的教育传播思

---

① 新井白石，名君美，号白石、紫阳、天爵堂、忽斋、在中、济美。日本江户时代杰出的政治家、经济学家、诗人、儒学学者。著述颇丰，1907 年图书刊行会编《新井白石全集》，共有 193 卷。他著书 79 种，内容涉及朱子学、历史学、地理学、语言学、文学、哲学、经济学等诸方面，被世人称为："古今著述之富，莫若白石焉。"
② （明）朱舜水著，朱谦之整理：《朱舜水集》，中华书局 1981 年版，第 635 页。
③ 同上书，第 63 页。
④ 徐兴庆编著，《新订朱舜水集补遗》，台北：台大出版中心 2004 年版，第 331 页。
⑤ 木宫泰彦：《日中文化交流史》，胡锡年译，商务印书馆 1980 年版，第 703 页。

想在日本生根发芽，到德川幕府末期，儒臣青山延于、会泽安志斋、藤田东湖等人继承并发扬早期水户学的精神——国体尊严之说。日本学者稻叶君山在《朱舜水学风和精神》一文中指出："依据我们的研究结果，舜水其人是将其人格和技艺传给天下后世的人。"①

在朱舜水逝世后，德川光国称赞他道："先生为一经济学家，假令旷野无人之地，士农工商各业，先生皆可兼之，而礼乐刑政之大，以及田园耕作、酒食、盐酱等等，先生殆亦无不胜任愉快也。"② 朱舜水的"经济之学"思想被落实到日本社会的民众生活中，这是他实理实学思想在现实生活中的运用。田园耕作、酒食、盐酱等"雕虫小技""小人之术"在中国古代社会不被认可，多被歧视。而朱舜水却能将这些技能传授给日本弟子，可见，朱舜水有以民生为本的朴素唯物主义思想，这也是日本民众景仰朱舜水的地方之一。还有，弟子木下贞干说："适会中原沦胥，备尝外域艰险。幼安避地，枋得誓天。夷房君不君，乘桴向东方君子之化；帛肉老其老，赐杖祝南极老人之祥。曰寿曰康，天乃锡箕畴洪福；惟德惟齿，世皆称轲书达尊。"③ 显然，朱舜水逃亡日本之后的思想和言行，契合了日本人对"忠"的理解，也帮助日本人加快了进入文明社会的步伐。如韩东育教授所言："［朱舜水思想］不但暗含了日本人的'忠义'道德标准，更帮助日本人从'夷狄'身份中解放出来，而后者对日本学界的影响，堪称巨大。"④

（二）朱舜水实理实学思想对日本国民的影响

朱舜水经世济民的实理实学思想在日本传播，扭转了德川幕府初期的空言之风。去虚尚实，重礼尚行，蔚然成风，对日本国民的现实生

---

① 朱舜水纪念会编：《朱舜水》，东京：朱舜水纪念会事务所1912年版，第35页。
② 转引自王晓秋、徐勇主编《中日文化交流两千年》，社会科学文献出版社2013年版，第225页。
③ （明）朱舜水著，朱谦之整理：《朱舜水集》，中华书局1981年版，第780页。
④ 韩东育：《朱舜水在日活动新考》，载于《历史研究》2008年第3期，第96页

活产生了积极意义。在当代日本，平民百姓彬彬有礼、崇尚务实精神，朱舜水的"尚礼""实理实学"思想发挥了一定的作用。朱舜水的著作一直被很多日本读书人所珍藏，且价格不菲。据《北京日报》报道："著名的神保町旧书店街，发现朱舜水的书仍很热销。'加贺本'根本不见踪影，'水户本'的标价是几百万日元，就连最晚近的'稻叶本'也要几十万日元，真是天价！"① 清末学者王三让在茨城县考察朱舜水遗迹时，著《游东日记》（1908）说道："初五日，各家门首插青草，因中国明时朱舜水先生常在其附近之西山设帐，该处独得文化之先，故犹沿中国端阳桃艾旧习，且其官舆地方招待之人，感情亦格外加厚。"② 从此事例来看，日本百姓对300多年前的朱舜水多有怀念。日本人通过各种纪念方式缅怀朱舜水。

朱舜水的忠义思想对后世日本人影响颇深。他为楠木正成之"忠诚"③ 撰写"楠公碑阴记"（即凑川碑文）被明治政府编入教科书，以激发日本国民忠孝仁义、忠君爱国的热情。碑文摘录如下："忠孝著乎天下，日月丽乎天。天地无日月，则晦蒙否塞；人心废忠孝，则乱贼相寻，乾坤反复。余闻楠公讳正成者，忠勇节烈，国士无双，搜其行事，不可概见。……自古未有元帅妒前，庸臣专断，而大将能立功于外者。卒之以身许国，之死靡佗。观其临终训子，从容就义，托孤寄命，言不及私。自非精忠贯日，能如是整而暇乎！父子兄弟，世笃忠贞，节孝萃于一门，盛矣哉！至今王公大人以及里巷之士，交口而诵说不衰，其必有大过人者。惜乎载笔者无所考信，不能发扬其盛美大德耳。"④ 这段碑文，一来表明楠木正成的忠

---

① 《朱舜水：清初在日本产生重大影响的学者》，载于《北京日报》2007年5月2日，http://news.xinhuanet.com/theory/2007-05/02/content_6048350_1.htm。
② 转引自王宝平主编，刘雨珍、孙雪梅编《晚清东游日记汇编——日本政法考察记》，上海古籍出版社2002年版，第393—394页。
③ 德川光国接受朱舜水之教导，将楠公精神传扬于世。如果模仿中国儒家之礼赠楠公私谥为"忠武"，那么"忠武"之谥号是否得当，道有无区别，礼是否相悖？这些德川光国都征求过朱舜水的意见。朱舜水认为"忠武"之谥号最适合楠公先生。
④ （明）朱舜水著，朱谦之整理：《朱舜水集》，中华书局1981年版，第571页。

诚；二来衬托出德川光国的"义"；三来体现朱舜水大义名分的思想，即忠孝仁义、忠君爱国。这段碑文为明治维新的仁人志士们广为传颂，激发了幕府末期仁人志士的斗志，也成为明治维新的指导思想。明治维新的精神领袖吉田松阴（1830—1859）曾三度参拜楠木正成墓，并拜读朱舜水的碑文，每次都为楠木正成的忠义行为泣不成声，深表钦佩。

礼仪方面，朱舜水在日本国民礼仪塑造上有莫大贡献。他详释典礼，被当时日本学界称为大盛事之一。他还亲自示范指导并作图画解释礼仪样式。人见竹洞说道："水户相公请朱翁而命儒主侍史数十员习奠释之仪，翁考于礼奠而叙其所曾观者，作书定其式画。相公本乡别庄之一地，假作堂阶，圜以苇墙为门墅之限。日日习礼。余与藤勿斋相约一日往观之。朱翁立墅指挥，礼容齐整，诸生拜趋之仪肃肃可观。"① 许多著名学者对此给予高度赞誉。幕府时期儒学者服部其衷说道："两年以来释奠习仪，进退雍容，礼仪卒度，宰相样谓十数百年未有之礼，先生教日本之人莫大之恩，加贺守殿谓先生以此礼教后人，乃先生莫大之功。贺国多士谓三代礼仪尽在于斯，凡观者无不称赏叹服曰：'不图礼意之美乃至于此。'或曰：'一至此地，不严而肃，骄慢之气不觉销熔顿尽。'其间老成人至有泣下者，此仅老师绪余耳。若使老师大道得行，吾国之至鲁国至道不知作如何观也。"② 服部其衷礼仪学习为最佳者之一。朱舜水在给古市务本的信中写道："至于习礼一节，通场未有出其右者。不但出其右，即多年习礼之儒，亦无有能及之者。从容次第，礼无违错，不吴不傲，柔顺温私，不谓其遂能及此。"③ 这反映出服部其衷一是聪明好学；二是礼仪学习效果颇佳。德川光国对朱舜水的礼仪释典也高度赞许，说道："十数百年未有之礼，先生以教日本之人，莫大之恩。"加贺守殿谓："先生以此礼教后人，乃先生莫大之功。"贺国多士谓："三代礼仪尽在于斯。"凡观者无不称

---

① 徐兴庆编著：《朱舜水集补遗》，台北：学生书局1992年版，第195页。
② 同上书，第95页。
③ 徐兴庆编著：《新订朱舜水集补遗》，台北：台大出版中心2004年版，第350页。

赏叹服曰:"不图礼仪之美迁至于此。"或曰:"一至此地,不严而肃,骄慢之气不觉消溶顿尽。"① 这说明朱舜水释典礼仪在日本的传播受到日本人的广泛欢迎和喜爱,规范了日本人的礼仪,强化了日本人的礼仪观。这种礼仪和礼仪观在日本一直保持至今。日本关西大学教授吾妻重二认为:"朱舜水对于日本的影响,主要分为思想和仪礼两个层面。在思想方面,鼓吹尊王思想最为重要。在仪礼方面,以孔子庙(大成殿)的设计为代表。"② 朱舜水尊王思想主要体现在亲自撰述日本忠臣楠木正成的《湊川碑文》和德川光国编纂的《大日本史》,礼仪的影响主要体现在日本汤岛圣堂和现存于水户市的大成殿模型以及释典礼仪、丧祭仪礼和制作具有中国特色的衣冠服饰等制度。

  现在日本的日常生活中,处处能体会到日本人的礼节烦琐。如日语中的敬语较多,且规定详细;对师长/上司行90度的弯腰礼,等等。据说,日本人白天也要把家里的窗帘拉上,担心室内的空间设置对路过的室外人员产生影响。虽说这些礼仪不一定由朱舜水影响而习得,但不可否认的是朱舜水加强了日本人的礼仪观和礼仪意识。

  朱舜水坚毅的人格魅力,对日本人来说,也起到了潜移默化的作用,也一直影响日本人到现在。田止邱③同朱舜水友情甚佳,时常慨叹日本社会如何不公,自己如何怀才不遇等。朱舜水赞其达练时势,有经济之才干,并写信以自己亲身经历来慰藉他。据许啸天亲历所感:"我前几年因为办铁矿的事体,在辽阳——本溪湖八盘岭矿山主任——和日本人共过几年;暗地留心他们从工程师到苦力头,都有一种艰苦卓绝、勤慎耐劳的气概。——他们对于中国人底行为的善恶又当别论——比到中国人的宽懈浮逸的恶根性,实在叫我惭愧!日本人能够得到这个好教育,也未始不是在三百年前我们这位中国的朱舜水先生指导,和他们那

---

① 徐兴庆编著:《新订朱舜水集补遗》,台北:台大出版中心2004年版,第125页。
② 杨儒宾、吴国豪主编:《朱舜水及其时代》,台北:台大出版中心1999年版,第50页。
③ 田止邱(1636—1682),名犀,字一角,号止邱子,通称理助。田中氏,自修为田。自幼留志史学,精通六史。环读《史记》《汉书》。著有《尘斋文集》十卷、《止邱子》二卷等,是朱舜水的好友。

位德川光国提倡的功劳。"①

朱舜水参与指导建造的后乐园，至今的日本国民每每游玩于此，便会忆起朱舜水。据日本学者铃木映一所言："关于后乐园，水户的人乃至所有日本人，只要看到它就会想起朱舜水。我曾多次去过后乐园，当漫步于风景如画的庭院中，就会激起我对朱舜水先生的怀念之情。"②

二　指导《大日本史》的编纂

《大日本史》是一部完整的纪传体史书，也是日本国民思想的指导书，为明治维新的发生发展发挥了指导性作用。全书记载了神武天皇即位至南北朝终结的一千四百余年的日本历史。全书详赡精赅，除志表、史事外，还有制度文物之记述。全书本纪七十三卷，列传一百七十卷，志一百二十六卷，表二十八卷，共计三百九十七卷。《大日本史》对江户时代的历史学研究作出了巨大贡献，对思想界及当时的政治产生了极大影响，对后世日本人的身份认同和国家认同起了决定性作用。据李甦平教授的研究，朱舜水要求《大日本史》的编纂目的是：叙述历史的事实，阐明国家的道德，明君臣的职分，严是非的辨别，褒贬人臣。德川光国基本遵循了朱舜水的编史思想，德川光国所撰《梅里先生碑阴并铭》一文的言论可佐证。

德川光国在主持编纂《大日本史》时，邀请朱舜水担任顾问。朱舜水亲传弟子、担任《大日本史》编纂总裁的安积觉在编史过程中，贯彻朱舜水的忠君爱国、尊王一统、大义名分的史学思想。所谓的尊王一统思想来源于朱舜水较为推崇的《春秋公羊传》一书，此书强调"大义名分""尊王一统"的思想。朱舜水认为："昔者孔子曰：'夫大道之行也，天下为公，选贤与能，讲信修睦。故人不独亲其亲，不独子其子，

---

① 许啸天整理：《清初五大师集（卷四）·朱舜水集》，知识产权出版社2012年版，第3页。

② 《余姚四先贤：朱舜水》，http://v.youku.com/v_show/id_XMTM3NjYyOTM0MA==.html.

使老有所终，壮有所用，幼有所长。其不幸不全于天者，皆有所养，男有分，女有归。货恶其弃于地也，不必藏于己；力恶其不出于身也，不必为继。是故纤慝尽闭，至理聿臻，故外户而不扃，质实而不伪，是谓大同。'夫以禹、汤、文、武、周公之治为小康，而以此为大同。"① 德川光国综合思量之后，接受朱舜水尊王一统、大义名分的思想，于是便有了编纂《大日本史》的指导思想。《大日本史》对中国的戊戌变法也起到了重要的启发性作用。李甦平教授认为："在朱舜水倡大同说的二百年后，康有为写《大同书》，并结合《公羊》三世说，'托古改制'，促成戊戌变法。由此可说，朱舜水的大同思想亦成为中国变法维新运动的理论指南。"② 由此可见，朱舜水思想对日本社会的开化、发展，思想的进步起着指导性作用，朱舜水的学术思想价值难以量化。

《大日本史》的编纂受到朱舜水编史思想的影响。主要体现在以下几个方面：一是仿效中国史籍的编纂方法。《大日本史》的史籍考核作风以及内容的叙述风格同《资治通鉴》十分近似，而《资治通鉴》是朱舜水在日本讲授史学过程中，十分重视和推崇的史学书籍之一。安积觉③是朱舜水高徒，又十分敬仰朱舜水的学识。安积觉在研史过程中，深受朱舜水史学思想的影响。在《朱文恭遗事》一文中说道："先生'好看陆宣公奏议、资治通鉴'。及来武江，方购得京师所锓通鉴纲目。至作文字，出入经、史，上下古今，娓娓数千言，皆其腹中所蓄也。"④ 二是《大日本史》遵循崇实抑虚的治史方法，

---

① （明）朱舜水著，朱谦之整理：《朱舜水集》，中华书局1981年版，第113页。
② 李甦平：《朱舜水》，云南教育出版社2009年版，第52页。
③ 安积觉从小十分敬仰朱舜水的人格和情操。在《朱舜水先生文集后序》中写道："当时唯见先生终年呕血，寥寥寡合。夏坐纱厨，冬拥脚炉。逾七之老，卷不失手。去乡万里，而竟不言及私亲；惟以恢复为念，未尝一刻少驰也。虽曰笃学力行之所致，非天资之豪迈，其孰能如此？先生未宜以世之所谓儒者方之也！……漂泊艰楚，百折不回，非为一身之计，而弢藏谨密，举世莫有知其志者。惟能熟读其文，忖度时事势，然后可审其志之所在，而知非苟全性命于乱世者也。"［（明）朱舜水著，朱谦之整理：《朱舜水集》，中华书局1981年版，第787—788页］
④ （明）朱舜水著，朱谦之整理：《朱舜水集》，中华书局1981年版，第625—626页。

精勤核实的治史态度，事无巨细的作风。这既是史馆总编辑安积觉所遵守的治史指导思想，也是德川光国所指示的治史之意："编纂要勤，考核要精，所引史事，务使核实。"这样的编史思想和编史态度与朱舜水的"经简而史明，经深而史实，经远而史近"的史学思想一致。三是整个《大日本史》的编纂贯彻大义名分的史观思想。所谓"大义名分"主要指的是尊王一统，整饬纲纪。《大日本史》的编纂，将神功皇后列入后妃传、将大友皇子列入本纪、将南朝列为正统皇系，并将楠木正成视为忠孝两全之忠臣。这些史实的编纂都是贯彻大义名分的思想，这种史观与朱舜水的忠君爱国、拥皇锄奸的思想也是一致的。据朱谦之先生在《日本的朱子学》一书中论述，安积觉有三点修史观：一是核对史实。针对史书上有记载史实错误或者添加臆造的内容都要纠正；二是修正名分。如将日本南朝修正为正统王朝。三是褒赞名节，表彰贤能。通过朱谦之先生的研究，笔者以为安积觉的修史观是受到朱舜水史观影响的。

《大日本史》在日本是旷世之经典，其史学价值如日本国安中藩主板仓胜明所概括："国家文明，生若义公，以有为之材，举旷世之典，聘舜水朱之瑜，讲究春秋之大义，就僧契冲发明古语之难析，史馆诸人，亦极一时之选。则神功于后妃，揭大友于帝纪，以南朝为正统，盖公之义例，可为万世之史法。"[①] 日本学者北乡康认为：朱舜水是水户学编纂《大日本史》的核心人物，他的思想由弟子枢要学者安积觉继承。水户学的大义名分思想，应该说是受到朱舜水一人的思想所影响。[②] 板仓胜明在谈到德川光国编纂《大日本史》时也认为："聘舜水朱之瑜，讲究《春秋》之大义。"[③] 朱舜水为德川光国撰写《大日本史》提供了基础部分的构想，德川光国应朱舜水的提议修建彰考馆。高须芳次郎在《水户学全集》一书中说道："水户学无

---

① ［日］板仓胜明：《甘雨亭丛书》，上海人民出版社1988年版，第236页。
② 北乡康：《朱舜水的史学思想》，载于《水户史学》第4号，1976年版，第24—30页。
③ ［日］板仓胜明：《甘雨亭丛书》，上海人民出版社1988年版，第236页。

疑是由义公所创，但是不可否认的，因为朱舜水的存在，义公的思想、学艺之发展多少得力于他。"①

不过，岩崎允胤、濑谷义彦等在考察水户学派的发展，或论述水户学派的理念及其成立的条件，以及《大日本史》的修史事业时，只字未提及朱舜水，他们不认为水户学的发展与朱舜水有关。② 日本学者菊池谦二郎认为，德川光国编纂的《大日本史》虽模仿了中国编纂史书的体例，但不受朱舜水影响。理由是招聘朱舜水之前《大日本史》的编纂工作已经开始了。菊池谦二郎还认为，朱舜水对弟子安积觉编撰《大日本史》影响也很小，因为安积觉从十三岁到十七岁师从朱舜水主要学习的是文章句读之法，而不是史学思想。这种观点有待商榷。一是朱舜水非常注重史学，在给安积觉等弟子教学过程中，不可能不涉及史学观点和史学思想；二是安积觉等所撰的《舜水先生行实》记载："每引见（朱舜水）谈论，先生援引古义，弥缝规讽，曲尽忠告善道之意，上公亦与之论难经史，讲究道义。""出入经、史，上下古今，娓娓数千言，皆其腹中所蓄也。""佐以子、史，而润泽之以古文。"③ 等等。这些记述可以佐证，朱舜水的历史观和史学思想会潜移默化地影响编史弟子们，从而影响《大日本史》的编纂。根据台湾大学教授徐兴庆的研究："整个《大日本史》的编纂过程，参考了欧阳修（1007—1072）的《新唐书》《新五代史》，司马光（1019—1086）的《资治通鉴》、范祖禹（1041—1098）的《唐鉴》，以及朱子的《通鉴纲目》等宋学史书，这些文献对水户藩针对正名论、春秋大义名分论以及正统说在下定义或修史时，提供了相当程度的参考。"④ 这样的编史观点和朱舜水的史学思想不谋而合，契合了《大日本史》编纂的指导思想，且朱舜水在讲授史学时，也多

---

① 徐兴庆编著：《新订朱舜水集补遗》，台北：台大出版中心2004年版，第35页。
② 同上。
③ （明）朱舜水著，朱谦之整理：《朱舜水集》，中华书局1981年版，第618—624页。
④ 徐兴庆编著：《新订朱舜水集补遗》，台北：台大出版中心2004年版，第37页。

次谈到诸如此类的史学知识，并高度认可这类史书的编纂方法，这也使日本编史者更加坚定地参考这类书。

三 朱舜水思想为明治维新提供思想理论指导和"开化"思想

日本明治维新（1868）是19世纪60年代，在西方资本主义工业文明影响下，由上而下，全面西化的具有资产阶级性质的现代化改革运动。思想上，提倡"文明开化""尊王攘夷"等的思想主张；经济上，全盘西化式地"殖物产、兴商务"，（黄遵宪，《日本国志》）大力发展以军事、重工业为主的产业；生活上，社会生活欧洲化；教育上，大力发展以培养"和魂洋才"为目标的教育事业。要求学生既要忠君爱国，也要学习西方科学技术。日本很多学者认为："明治维新的原动力是朱子学、水户学、阳明学。"[1] 牧野谦次郎认为："维新的功臣几乎是汉学书生。"[2] 从诸位学者的评论来看，朱舜水的"忠君爱国""尊王攘夷""实理实学"思想在其中起着重要作用。当然，阳明学也发挥着重要作用，日本幕府末期阳明学者大盐中斋（1793—1837）在所著《洗心洞札记》中极力论述阳明学的"忠孝"和"志气"，致使阳明学在幕府末期产生重大声势，成为明治维新志士的信仰理论。

徐兴庆教授研究水户学认为，明治维新的基础理论缘起于水户藩，而朱舜水对德川光国复杂的尊皇、忠义思想之变迁，以及确立水户学在日本思想界的地位，发挥了极其重要的作用。后藤新平评价道："若明季征君朱之瑜，邻邦所贡之至琛又至宝也。道义则贯心肝，学术则主王业，不得行怀抱于故国，而却传衣钵于我邦。……况于其纯忠尊王之精神，滂溥郁屈，潜默酝酿，可两百年。而遂发为志士勤

---

[1] 宇野靖一等编：《东洋思想在日本的开展》，东京：东京大学出版社1975年版，第348页。
[2] 牧野谦次郎：《日本汉学史》，东京：世界堂书局1938年版，第235页。

王之倡义，一转王政复古，乃至翼成维新之大业，以致国运今日之蔚兴。我之所得于之瑜也固大矣。"① 日本学者稻叶君山认为："义公（德川光国）只采用朱舜水的文章，不仅是他的文字无可非议，楠公、南朝……舜水，是其选择的明确思考。就这点来看，对明治维新大业的显著影响绝不是偶然。"②

《大日本史》所宣扬的大义名分和尊王攘夷的思想，启发了德川幕府末期的倒幕志士，成为大政奉还运动的前奏，也成为明治维新仁士所倡导的尊王废藩、建立统一国家的指导思想，为日本建立资本主义发达国家奠定了基础。另外，朱舜水撰写的湊州碑文对明治维新之士影响颇大。当时很多维新志士都口口相传背诵此文，被内容所感动。如吉田松阴③曾三次东游湊州，每次去拜谒楠公墓都潸然泪下，看到铭刻在墓碑上的朱舜水的碑文热泪不止。所以，台湾学者宋越伦在《中日民族文化交流史》一书中写道："1867年之明治维新，其思想骨骼，实受之于舜水，此种事实，盖为研钻日本近代史者所共知。"④ 大陆学者周一良教授也认为，明治维新中的资产阶级改革派的"尊王攘夷"口号与朱舜水存在一定的关系。⑤

会泽正志斋（1781—1863）是水户学的集大成者。师从藤田幽谷⑥（1774—1826），后来成为水户藩的儒官。先后主持过彰考馆、弘道馆，并协助德川齐昭藩政改革，著述颇富。所著《新论》主张大义名分、尊王攘夷等思想。此书深受明治维新志士的喜爱，甚至与卢梭的《社会契约论》地位相当，其思想对幕末的尊王攘夷运动产生深刻影响。会泽正志斋高度赞扬日本国体，将"忠、孝"作为日

---

① （明）朱舜水著，朱谦之整理：《朱舜水集》，中华书局1981年版，第796页。
② 朱舜水纪念会编：《朱舜水》，东京：朱舜水纪念会事务所1912年版，第35页。
③ 吉田松阴（1830—1859），日本德川幕府末期著名政治家、教育家、改革家、兵法家、地域研究家。明治维新时期的精神领袖、理论奠基者、对外扩张思想的先驱者。
④ 宋越伦：《中日民族文化交流史》，台北：正中书局1967年版，第189—199页。
⑤ 周一良主编：《世界通史》（近代部分），人民出版社1962年版，第417页。
⑥ 藤田东湖之父，水户藩著名儒学者，为水户学的创立打下坚实基础。15岁入彰考馆，18岁著《正名论》。后来主持彰考馆并致力于编纂《大日本史》。其学术思想立足于朱子学，倡导大义名分、尊王攘夷等思想。著有《修史始末》等。

本国体之思想基础，借此整合民心并强化幕藩封建制度。他在书中写道："帝王之所恃以保四海而久安长治天下不动摇者，非畏服万民把持一世之谓，而亿兆一心，皆亲其上而不忍离之实诚可恃也。夫自天地剖判始有人民，而天胤君临四海，一姓历历，未尝有一人敢觊觎天位，以至于今日者，岂其偶然哉。夫君臣之义，天地之大义也，父子之亲，天下之至恩也。"① 这段话表明，会泽正志斋提倡忠君爱国、皇统万世之思想。强调天皇之所以能够使天下长治久安，是因为天皇之威仪，受万民爱戴。藤田东湖是与会泽正志斋齐名的推崇尊王攘夷的实践家，一生都在为勤王倒幕出生入死。这些水户学派后期儒者的思想及学风对明治维新的精神领袖及理论奠基者吉田松阴产生了深远影响。吉田松阴秉持尊王攘夷的思想，强调天皇的领导地位和万民归顺，反对幕府权威，反对幕府凌驾于万民之上，超越皇权而统治天下。他的思想成为明治维新运动的思想基础。他在《议大义》一文中说道：没有获得天皇许可擅自跟美国签订日美修好通商条约的幕府，实乃丧权辱国，应被推翻。吉田松阴尊崇万世一系的皇统论，他在《士则七则》一文中论述道："凡生皇国，宜知吾所以尊于宇内。盖皇朝万叶一统，邦国士夫世世袭禄位。人君养民以续祖业。臣民忠君以续父志。君臣一体，忠孝一致，唯吾国为然尔。"② 并说明了天皇尊贵的原因，认为天皇一脉相承于天照大神，与天地永存，天照大神、天皇、臣民上下一气，血脉相连，有父子之亲、君臣之义。他说道："恭惟建神州之基，深且远。太古二尊，已生八州，又生山川草木，因生日神为天下主。月尊、风尊又从生。于此神州之基始建。日神已为天下主，因万世为日嗣之祖。至今凡禀生八州者，仰山俯川，拨风气见月光，蒙二尊之泽以戴日神之嗣，与神世何以异也。……夫天下日神之天下也。宝祚之隆，与天壤无极，虽万世犹如一日也。然则天下之江山风月，日神主所以授之于日嗣，日嗣颁之于有功德之

---

① 会泽正志斋：《新论》，载于《日本思想大系》53，东京：岩波书店1973年版，第381页。
② 吉田松阴：《吉田松阴全集》第2卷，东京：岩波书店1934年版，第309页。

臣，因传之于子孙。孙子原之于祖先，祖先推之于日嗣，日嗣归之于日神。父子之亲以之敦，君臣之义由以明也。"①

这些明治维新的仁人志士，他们革新思想的形成与变化以及在现实社会中的实践，如果追根溯源，都会联系到朱舜水的尊王一统的忠君思想和实理实学的实践。笔者在本节中，用相关资料佐证了朱舜水思想对明治维新的影响力。

四　朱舜水思想回传故国及其影响

朱舜水留居于日本之后，与国内一直有断续的书信联系，如与亲戚姚江、张斐，友人心越禅师，其儿孙朱毓仁、王仪等人联系。朱氏二十二世孙朱元树手书撰写《十四世祖舜水公真像》记述了朱舜水著作及画像传入国内的时间和经过。文中记载道："公以胜国遗臣遁荒海外，太史辀轩不采其事，私家著述语焉不详，吾宗谱牒其遗像及卒葬时地且不具，他又何说。同治中，族兄憬然奉檄赴日本始得公文集，族兄衍绪补传家乘，然公之真像及墓地仍付阙如，叔祖赓瑞公父宸公语次辄引为憾事，时树方束发受书，耳熟闻焉，谨志之不敢忘。岁丙午，树奉朝命赴日本读法律学，至辄访公手泽，片鳞残甲略有所得。次年夏谒公墓于常陆久慈郡太田町瑞龙山（门人水户藩侯源光国碑其墓曰明征君子朱子墓），并瞻公生前雕像。即拟摄影，因守祀者为源氏，未与商，不果。冬树将归国矣，亟请于水户袭侯始得许。于是再谒公墓像，摄影以归。犹恐久而磨灭也，付之铅画用垂久远。呜呼！幽光郁而必发，盛德久而弥彰。自公宾师岛服终老海外距今二百余年，文集遗像卒返故国，以矜式我后人，不可谓非公之灵爽实式凭之也已。光绪三十四年裔孙元树谨识。"② 钱明教授研究认为，最早为朱舜水作传的是黄梨洲和邵念鲁。清末民初之际，朱舜水在日本的

---

① 吉田松阴：《吉田松阴全集》第 2 卷，东京：岩波书店 1934 年版，第 432—433 页。
② 《朱元树和他的朱舜水像赞》，余姚新闻网，2015 年 11 月 10 日，http://yynews.cnnb.com.cn/system/2015/11/10/011300856.shtml。

第八章 朱舜水思想传播效果

事迹被国人渐知,关于朱舜水的事迹陆续不断地回传到国内。研究朱舜水思想的学者也逐渐增多并践行朱舜水的"尊王攘夷""社会大同""中日世代友好"等主要思想遗志,中国思想史研究专家杨向奎教授说道:"朱舜水有志于大同,起千古沉埋,开晚清变法维新之局。"①

洪秀全领导的太平天国运动是以"扫除妖孽,廓清华夏"为纲领的农民革命运动。孙中山在日本组织同盟会,常引用朱舜水反清言论作革命宣传。他提出的"驱除鞑虏,恢复中华"的纲领,与朱舜水的"诛灭清虏,复兴中华"的理论一脉相承。康有为吸取戊戌变法失败的教训,试图在日本再起中国的"维新"运动,也是受到与自己处境类似的朱舜水的影响。康有为1916年8月于绍兴孙端镇瞻仰朱舜水遗像后,题"大同"二字悬于其像旁。康有为受朱舜水思想的启发,在中国发起维新变法并撰写《大同书》指导维新变法运动,他倡导建立"天下为公、世界大同"的理想社会,这与朱舜水的"社会大同"思想一脉相承。康有为在《怀朱舜水》一文中写道:"明末朱舜水先生,德川儒学之盛,自此传焉……附以五诗,以寄思仰。"有诗道:"儒学东流二百年,派支盛大溯河先。先王难比死士垅,日本千秋四大贤。德川儒业世昌来,楠社看碑访落红。十五年来重避地,每怀舜水庶高风。"②还有人赞道:"孔子已无丁祭拜,学风扫地丧斯文,我游印度佛教绝,一线儒学或赖君。"③李大钊东渡日本就读于早稻田大学时,连续发表文章介绍朱舜水生平事迹、学术倾向和人格品质。他在1913年的《言治》月刊上说:"先哲朱舜水,身丁亡国大痛,间关出走,飘零异域,无时不以恢复中原为念。虽至势穷力尽,曾无灰心挫志,直至死而后已……钊生当衰季之世,怆怀

---

① 杨向奎:《清儒学案新编·舜水学案》,齐鲁书社1985年版,第375页。
② [日]町田三郎、潘富恩主编:《朱舜水与日本文化》,人民出版社2003年版,第51页。
③ 李庆:《社会大动荡时代的知识分子——朱舜水和顾炎武异同论》,载于《舜水学探微——中日舜水学研讨会文集》,浙江古籍出版社2009年版,第98页。

故国，倾心往哲。每有感触，辄复凄然。"① 李大钊极力提倡朱舜水"诛灭清虏、民族大义"的思想，并赞颂道："舜水先生抱种族大痛，流离颠沛，而安南，而日本，投荒万里，泣血天涯，未尝一日忘中原之恢复也。旷世哲儒，无异于艰难险阻中成之，此其学为何如者，夫岂勤王一事，所足征其蕴而扬其光耶？然日本得其学之一体，已足巩其邦家，蔚成维新之治，吾人而笃念前哲者，则所以挽人心颓丧之风，励操心持节之气，其必在先生之学矣！"② 梁启超读到朱舜水所撰的《中原阳九述略》一文时，感动于朱舜水的反清对策，说道："如电流般涌入体中，对这二十年来的政治变动产生极大影响。"③

鲁迅在《坟·杂忆》中说："时当清的末年，在一部分中国青年的心中，革命思潮正盛，凡有叫喊复仇和反抗的，便容易惹起感应。那时我所记得的人，还有波兰的复仇诗人 Adam Mickiewicz、匈牙利的爱国诗人 Petofi Sándor、飞猎滨的文人而为西班牙政府所杀的厘沙路——他的祖父还是中国人，中国也曾译过他的绝命诗。Hauptmann, Su-dermann, Ibsen 这些人虽然正负盛名，我们却不大注意。别有一部分人，则专意搜集明末遗民的著作，满人残暴的记录，钻在东京或其他的图书馆里，抄写出来，印了，输入中国，希望使忘却的旧恨复活，助革命成功。于是《扬州十日记》《嘉定屠城记略》《朱舜水集》《张苍水集》都翻印了，还有《黄萧养回头》及其他单篇的汇集，我现在已经举不出那些名目来。别有一部分人，则改名'扑满''打清'之类，算是英雄。这些大号，自然和实际的革命不甚相关，但也可见那时对于光复的渴望之心，是怎样的旺盛。"④ 他还在《且介亭杂文·隔膜》一文说道："清朝初年的文字之狱，到清朝末年才被重新提起。……还有些留学生，也争从日本搬回文征君来。"⑤ 鲁迅留

---

① 李大钊：《李大钊文集》（上册），人民出版社1984年版，第29页。
② 李大钊：《筑声剑影楼纪丛》，载于《言治》月刊1913年第2期，第74页。
③ 梁启超：《中国近三百年学术史》，岳麓书社2009年版，第91—92页。
④ 鲁迅：《鲁迅全集》（第一卷），人民文学出版社1981年版，第318页。
⑤ 鲁迅：《且介亭杂文·隔膜》，载于《鲁迅杂文全集》，河南人民出版社1994年版，第716页。

学日本时期，特意去水户拜谒朱舜水遗迹，并在其文章《藤野先生》和《这回是"多数"的把戏》中高度赞扬朱舜水的民族气节和人格品质。他在《藤野先生》一文写道："从东京出发，不久便到一处驿站，写道：日暮里。不知怎地，我到现在还记得这名目。其次却只记得水户了，这是明的遗民朱舜水先生客死的地方。"① 从鲁迅的字里行间，便能感受到他十分推崇朱舜水的民族人义精神。"一点土地都没有了，却还窜身海外，志在恢复"明王朝，此精神可嘉。梁启超在《中国近三百年学术史》一书中写道："夏峰、梨洲、船山、舜水这些大师，都是才气倜傥而意志坚强的人，舜水尤为伉烈。他反抗满洲的精神，至老不衰。他著有《阳九述略》一篇，内分'致虏之由''虏祸''灭虏之策'等条。末题'明孤臣朱之瑜泣血稽颡谨述。'此外，《文集》中关于这类话很多。这类话入到晚清青年眼中，像触着电气一般，震得直跳，对于近二十年的政治变动，影响实在不小。他死后葬在日本，现在东京第一高等学校，便是他生前的住宅，死后的坟园。这回大震灾，侥幸没有毁掉。听说日本人将我们的避难学生就收容在该校。我想，这些可爱的青年们当着患难时候，瞻仰这位二百多年前蒙难坚贞的老先生的遗迹，应该受不少的感化罢！"② 著名作家郁达夫在留学日本时，了解到朱舜水在日本的影响力以及他的事迹，于 1915 年的舜水纪念会上现场作诗缅怀道："采薇东驾海门涛，节视夷齐气更豪。赤手纵难撑日月，黄冠犹自拥旌旄。白诗价入鸡林重，绿耳名随马骨高。泉下知君长瞑目，胜朝墟里半蓬蒿。"③

据徐寿堂记述，鲁迅利用假期去水户探访朱舜水遗迹，因深夜到达水户投宿旅店，旅店工作人员有所怠慢。在填写入住信息时，工作人员了解到鲁迅是中国人，便将鲁迅请住到陈设讲究、寝具华贵的大房间里，还说道："大起忙头了，以为有眼不识泰山，太简慢了贵客，

---

① 鲁迅：《藤野先生》，载于《鲁迅散文·诗全集》，河南人民出版社 1994 年版，第 102 页。
② 梁启超：《中国近三百年学术史》，岳麓书社 2009 年版，第 91—92 页。
③ 郁达夫、郁曼陀：《眷旧遗音》，载于《中国韵文学刊》2015 年第 3 期，第 122 页

赶紧来谢罪。"这件事说明，朱舜水受到水户百姓的敬仰和尊重，水户人对来自朱舜水家乡的客人热情友好。① 可想而知，朱舜水在当时日本以及几百年后日本的影响力。

　　蒋介石对朱舜水也有极高的评价。他认为朱舜水的实理实学思想对日本的民族精神影响很大，日本教官负责、服从、严谨、牺牲和守法的思想是受到朱舜水思想的影响，并要求国民党教官要向具有务实精神的朱舜水学习。他在一次讲话中说道："近代日本的国势强盛，本来得力于明治维新；但在明治维新以前，他已建立了一种民族精神，就是所谓武士道，因为有这种精神做基础，一到明治天皇接受西方的科学文化之后，国势立刻就强盛起来了。但是他这种民族精神是怎样建立起来的呢？这就要归功于我国学者朱舜水先生。……其学以存诚居敬躬行实践为主，与王学知合行一、即知即行的宗旨相同，他当时因为身膺亡国的痛苦，不愿作满清的顺民，于是潜赴日本，志存匡复。……当时受教的少数优秀学者，挈取朱氏学说的基本精神辗转施教，于是日本社会普遍感受其学说的熏陶，因而养成一种笃实践履的风气，蔚成日本当时一种强有力的新文化运动，实为明治维新的先驱。"浙江大学校长竺可桢在1936年4月向全体师生发表演讲时，高度赞赏朱舜水思想和精神："近三百年的浙江学术史，我们可举出两位杰出的人物，他们承晚明败坏之余，而能矫然不阿，以其宏伟的学问、光明的人格，不但影响浙江，且推及全国，甚至播教于海外，并且影响不限一时，而且及于身后几百年，这就是我们共知的黄梨洲（宗羲）先生和朱舜水（之瑜）先生。……朱舜水与梨洲是余姚的同乡，并且同是复明运动的健将，曾到安南、日本运动起义，事既不成，就隐遁日本，立誓不复明就不回国，因此终其身于异国。那时日本人已传入我们浙江大儒王阳明先生的学说，他的伟大人格也就引起他们的重视。日本宰相德川光国尊之为师，讲学论艺，启导极多。所以梁任公先生说，日本近两百年的文化，至少有一半是他

---

① 钱明：《胜国宾师——朱舜水传》，浙江人民出版社2008年版，第291页。

造成的。"①

可见，朱舜水思想对近代中国革命党人的思想影响之深刻。台湾大学徐兴庆教授在《东亚视野的朱舜水研究》一文中说道："在此要特别说明的是，由于清末官僚腐败，反清思潮高涨，被封锁朱舜水的反清思想反而适应了新时代的潮流。在这样的时代背景下，朱舜水事迹在中国复苏。"② 北京外国语大学陶秀璈教授在研究朱舜水思想时认为："清末民初所兴起的朱舜水热，具有两个特点，从资产阶级的早期改革派到维新派、革命派都对朱舜水有浓厚兴趣，但侧重点不同。其次，朱舜水主要是通过宣传抗清、爱国爱乡等民族主义气节，来昭示其高尚人格的。在当今世界出现全球化、一体化趋势的情况下，朱舜水身上所表现的爱国意识与国际意识的人格力量的统一，便具有更大的感染力。"③ 陈增辉教授在《朱舜水教育传播思想简论》一文中认为："在中国，关于朱舜水的事迹不被学者和大众知晓，但他对近代中国产生极大影响，他对在日本的'复国活动'、'同盟会'的结社给予非常大的影响。"④ 中国人民大学杨宪邦教授在《弘扬朱舜水坚贞爱国、复兴中华、经世致用的实学启蒙哲学思想的精华》一文中强调："今天发展中日关系，如果双方共同持有'站在对方的立场思考问题、诚心诚意交流'的态度，现实中所发生的双方矛盾、摩擦、冲突等完全可以避免，稍作努力，构筑日中友好关系必定永远向健康的方向发展。"⑤

1884年5月，日本学者冈千仞在朱舜水逝世200年后第一次探访

---

① 竺可桢：《大学教育之主要方针》，载于《国立浙江大学校刊》1936年2月，第248期。
② 徐兴庆：《东亚视野的朱舜水研究》，载于《日本汉文学研究2》2007年第3期，第378页。
③ 陶秀璈：《中日舜水学学术研讨会综述》，载于《哲学动态》1996年第2期，第18—19页。
④ 陈增辉：《朱舜水教育思想简论》，载于《朱舜水与日本文化》，人民出版社2003年版，第209页。
⑤ 赵建民：《继往开来写华章——朱舜水研究的回顾与前瞻》，载于《朱舜水与日本文化》，人民出版社2003年版，第73页。

朱舜水遗迹而进行了余姚之旅。走访了朱舜水长兄启明的后世子孙，朱舜水经常提到的王阳明庙，冈千仞有所感触。此次日本学者的探访增强了国人对朱舜水在日本的影响力的了解，而且由原来的信息单向传播变成双向互动，增进了中日文化交流的深入发展。

本章小结

朱舜水对日本及其国民思想的影响程度无法量化，对日本作出巨大贡献是有口皆碑的。中日多领域专家学者高度评价朱舜水思想对日本的贡献。朱舜水对日本的影响是全面的、深刻且深远的。影响范围不仅存在于思想层面，而且存在于实践层面，是由线到面的指导过程。他的实理实学思想促使日本幕府社会由武治社会成功转型为文治社会，并直接影响了明治维新，使日本一跃成为后来发达的现代化国家。如梁启超评价朱舜水之言："德川光国著一部《大日本史》，专标'尊王一统'之义，五十年前，德川庆喜归政，废藩置县，成明治维新之大业，光国这部书功劳最多，而光国之学全受朱舜水，所以舜水不特是德川朝的恩人，也是日本维新致强最有力的导师。"[①] 这段话评价了朱舜水，也表现了朱舜水思想对日本政治、文化、教育、历史诸方面产生的影响。日本茨城县教务课长说道："茨城系水户藩部，自古推崇汉学，其文明由贵国先儒朱舜水输入，教育极盛，故日本国史，非国史馆编成，而水户藩编成也。明治初年，讨幕府之役，惟水户勤王者最多。"[②] 朱舜水让日本国民明确社会发展的指导思想，明确社会在发展过程中具体的操作方法。李甦平教授也认为："朱舜水是日本儒学发生转机的关键人物，……舜水是日本明治维新的启蒙导师。"[③]

水户学派注重大义名分、忠孝大节，尊崇经世实用之学，对史学

---

① 梁启超：《中国近三百年学术史》，岳麓书社2009年版，第90页。
② 转引自钱明《胜国宾师——朱舜水传》，浙江人民出版社2008年版，第288页。
③ 李甦平：《朱之瑜评传》，南京大学出版社2011年版，第18页。

有特殊兴趣，这些都是受朱舜水实理实学思想的影响。另外，德川光国对以实用、实功为主旨的朱舜水学问之核心思想作了由衷的感叹：先生是真的经济学问家，即便在空旷无人的原野上建一座城市，也能成就士农工商各种人的事业。而且先生诗书礼乐样样精通，耕作造物、食酒言欢都有细密研究。当然，前期水户学派的发展并没有完全受到朱舜水的影响，不过，水户学的儒学却得到普及。高须芳次郎认为："在水户学派的主要特点——'敬神崇儒'中，'崇儒'之考量确实受到朱舜水的鼓励，打动了义公等其他学者。还有，关于经世实用之学，采取中国有力学者的意见，舜水作了相当大的贡献。"①

朱舜水虽在日本生活了二十多年，同日本社会交往广泛而深层，上到皇亲国戚，下到平民百姓。在思想个性上，融入日本社会，对朱舜水来说，也是较为艰辛的过程。由于朱舜水个性率直，真诚傲骨，难以接受日本当时的社会习俗，而多年形成的文化习惯和行为方式也难以改变，这给朱舜水带来一些困惑，使他经常被误解。他时常写信给安东守约："虽云率直，比在家气骨，十分中消糜七八分矣！"② 这也说明，朱舜水也在尽可能地改变自己而要融入日本社会。

当然，朱舜水对日本社会、政治、文化、教育等诸领域多有了解和体会，在日本国民性的认识方面有充分的话语权。他善于学习、爱学习他族的精华。根据胡适先生的研究："朱舜水到日本，他居留久了，能了解那个岛国国民的优点，所以他写信给中国朋友说，日本的政治虽不能上比唐虞，可以说比得上三代盛世。这是一个中国大学者在长期寄居之后下的考语，是值得我们的注意的。"③ 应该说，这为中国了解日本打下了文化基础，为中日文化交流提供了可靠的佐料。

---

① 高须芳次郎：《水户学的源流》，载于《水户学全集四》，东京：日东书院1933年版，第2—3页。
② 徐兴庆编著：《朱舜水集补遗》，台北：学生书局1992年版，第163页。
③ 胡适：《容忍与自由》，云南人民出版社2015年版，第104页。

参考文献

《邓小平文选》第 3 卷，人民出版社 1993 年版。

（明）王阳明：《传习录》，中州古籍出版社 2001 年版。

（明）袁宏道著，钱伯城笺校：《袁宏道集笺校（卷 13）》，上海古籍出版社 2008 年版。

（明）朱舜水著，朱谦之整理：《朱舜水集》，中华书局 1981 年版。

（清）顾炎武撰，华忱之点校：《顾亭林诗文集·病起与蓟门当事书》，中华书局 1959 年版。

（清）黄炳垕：《黄宗羲年谱》，中华书局 1993 年版。

（清）黄遵宪：《日本国志》，上海古籍出版社 2001 年版。

（清）黄遵宪：《日本杂事诗》，实藤惠秀等译，东京：平凡社 1968 年版。

（清）刘熙载：《艺概》，上海古籍出版社 1978 年版。

（清）王韬：《扶桑游记》（第 26 辑），台北：文海出版社影印本 1972 年版。

（清）翁洲老民：《〈海东遗史〉·卷 18·〈遗民〉》，载于《四明丛书·之七》，扬州古籍刻印社 1981 年版。

（清）赵尔巽主编：《清史稿》卷五百，中华书局 1978 年版。

安东省庵纪念会编：《省庵先生遗集》，东京：安东省庵纪念会事务所 1913 年版。

安东守约著，板仓胜明编：《耻斋漫录》，载于《甘雨亭丛书》，东京：岩波书店1853年版。

安积觉：《大日本史赞薮》，东京：井田书店1869年版。

彼得斯：《交流的无奈：传播思想史》，何道宽译，华夏出版社2003年版。

曹顺庆主编：《比较文学教程》（第二版），高等教育出版社2011年版。

大庭修：《江户时代日中秘话》，中华书局1997年版。

戴季陶：《日本论》，吉林出版集团有限责任公司2011年版。

单波：《跨文化传播的问题与可能性》，武汉大学出版社2010年版。

稻叶岩吉（君山）编：《朱舜水全集》，东京：东京文会堂1912年版。

费赖之：《入华耶稣会士列传》，商务印书馆1938年版。

冯天瑜主编：《中华文化辞典》，武汉大学出版社2001年版。

高须芳次郎编：《水户学全集·第四编》，载于《常山文集》第二十卷，东京：日东书院1915年版。

高须芳次郎：《水户义公·列公集》，载于《水户学大系》第5卷，东京：岩波书店1941年版。

关世杰：《跨文化交流学》，北京大学出版社1995年版。

关仪一郎编：《日本儒林丛书·第三卷》，东京：凤出版1978年版。

侯外庐：《中国资本主义萌芽问题讨论集》，人民出版社1965年版。

胡百精：《说服与认同》，中国传媒大学出版社2014年版。

胡适：《容忍与自由》，云南人民出版社2015年版。

黄宗羲：《黄宗羲全集》第11册，浙江古籍出版社1993年版。

会泽正志斋：《新论》，载于《日本思想大系》53，东京：岩波书店1973年版。

吉川幸次郎：《日本汉学小史》，侯静远译，东京：研文出版1981年版。

吉田松阴：《吉田松阴全集》第2卷，东京：岩波书店1934年版。

金培懿：《朱舜水于江户儒学史上所起之作用——由其与古学派之关

系谈起》，载于《中日文化交流的伟大使者——朱舜水研究》，人民出版社 1998 年版。

井上哲次郎：《日本朱子学派之哲学》，东京：富山房 1905 年版。

菊池谦二郎：《水戶學論藪》，東京：誠文堂新光社 1943 年。

乐承耀：《宁波古代史纲》，宁波：宁波出版社 1995 年版。

李大钊：《李大钊文集》（上册），人民出版社 1984 年版。

李甡平：《朱之瑜评传》，南京大学出版社 2011 年版。

李甡平：《转机与革新——论中国畸儒朱之瑜》，人民大学出版社 1989 年版 16。

立林宫太郎：《水户学研究》，东京：国史研究会 1933 年版。

梁方仲：《明代粮长制度》，上海人民出版社 1957 年版。

梁启超：《中国近三百年学术史》，岳麓书社 2009 年版。

梁容若：《中日文化交流史论》，商务印书馆 1985 年版。

林俊宏：《朱舜水在日本的活动及其贡献研究》，台北：秀威咨询科技 2004 年版。

鲁迅：《鲁迅全集》（第一卷），人民文学出版社 1981 年版。

马瀛：《明朱舜水先生言行录》，载于《清代学术思想论丛》，香港大东图书公司 1978 年版。

木宫泰彦：《中日交通史》，陈捷译，台北：三人行出版社 1974 年版。

木下英明：《朱舜水和彰考馆的史臣们》，载于《〈水户史学〉第三八号》，1993 年版。

牧野谦次郎：《日本汉学史》，东京：世界堂书局 1938 年版。

那波鲁堂：《学问源流》，大阪：崇高堂 1733 年版。

潘慧玲主编：《教育研究的取经：概念与应用》，华东师范大学出版社 2005 年版。

普罗瑟（Prosser, M. H.）：《文化对话：跨文化传播导论》，何道宽译，北京大学出版社 2013 年版。

前名越时正：《水户学的研究·水户学集成六》，京都：神道史学会

1975年版。

钱明：《胜国宾师——朱舜水传》，浙江人民出版社2008年版。

钱明、叶树望主编：《舜水学探微——中日舜水学研讨会文集》，浙江古籍出版社2009年版。

钱穆：《读〈朱舜水〉》，载于《中国学术思想史论丛》，安徽教育出版社2004年版。

钱穆：《国史大纲》，商务印书馆1994年版。

邱云飞、孙良玉：《中国灾害通史·明代卷》，郑州大学出版社2009年版。

山鹿素行：《圣教要录》，东京：岩波书店1970年版。

邵培仁：《传播学》，高等教育出版社2007年版。

邵培仁等：《媒介理论前沿》，浙江大学出版社2009年版。

邵培仁等：《媒介生态学：媒介作为绿色生态的研究》，中国传媒大学出版社2008年版。

邵培仁主编：《教育传播学》，南京大学出版社1992年版。

邵廷采：《思复堂文集》，浙江古籍出版社1987年版。

沈云龙主编，《近代中国史料业刊》，台北：文海出版社影印本1972年版。

石田一良：《伊藤仁斋》，東京：吉川弘文馆1989年版。

石原道博：《朱舜水》，东京：吉川弘文馆1961年版。

水户彰考馆员：《义公行实附年谱》，载于《朱舜水记事纂录》别卷，东京：吉川弘文馆1961年版。

松元纯郎：《水户学的源流》，东京：朝仓书店1945年版。

宋越伦：《中日民族文化交流史》，台北：正中书局1967年版。

陶行知：《陶行知文集》（上册），江苏教育出版社2008年版。

田辺茂：《长崎文献》（第一集第二卷），长崎：长崎文献社1973年版。

《同志会笔记四十八条》，载于《大日本思想全集》第4册，东京：东京吉田书店1932年版。

王宝平主编，刘雨珍、孙雪梅编：《晚清东游日记汇编——日本政法考察记》，上海古籍出版社2002年版。

王柯平：《走向跨文化美学》，中华书局2002年版。

王晓秋、徐勇主编：《中日文化交流两千年》，社会科学文献出版社2013年版。

王怡红、胡翼青主编：《中国传播学30年：1978—2008》，中国大百科全书出版社2010年版。

威尔伯·施拉姆：《传播学概论》，李启、周立方译，新华出版社1984年版。

吴飞：《火塘、教堂、电视：一个少数民族社区的社会传播网络研究》，光明日报出版社2008年版。

吴飞：《重建巴比伦塔：吴飞谈传播学的想象力》，首都经济贸易大学出版社2014年版。

吴晗：《吴晗史学论著选集（第一卷）》，人民出版社1984年版。

新井白石：《新井白石全集五》，东京：图书刊行会1905年版。

徐兴庆编著：《新订朱舜水集补遗》，台北：台大出版中心2004年版。

徐兴庆编著：《朱舜水集补遗》，台北：学生书局1992年版。

徐兴庆：《"西山隐士"七〇年的岁月——德川光国的学问、思想形成及文化遗产》，载于《日本思想史》，第81号，2014年版。

许啸天整理：《清初五大师集（卷四）·朱舜水集》，知识产权出版社2012年版。

亚当·斯密，《国民财富的性质和原因的研究（上卷）》，郭大力、王亚南译，商务印书馆1972年版。

严明主编：《跨文化交际理论研究》，黑龙江大学出版社2009年版。

杨儒宾、吴国豪主编：《朱舜水及其时代》，台北：台大出版中心1999年版。

杨向奎：《清儒学案新编·舜水学案》，齐鲁书社1985年版。

伊藤仁斋：《答安东省庵书》，载于《古学先生诗文集》，东京：ぺんかん社 1985 年版。

伊藤仁斋：《同志会笔记》，载于《古学先生文集》，东京：古义堂 1717 年版。

伊藤仁斋：《童子问》，载于《近世思想家文库》，东京：岩波书店 1966 年版。

宇野靖一等编：《东洋思想在日本的开展》，东京：东京人学出版社 1975 年版。

赵汀阳主编：《年度学术 2007："治与乱"》，中国人民大学出版社 2007 年版。

赵玉田：《明代北方的灾荒与农业开发》，吉林人民出版社 2003 年版。

赵中建主译：《全球教育发展的历史轨迹：国际教育大会 60 年建议书》，教育科学出版社 1999 年版。

中村新太郎：《日中两千年：人物往来与文化交流》，张柏霞译，吉林人民出版社 1998 年版。

中国社会科学院历史研究所明史研究室编：《明史研究论丛》第 3 辑，江苏古籍出版社 1985 年版。

中山久四郎：《江户前期文化》，载于《日本文化史大系》（第九册），东京：诚文堂新光社 1937 年版。

钟叔河辑校：《黄遵宪日本杂事诗广注》，湖南人民出版社 1981 年版。

周一良主编：《世界通史（近代部分）》，人民出版社 1962 年版。

周作人：《关于朱舜水》，载于《药味集》，河北教育出版社 2002 年版。

朱谦之：《日本的朱子学》，三联书店 1958 年版。

朱舜水纪念会编：《朱舜水》，东京：朱舜水纪念会事务所 1912 年版。

［澳］李瑞智、黎华伦：《儒家的活力》，商务印书馆 1999 年版。

［德］哈贝马斯：《交往行为理论》（第 2 卷），洪郁佩、蔺青译，重

庆出版社1996年版。

［德］黑格尔：《精神现象学》，商务印书馆1987年版。

［德］胡塞尔（Husserl, E.）：《欧洲科学的危机与超越论的现象学》，王炳文译，商务印书馆2001年版。

［德］马克思、［德］恩格斯：《马克思恩格斯选集》（第4卷），人民出版社1995年版。

［德］齐美尔：《社会是如何可能的》，林荣远译，广西师大出版社2002年版。

［法］米歇尔·福柯：《规训与惩罚》，刘北成、杨远缨译，三联书店2003年版。

［加］卜正名：《明代的社会与国家》，陈时龙译，商务印书馆2014年版。

［加］马歇尔·麦克卢汉：《理解媒介：论人的延伸（增订评注本）》，何道宽译，译林出版社2011年版。

［美］阿拉斯戴尔·麦金太尔：《追寻美德：道德理论研究》，宋继杰译，译林出版社2008年版。

［美］阿皮亚：《世界主义：陌生人世界里的道德规范》，苗华建译，中央编译出版社，2012年版。

［美］爱德华·霍尔：《无声的语言》，何道宽译，北京大学出版社2010年版。

［美］克利福德·G.克里斯蒂安、［美］马克·法克勒、［美］金·B.罗特佐尔等：《媒介公正：道德伦理问题真的不证自明吗》，蔡文美译，华夏出版社2000年版。

［美］克利福德·格尔兹：《文化的解释》，纳日碧力戈等译，上海人民出版社1999年版。

［美］雷蒙德·罗斯：《演说的魅力》，黄其祥译，中国文联出版社1989年版。

［美］萨马迪：《国际传播理论前沿》，吴飞、黄超译，中国传媒大学出版社2016年版。

［美］萨默瓦、［美］波特：《跨文化传播》（第4版），闵惠泉等译，中国人民大学出版社2010年版。

［美］斯蒂芬·李特约翰、凯伦、福斯：《人类传播理论：第9版》，史安斌译，清华大学出版社2009年版。

［日］稻叶岩吉编：《朱舜水全集》，东京：文会堂书店1912年版。

［日］渡边浩：《儒学史异同的解释："朱子学"以后的中国与日本》，载于《德川时代日本儒学史论集》，华东师范大学出版社2008年版。

［日］青木保著，王敏主编，于立杰、陈潇潇、吴婧译：《异文化理解》，中国青年出版社2009年版。

［日］松野一郎：《安东省庵·西日本人物志之6》，福冈：西日本新闻社1999年版。

［日］町田三郎、潘富恩主编：《朱舜水与日本文化》，人民出版社2003年版。

［日］小松原涛：《陈元赟研究》，当代中国出版社1996年版。

［日］伊藤仁斋：《伊藤仁斋·伊藤东涯》，东京：岩波书店1983年版。

［日］竹村公太郎：《日本历史的谜底：藏在地形里的秘密》，张宪生译，社会科学文献出版社2015年版。

［英］保罗·肯尼迪：《大国的兴衰》，天津编译中心译，四川人民出版社1988年版。

［英］尼克·蒂史文森：《认识媒介文化》，汪文斌译，商务印书馆2001年版。

常建华：《旧领域与新视野：从风俗论看明清社会史研究》，载于《中国社会历史评论》2011年第11期。

常建华：《旧领域与新视野：从风俗论看明清社会史研究》，载于《中国社会历史评论》2011年第12期。

陈友琴：《朱舜水在日本》，载于《文汇报》1980年11月3日。

戴瑞坤：《朱子学对中日韩的影响》，载于《逢甲人文社会学报》2000年第1期。

单波、王金礼：《跨文化传播的文化伦理》，载于《新闻与传播研究》2005年第1期。

葛继勇、施梦嘉：《关帝信仰的形成、东传日本及其影响》，载于《浙江大学学报》2004年第9期。

韩东育：《朱舜水在日活动新考》，载于《历史研究》2008年第3期。

韩一德：《"言治"时期李大钊思想管窥》，载于《河北学刊》1986年第6期。

黑板胜美：《朱舜水と凑州碑》，载于《日本及日本人》，明治45年4月15日发行。

吉田一德：《水户义公德川光国、今井弘济と明末志士》，载于《历史地理》1959年第89卷，第2号。

季羡林：《门外中外文论絮语》，载于《文学评论》1996年第6期。

李大钊：《东瀛人士关于舜水事迹之争讼》，载于《言治》月刊第1年第2期，1913年5月1日。

李大钊：《朱舜水之海天鸿爪》，载于《言治》月刊第1年第1期，1913年4月1日。

李渡：《14—17世纪中国封建社会转型于明代政治发展》，载于《上海师范大学学报》（哲学社会科学版）2006年第6期。

刘艳绒、江娜：《朱舜水对日本文化的影响》，载于《语文学刊》2014年第11期。

（明）何乔远：《名山藏》卷101，载于《货殖记》，江苏广陵古籍刻印社1993年版。

钱明：《传中华之道统　启东瀛之儒流——记明末清初浙籍爱国思想家朱舜水》，载于《今日浙江》2002年第23期。

邱戈：《从道德抉择到德行合一——新闻传播中的道德伦理抉择模式比较研究》，载于《浙江大学学报（人文社会科学版）》2013年第3期。

森正夫：《明末的秩序变动再考》，载于《中国——社会和文化》（第10卷），1995年。

覃启勋：《朱舜水与前田纲纪关系初探》，载于《江汉论坛》1999年第2期。

陶秀璈：《中日舜水学学术研讨会综述》，载于《哲学动态》1996年第2期。

童长义：《德川大儒伊藤仁斋与明遗臣朱舜水》，载于《中国历史学会史学集刊》，第30期，台北，1998年。

翁志鹏：《"经邦弘化康济艰难"——纪念朱舜水逝世310周年》，载于《杭州大学学报》1992年第6期。

吴玉敏：《中华文化核心价值与民族凝聚力探源——中华"大一统"、"天下"观等传统思想之现代解读》，载于《江苏省社会主义学院学报》2010年第4期。

邢兆良：《晚明社会的文化变迁和科学发展》，载于《社会科学战线》1998年第6期。

徐兴庆：《东亚视野的朱舜水研究》，载于《日本漢文学研究2》，2007年。

徐兴庆：《心越禅师和德川光国的思想变迁讨论——与朱舜水思想比较》，载于《日本汉文学研究3》2008年第3期。

杨建娟、吴飞：《理解"生活在别处"的"边际人"——兼谈帕克的底层关怀意识》，《新闻界》2012年第10期。

郁达夫、郁曼陀：《耆旧遗音》，载于《中国韵文学刊》2015年第3期。

曾恩森：《李庆本〈跨文化视野〉倡导文化的对话与重建》，载于《中国教育报》2003年7月17日（AOB）。

周一良：《关于明治维新的几个问题》，载于《北京大学学报》1962年第4期。

竺可桢：《大学教育之主要方针》，载于《国立浙江大学校刊》1936年第2期。

J. N. Martin & T. K. Nakayama, *Intercultural Communications in Context*, Mountain View, CA: Mayfield, 199.

M. P. Keeley & A. J. Hart, "*Nonverbal Behavior in Dyadic Interaction*", in *Understanding Relationship Processes 4: Dynamic of Relationships*, S. W. Duck, Ed. by Thousand Oaks, CA: Sage, 1994.

后　　记

　　70后，农民出身，长相一般，家境贫寒，资源匮乏。考大学对于70后的农民而言，是梦寐以求之事。大学毕业后，国家分配工作，拿的是铁饭碗，吃的是国家饭，还能光宗耀祖。所以，一直认为知识可以改变命运。

　　1998年之前考取大学（98年之后扩招）的人，相对而言都会付出更多。只有经过刻苦学习，才有可能考取大学。升学率低，学习条件艰苦。夏天炎热，蚊虫叮咬；冬天寒冷，手脚冰凉。饮食也仅是解决温饱问题。

　　大学毕业后，并不是很情愿地被分配到一所乡镇中学当教师。工作4年，除了无足轻重的教学之外（美术教学），似乎无所事事，过的是混日子的生活模式，每一天重复着同样的生活，并无多大意义，心里想着，总得做点什么。况且，生活方式还是从农村中来到农村中去，基本无多大改变。其实有点心不甘情不愿，始终憧憬未来，很向往省城的工作和生活方式。于是决定走考研之路来改变自己的命运。经过几年的准备，如愿以偿。在省城生活、学习了几年，视野稍有开阔，对美好生活充满了向往，对人生意义的追求也多了一些。于是，硕士研究生毕业离开省城，来到另一个省城——杭州，在中国计量大学艺术与传播学院继续当一名教师。

　　大学教师是辛苦的，同时也是快乐的。除了教学，就是科研。对于我而言，十多年来，基本没有休息和寒暑假的概念。除了吃饭、睡觉，一直都在学习、看书、写作、思考问题。虽然没有大出息，但这么多年来的学习、生活是充实的，也有一些微不足道的学术成果。当然，在大学里，混日子也未尝不可。不过，这样的人并不多，每个人都在追求自己的人生目标和事业。我也不例外，继续去高等学府攻读博士学位。博士读了5年多，终于毕业。老了很多，头发也白了很多。读博的过程一言难尽，痛苦、喜悦、迷茫、困惑、成就感等交织。读书如抽丝，需要一丝不苟，需要耐力、毅力，需要冷静、认真，需要忍受多年冷板凳的寂寞，需要平常心态，需要强大心力和排除物欲的干扰。不过，学习生活也十分充实：知识每天增长一点点是快乐的，知道每天该做什么，知道专业问题所在，知道如何思考问题，解决一个问题能获得喜悦，等等。知识面有所拓宽，也结识了很多电视上、书上才能看到的学术名家。

不知不觉，人生步入而立之年，我每天基本是在求学、读书中度过。虽是如此，还是保持着汹涌澎湃的年轻心态，时常也拼搏到深夜。写出一篇好文章，设计一个好方案，解决一个棘手问题，也是喜悦有加，手舞足蹈。渐渐明白，人生的意义不仅在于物质的拥有，更重要的是对精神的追求。读书，虽不是万能的，但不读书，却是万万不能的。读书不能太功利，否则，会与痛苦相伴。读书是一种生活方式，读书能够提升气质。在这信息泛滥和信息碎片化的时代，静下心来读点书，是整理思绪和安抚焦躁不安心态的美好方式。

说了很多似乎不着边际的话，看起来与拙著内容没有直接关联，但是，如果没有前期的路程和经历，拙著也不能完成，或早已胎死腹中，或根本没有写作的念头。我能研究朱舜水思想，很重要的原因是被他的人生成长经历所打动，他的高尚品德和不屈不挠的奋斗精神感染和激发了我。研读他的著作越深、掌握他的资料越多，越是深谙研究朱舜水思想的价值所在。朱舜水的思想和人生经历对我们有诸多启发，越是逆境，越要抬头向前，越要振作精神，越要努力奋斗；他的谦恭和言行一致的执行力，值得当下的我们反思和借鉴。

最后，要特别感谢浙江省哲学社会科学重点研究基地浙江工商大学东亚研究院的慷慨资助，使拙著顺利出版。

  感谢我的导师吴飞教授和他的家人，没有他的悉心指导和点拨，拙著难以完成；更要感谢我的家人尤其是我的女儿周方一，当我举步维艰之时，她的可爱让我轻松许多，使我有继续研究的动力和心情；还要感谢我的师兄弟姐妹们：洪长晖、邵鹏、王淑华、顾杨丽、武传珍、孔祥雯、王怡霖、唐娟等，他们给了我很多启发和思路；还要感谢中国社会科学出版社的编辑，他们一丝不苟的审稿精神令我佩服。

  永远感恩他们！